教科書ガイド

教育出版版 完全準拠

中学 社会 地理

新興出版社

この本の特徴

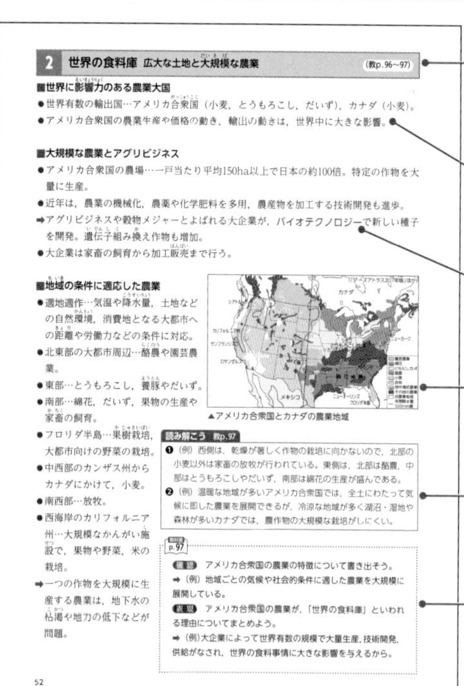
2 世界の食料庫 広大な土地と大規模な農業 （教p.96～97）

■世界に影響力のある農業大国
●世界有数の輸出国…アメリカ合衆国（小麦，とうもろこし，だいず），カナダ（小麦）。
●アメリカ合衆国の農業生産や価格の動き，輸出の動きは，世界中に大きな影響。

■大規模な農業とアグリビジネス
●アメリカ合衆国の農場…一戸当たり平均150ha以上で日本の約100倍。特定の作物を大量に生産。
●近年は，農業の機械化，農薬や化学肥料を多用，農産物を加工する技術開発も進歩。
➡アグリビジネスや穀物メジャーとよばれる大企業が，バイオテクノロジーで新しい種子を開発。遺伝子組み換え作物も増加。
●大企業は家畜の飼育から加工販売まで行う。

■地域の条件に適応した農業
●適地適作…気温や降水量，土地などの自然環境，消費地となる大都市への距離や労働力などの条件に対応。
●北東部の大都市周辺…酪農や園芸農業。
●東部…とうもろこし，養豚やだいず。
●南部…綿花，だいず，果物の生産や家畜の飼育。
●フロリダ半島…果樹栽培，大都市向けの野菜の栽培。
●中西部のカンザス州からカナダにかけて，小麦。
●南西部…放牧。
●西海岸のカリフォルニア州…大規模なかんがい施設で，果物や野菜，米の栽培。
➡一つの作物を大規模に生産する農業は，地下水の枯渇や地力の低下などが問題。

▲アメリカ合衆国とカナダの農業地域

読み解こう 教p.97
❶（例）西側は，乾燥が著しく作物の栽培に向かないので，北部の小麦以外は家畜の放牧が行われている。東側は，北部は酪農，中部はとうもろこしやだいず，南部は綿花の生産が盛んである。
❷（例）温暖な地域が多いアメリカ合衆国では，全土にわたって気候に即した農業を展開できるが，冷涼な地域が多く湖沼・湿地や森林が多いカナダでは，農作物の大規模な栽培がしにくい。

p.97
確認 アメリカ合衆国の農業の特徴について書き出そう。
➡（例）地域ごとの気候や社会的条件に適した農業を大規模に展開している。
表現 アメリカ合衆国の農業が，「世界の食料庫」といわれる理由についてまとめよう。
➡（例）大企業によって世界有数の規模で大量生産，技術開発，供給がなされ，世界の食料事情に大きな影響を与えるから。

52

教科書単元の見出しと，教科書のページです。

教科書の小見出しに対応して，内容をまとめています。

教科書中の太字は，注目しやすい工夫をしています。

教科書中の主要な図版を掲載しています。

「読み解こう」について，例を掲載しています。

「確認」と「表現」について，例を掲載しています。

もくじ

写真提供：朝日新聞フォトアーカイブ　アフロ　鹿児島市　（公財）京都市景観・まちづくりセンター　時事通信フォト　毎日新聞フォトバンク　PIXTA

地理にアプローチ　～地図やグラフを使いこなそう　（教p.6～8）

❶地図のきまりを思い出そう

方位：

縮尺：1000

❷地図帳を使いこなそう

高松…　46　F　2　N
徳島…　46　G　2　S
松山…　45　C　3　S

❸地図上で位置を表そう

プサン　北緯 35 度　東経 129 度

❹人口ピラミッドをつくってみよう

①は下図参照。②は省略。

1930年

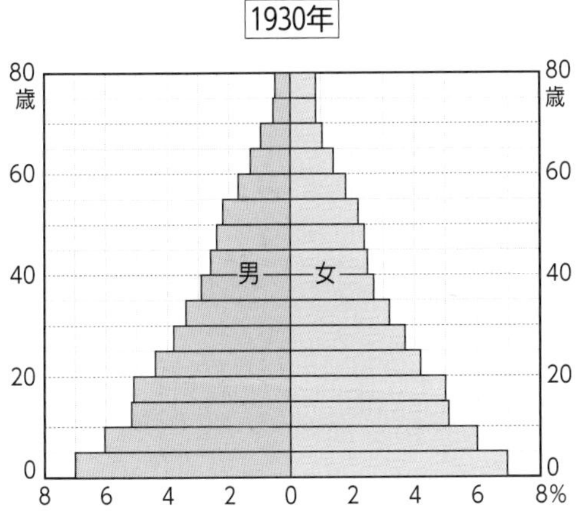

2019年

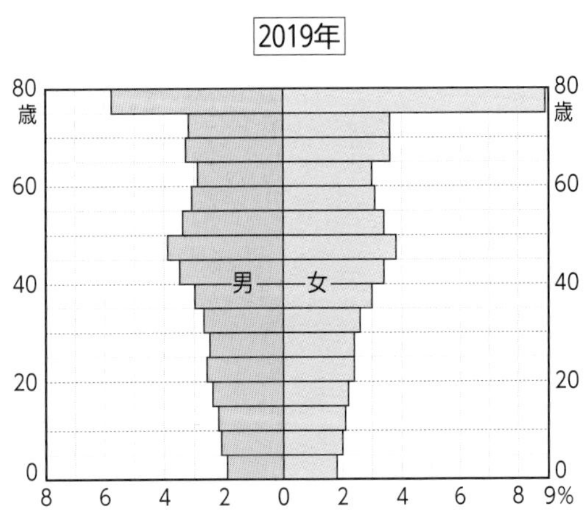

第１章　世界の地域構成

1　身近なものから見える世界　地理の学習をスタートしよう　(教p.10～11)

■タピオカ飲料から見える世界

●タピオカの原料は，キャッサバからとれるデンプン。タイなどの国々から輸入されている。私たちの食生活は世界のさまざまな国や地域と結びついている。

■地球儀をながめて

●六大陸…ユーラシア大陸・アフリカ大陸・北アメリカ大陸・南アメリカ大陸・南極大陸・オーストラリア大陸。

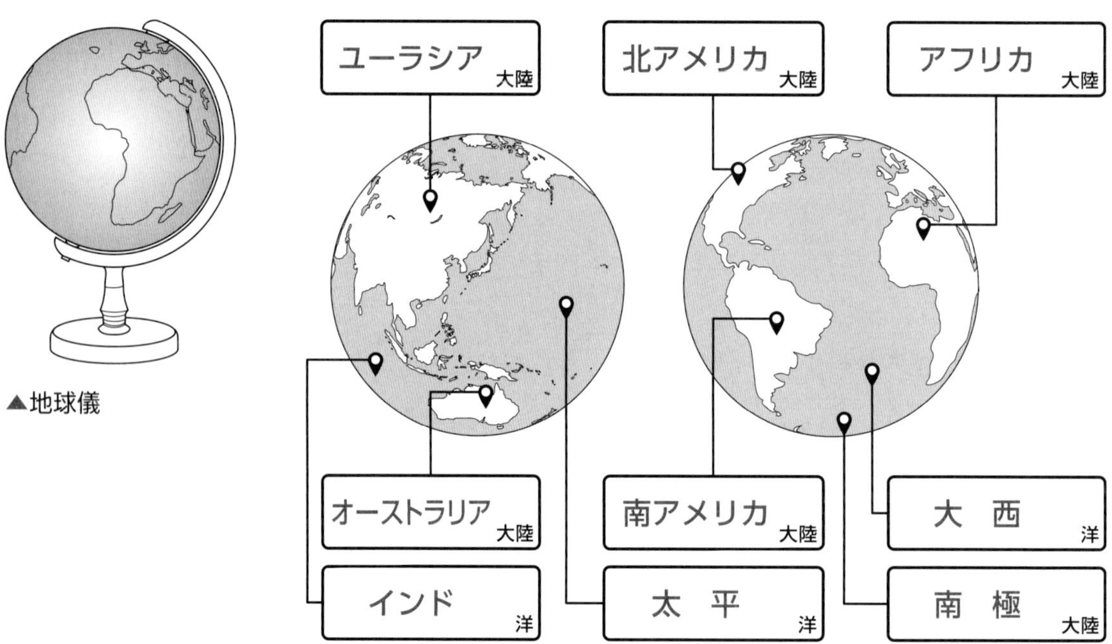

▲地球儀

▲日本を中心にとらえた地球（左）と，大西洋を中心にとらえた地球（右）

●陸地と海…面積の割合は３：７。

●三大洋…太平洋・大西洋・インド洋。三大洋のような大きな海の他に，日本海や地中海などの小さな海がある。

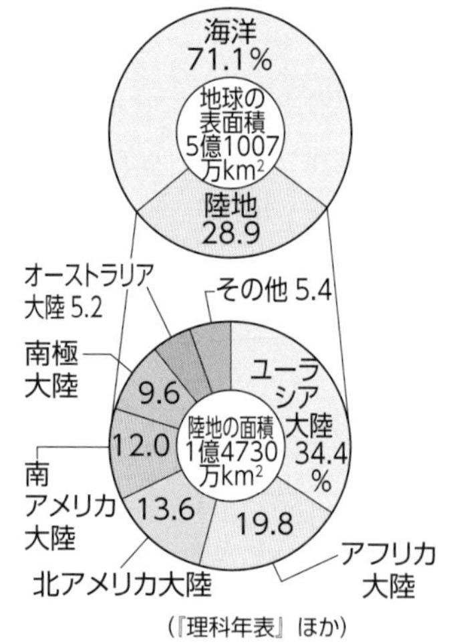

▶陸地と海の面積の割合

（『理科年表』ほか）

【地理の技】世界の略地図を描いてみよう❶（教p.11）

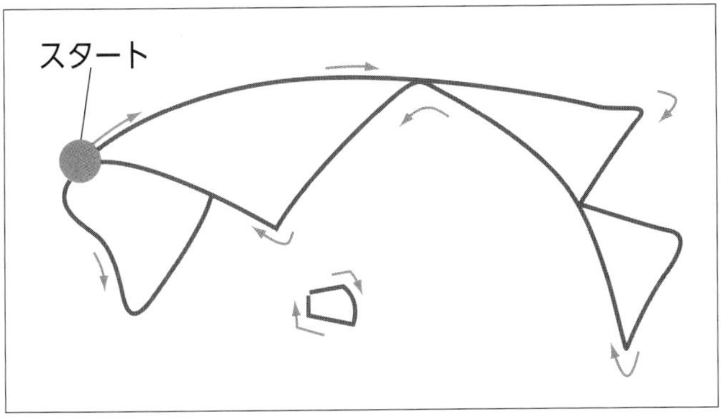

▲簡単な略地図の描き方の例

教科書 p.11

確 認 身のまわりにはどのような外国製品がありますか。made in ○○という表示があるか調べよう。

➡(例)made in CHINA (中国製), made in JAPAN（日本製）など

表 現 簡単な世界の略地図を描き，六大陸と三大洋のおおまかな位置を書き込もう。

➡左図参照

2 地球を表す模型 地球儀から学ぶ位置の表し方 （教p.12〜13）

■地球儀の特徴

- 地球儀…地球の形を縮めた模型。大陸や島の形や位置が正確に表されている。
- **緯線**…**赤道**と平行に引かれた線。
- **経線**（**子午線**）…北極点と南極点を結んだ点。
- **緯度**…赤道面と地球の中心からの角度。同じ緯度を結ぶと緯線。
- 赤道より北は「北緯」，南は「南緯」。
- 赤道は緯度が０度。北極点は北緯90度，南極点は南緯90度。
- **経度**…**本初子午線**を０度として，東は「東経」，西は「西経」。どちらも180度ずつ。
- 本初子午線とは，北極点〜イギリスの旧グリニッジ天文台〜南極点を通る線。

➡緯度と経度で，地球上の位置を正確に表すことができる。例えば，「北緯36度，東経140度」は東京の北東付近にあたる。

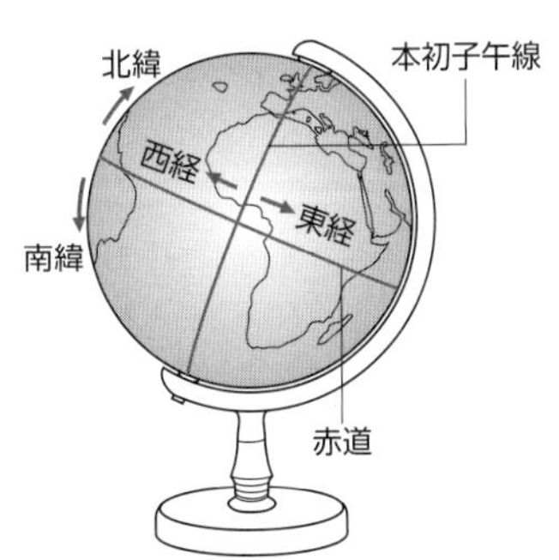

▲地球儀

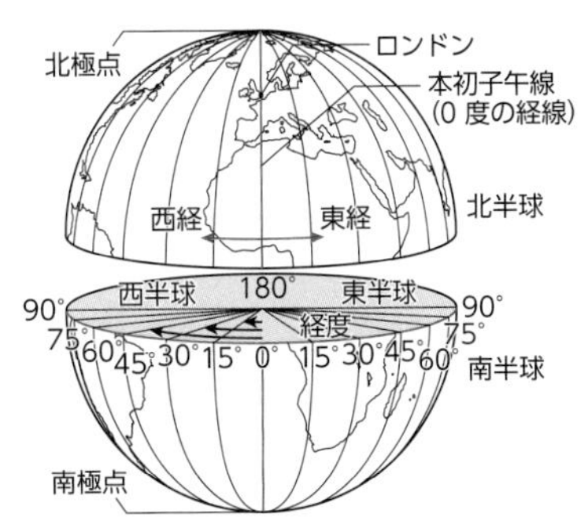

▲緯線と緯度（左），経線と経度（右）

■傾く地球儀

- 地球儀のように，地球を回転させる軸は少し傾いている。このまま自転と公転をする。
- 地球の軸が傾いているから，日本のような中緯度の国で，春夏秋冬の区別がはっきりと見られる。
- 夏至…北半球では６月下旬ごろ。昼が最も長くなる。
- 冬至…北半球では12月下旬ごろ。昼が最も短くなる。
- 白夜…太陽が一日中沈まないため明るい夜。高緯度の地域（北極点や南極点に近い地域）で，夏に見られる。

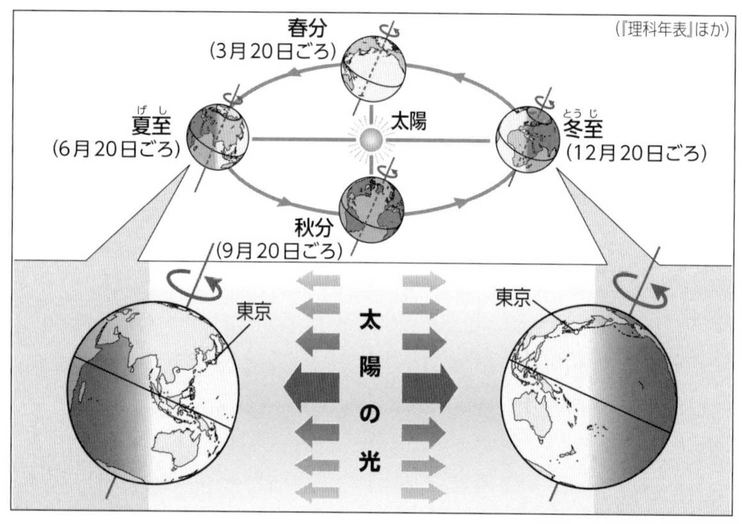

◀なぜ，季節は変わるのか

教p.13資料４〈Q〉

（例）北極圏の夏は一日中太陽の光が当たっているが，冬は一日中当たらない。

教科書 p.13

確認　「緯」「経」「子」「午」の意味を漢和辞典で調べてみよう。

➡「緯」…よこいと。「経」…たていと。「子」…方角では北。「午」…方角では南。

表現　日本とほぼ同じ緯度にある国，ほぼ同じ経度にある国を地球儀や地図帳で調べ，それぞれ三つずつあげよう。

➡（例）同じ緯度…韓国，トルコ，スペイン　など。同じ経度…ロシア，インドネシア，オーストラリア　など。

【地理の技】テープを使って地球儀上で方位と距離を確かめよう（教p.14）

【方位】
２本のテープを直角に貼り合わせ，方位を知りたい場所にテープの中心を置く。テープの左が西，右が東。

【距離】
北極点と南極点を結ぶテープを20等分すると，一目盛り約1000km。これを使って２点の距離がわかる。

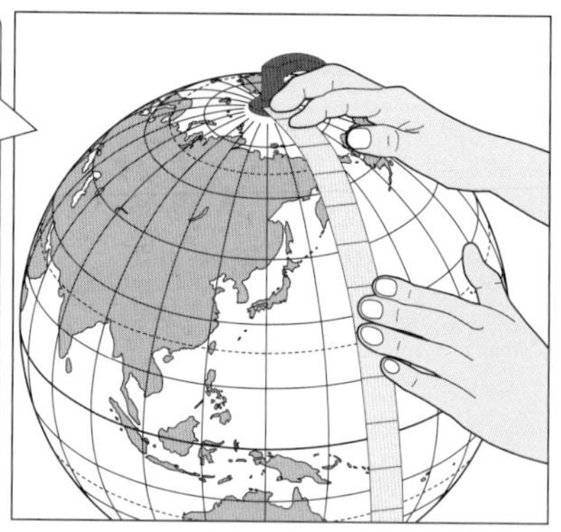

3 地球儀から世界地図へ 東京の東にある国は？ (教p.14～15)

■地球儀と世界地図の違い

●球体である地球を，平面の地図に描くときは，面積・形・方位などをすべて正しく表せるわけではない。目的に合わせて正しく表したいものを選ぶ。

➡**世界地図**を使うときには，地図の特徴を理解することが大切。

①面積が正しい
…モルワイデ図法

②中心からの距離と方位が正しい
…正距方位図法

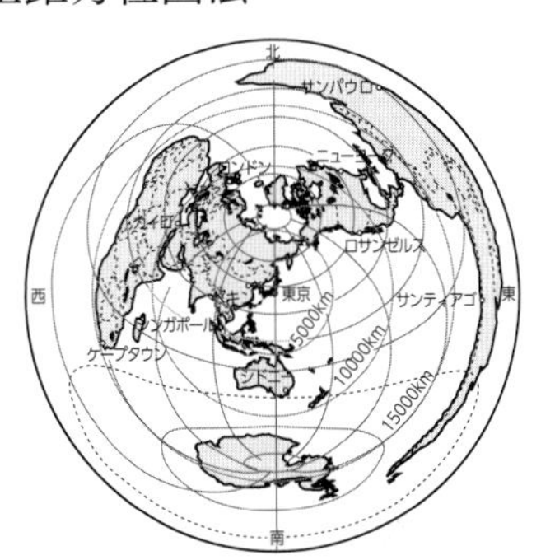

③角度が正しい…メルカトル図法

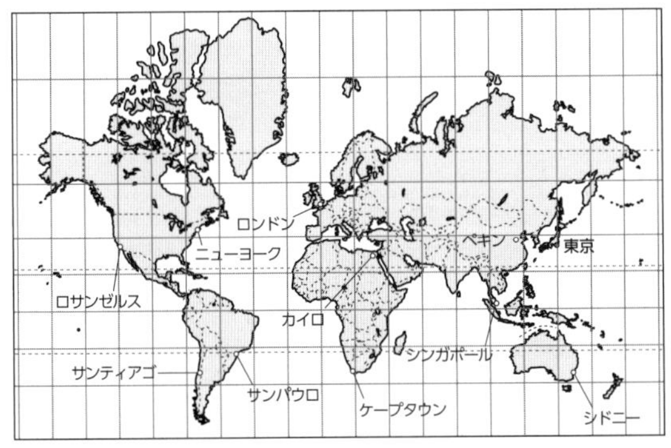

教科書 p.15

確認 地図中のオーストラリアとグリーンランドを探して着色し，形や実際の大きさを地球儀と比べよう。

➡メルカトル図法だとグリーンランドが大きく表される。

表現 国際連合のマークは，どの地図がもとになっていますか。また，このマークはどこを中心にした地図なのか調べよう。

➡正距方位図法。北極点。

【地理の技】 世界の略地図を描いてみよう❷ (教p.15)

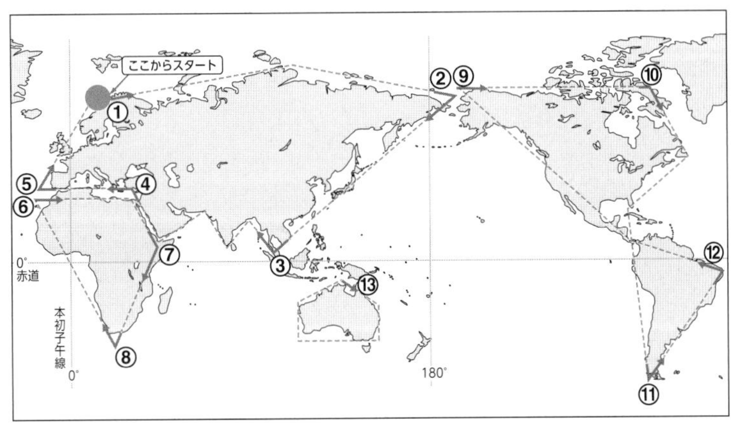

4 200近くの国々からなる世界 人口・面積から国々を比べる (教p.16〜17)

■51か国からの出発

- 世界を区分する六つの州…**アジア**，**アフリカ**，**ヨーロッパ**，**北アメリカ**，**南アメリカ**，**オセアニア**。
- それぞれの州は国（**独立国**）や地域からなる。
- 州はより細かく区分されることがあり，日本は中国や韓国と同じ東アジア。
- **国際連合**（国連）…1945年10月，世界平和のために発足。
- 国連発足時の加盟国は51か国…独立していない**植民地**が多かったため。植民地はその後ほとんどが独立。
- 現在の加盟国は193（2019年末）。

▲国際連合（国連）発足時の加盟国

■面積が大きな国と小さな国

- 面積が大きな国…世界最大は**ロシア連邦**。その他に，カナダ，アメリカ合衆国，中国，ブラジル　など。
- 面積が小さな国…世界最小は**バチカン市国**。他に，シンガポール，スイス　など。
- 日本の面積…約38万km^2，大きい順だと61位（2019年）。

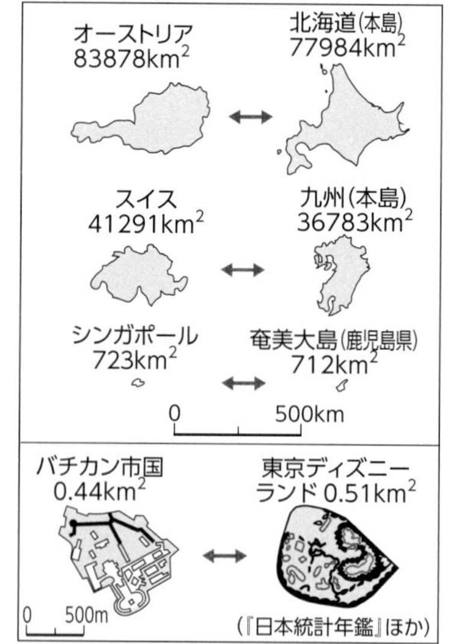

▲面積の小さな国々の例

■人口の多い国と少ない国

- 多い国…中国（14億3000万人），インド（13億7000万人）など。
- 世界の人口は77億人以上。アジア州が60％を占(し)める。
- 人口が1億人をこえるのは，日本を含(ふく)めて14か国（2019年）。
- 少ない国…最少はバチカン市国の約800人（2016年）。

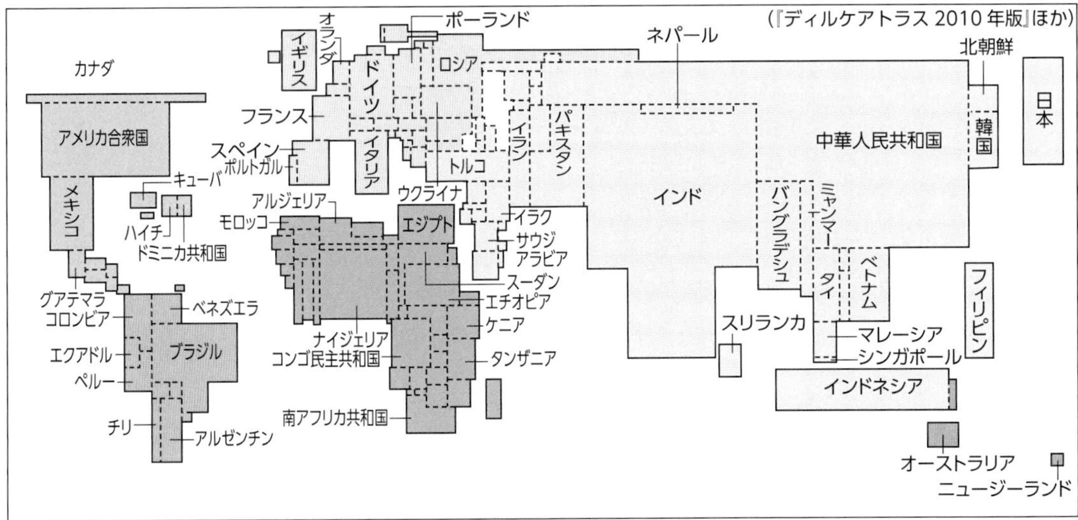

▲人口を面積に置き換えて示した世界地図

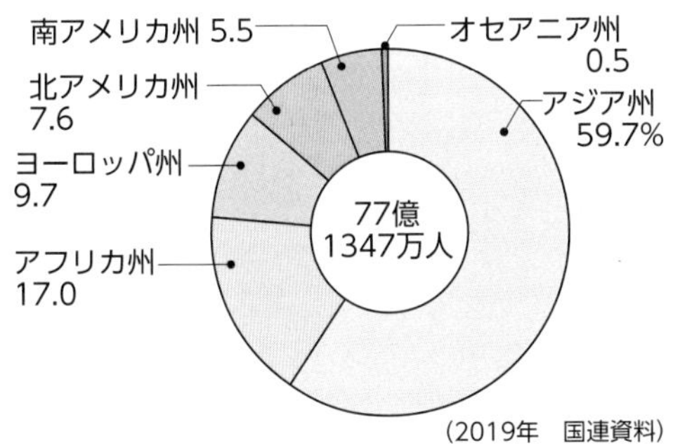

▲世界の州別の人口割合

【地理の技】 巻末の統計資料を使ってみよう（教p.17）

	面積が大きい国
1位	ロシア連邦
2位	カナダ
3位	アメリカ合衆国

	人口が多い国
1位	中華人民共和国
2位	インド
3位	アメリカ合衆国

教科書 p.17

確認 アジア州とヨーロッパ州がある大陸を答えよう。

➡ユーラシア大陸

表現 世界の国々の中で，面積と人口が日本に近い国を調べて答えよう。

➡（例）面積…ドイツ　など。人口…メキシコ　など。（どちらも）フィリピン　など。

5 「ユニオンジャック」はどこにある？ 国旗・国境からみる世界 （教p.18〜19）

■国旗は語る

- イギリスの国旗…「ユニオンジャック」という。
- イギリスは，複数の地域からなっており，それらの地域の旗を組み合わせたのが「ユニオンジャック」。
- オーストラリアやニュージーランドなど，かつてイギリスの植民地だった国の国旗にも「ユニオンジャック」はみられる。
- カナダや南アフリカ共和国では「ユニオンジャック」をやめた。国旗は，国づくりに合わせて変わることもある。
- イスラム教徒が多い国の国旗…イスラム教を象徴する緑色や，三日月と星を使うなど，共通するものがある。

■国境は語る

- 国境には，山や川など自然をもとにしたものと，緯線・経線を利用したものがあり，歴史的に変化してきた。国境の出入りは，国によって厳しいものもあれば，ゆるやかなものもある。

■国名の成り立ち

- 南アメリカ州のエクアドル（「赤道」という意味），コロンビア（「コロンブスの国」），ベネズエラ（「小さなベネチア」） など。

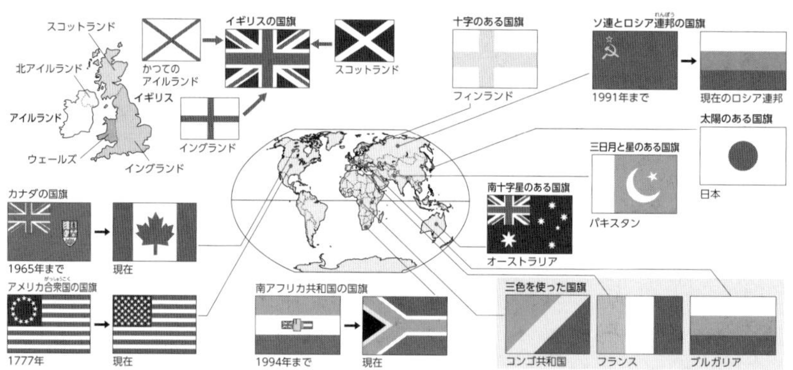

▲世界のさまざまな国旗

教科書 p.19

確認 イギリスの正式な国名と，イギリスを構成する地域をすべて書き出そう。

➡国名…グレートブリテン及び北アイルランド連合王国
　地域…イングランド，スコットランド，ウェールズ，北アイルランド

表現 フランスの正式国名はフランス共和国，タイの正式国名はタイ王国です。「共和国」や「王国」にはどのような意味があるか，調べよう。

➡「共和国」…国王がおらず，国民が選んだ代表者による会議で物事が決まる国。
　「王国」…国王を国の代表としている国。

第2章　日本の地域構成

1　世界の中の日本の位置　位置の表し方と時差　(教p.20～21)

■地球上の日本の位置

● 日本を含む東アジアの地域を「極東」とよぶことがあるが，これはヨーロッパから見て東アジアが「東の果て」にあるため。

■本初子午線と時差

● 時刻の基準…イギリスの旧グリニッジ天文台を通る**本初子午線**（経度０度）。

● **時差**…本初子午線を基準に，東側は経度15度ごとに１時間進み，西側は経度15度ごとに１時間遅れる。

● **日付変更線**…180度の経線では24時間のずれが生じるので，この線を西から東へ越えるときは日付を遅らせる。この線を東から西へ越えるときは１日進める。

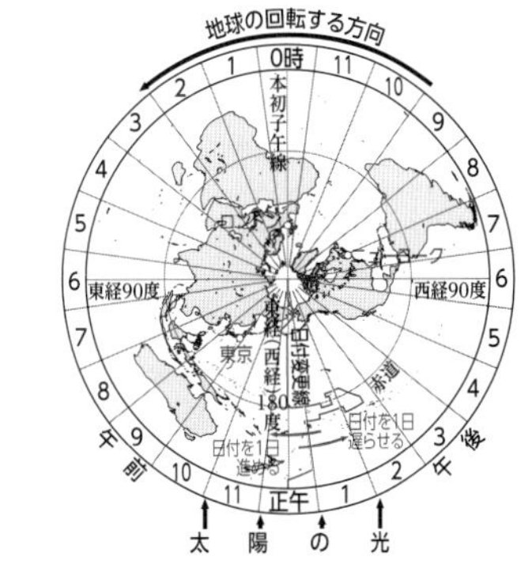

▲ロンドン・東京・ニューヨークの時刻と位置の関係

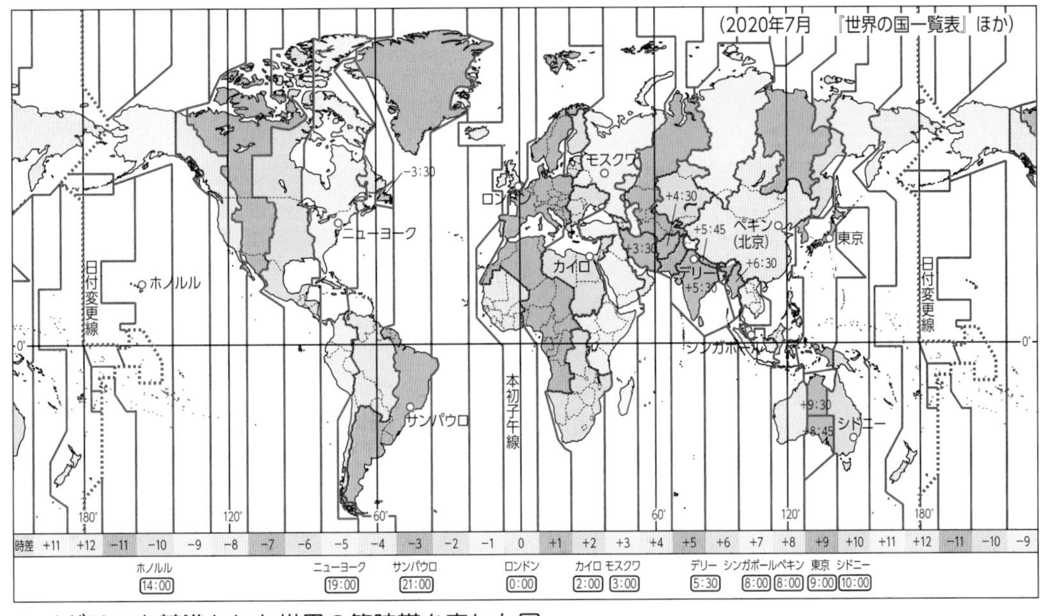

▲イギリスを基準とした世界の等時帯を表した図

教p.21資料4〈Q〉　キリバス

確認　教科書p.21資料４から，ロンドンとカイロ，ニューヨークと東京の時差を書き表そう。

➡ロンドン時間＝カイロ時間－２時間，ニューヨーク時間＝東京時間－14時間

表現　一つの国の中で，時差が生じる国をあげて，こうした国の共通点をまとめよう。

➡（例）国…中国，ロシア連邦，オーストラリア，アメリカ合衆国　など　共通点…東西に国土が広い点　など

2 日本の国土の広がり 日本の領域はどこまで (教p.22～23)

■島国日本

- 日本の国土…北海道・本州・四国・九州と周辺の約6800の島。
- 長さ…北海道から沖縄県まで約3000km。
- 面積…約38万km^2。
- 特徴…山が多く平野が少ない。国土の中央には標高3000m級の山々，変化に富む自然。
- 歴史…ユーラシア大陸と交流。漢字や箸などは大陸から伝わった。

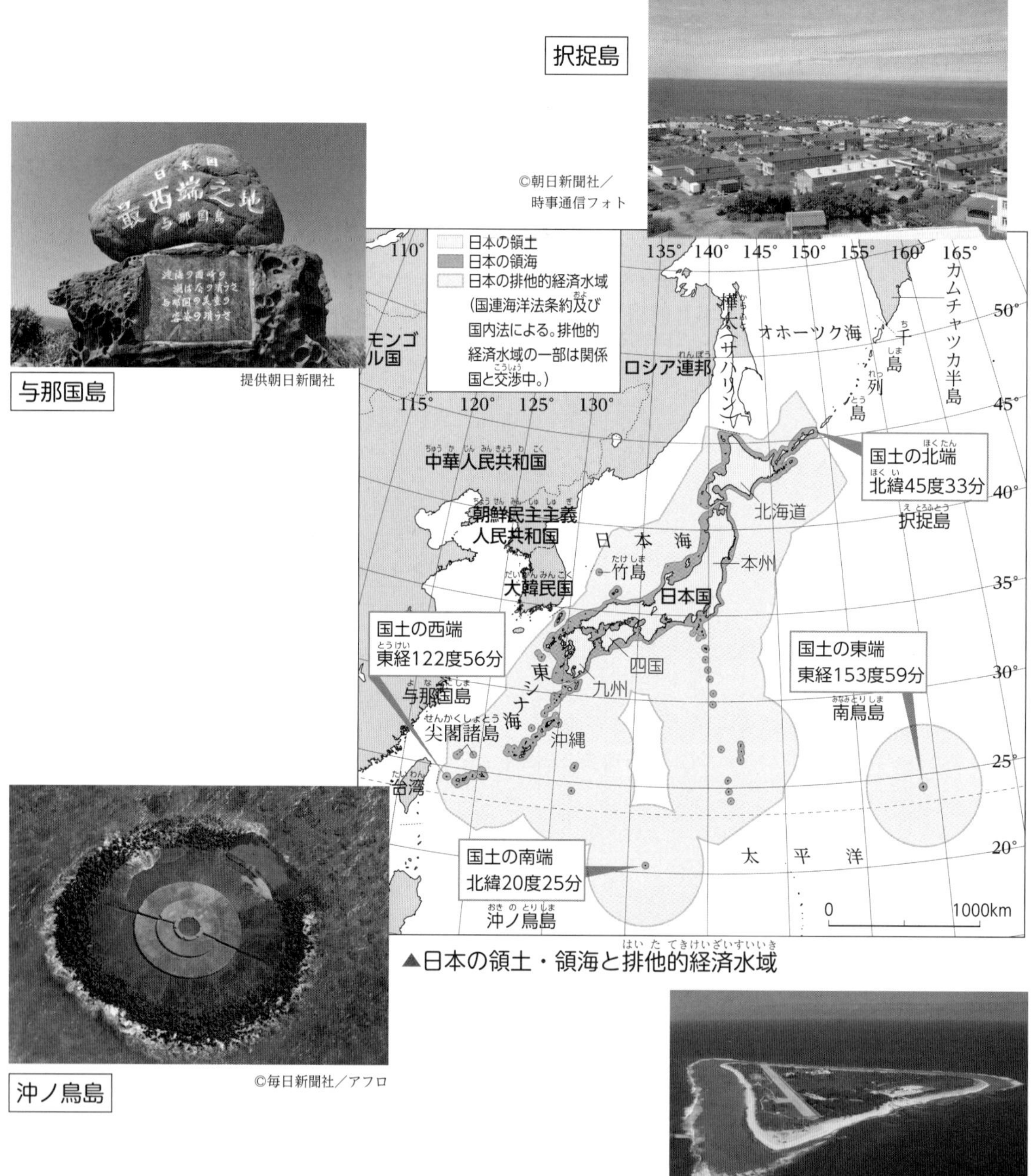

▲日本の領土・領海と排他的経済水域

日本の領域の移り変わり

●国の領域…次の三つ。

①**領土**…領域のなかで陸地の部分。

②**領海**…干潮時の海岸線から12海里の範囲。

③**領空**…領土と領海の上空。宇宙空間は含まれない。

●**排他的経済水域**…各国の海岸線から領海を除く200海里以内の海域で，その海域の水産資源や鉱産資源を自国のものにできる。

●江戸時代の末～明治時代…日本が近代国家として認められる。その後，周辺の国や地域を**植民地**として支配し，領域を拡大。

●第二次世界大戦後，領土が，北海道・本州・四国・九州と付近の島に限られる。

➡その後，奄美群島や小笠原諸島，沖縄がアメリカ合衆国から日本に復帰し，1972年にほぼ現在の領域になった。

▲領土・領海・領空の区分

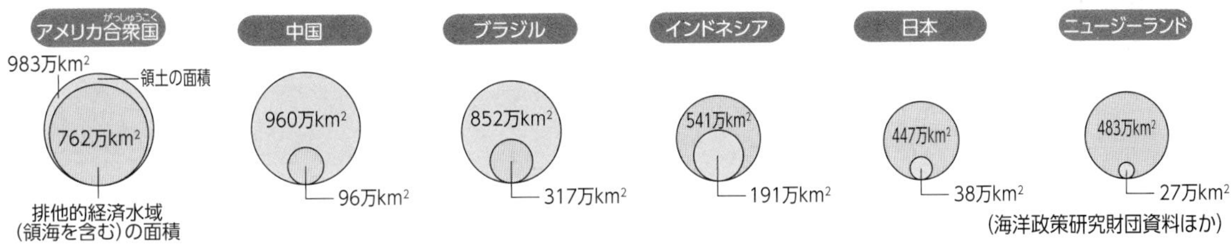

▲国々の領土と排他的経済水域の面積

読み解こう 教p.23

❶（例）領土よりも領土を含めた排他的経済水域の面積の方がはるかに大きいため，陸上よりも海域の資源開発に有利である。

❷東京都

教科書 p.23

確認 領土面積よりも排他的経済水域の面積が広い国は，教科書p.23の資料４の中でどこだろうか。また，そうした国の共通点を書きだそう。

➡国…インドネシア，ニュージーランド

共通点…（例）海に囲まれた島国で，小さな島も多く有する　など

表現 政府が多くの費用をかけて，沖ノ鳥島の護岸工事をした理由をまとめよう。

➡（例）海面下に沈んでしまうと領土とみなされなくなってしまい，それにともなう領海や排他的経済水域までも失ってしまうから。

3 日本の領土をめぐって 日本の国境をめぐるさまざまな動き （教p.24〜25）

■北方領土をめぐる問題

- 地図上で白く示されたところ…日本とロシア連邦の間で，帰属が未定。
- **北方領土**（歯舞群島，色丹島，国後島，択捉島）…第二次世界大戦後にソ連に占領され，現在はロシア連邦によって占拠中。日本は返還を要求しているが，実現していない。友好的なビザなし交流などは，民間で継続中。

年(西暦)	できごと
1855年	日魯通好条約（ウルップ島・択捉島間を国境とする）
1875年	樺太・千島交換条約（日本がウルップ島以北の千島列島を領有）
1945年	第二次世界大戦が終わるソ連が南樺太・千島列島・北方領土を不法占領
1951年	サンフランシスコ平和条約調印
1956年	日ソ共同宣言（日本・ソ連，国交回復）
1991年	ソ連解体，ロシア連邦（←p.78）が成立
1992年	北方領土への旅券・査証（ビザ）なしでの訪問を開始

▲北方領土に関する主なできごと

▲北方領土とその周辺

■竹島と尖閣諸島

- 竹島…1905年から日本の領土。1952年から韓国が占拠。日本は話し合いを提案しているが，韓国は応じていない。
- 尖閣諸島…1895年に沖縄県に編入された日本の領土。1970年代から中国が領有を主張。日本は2012年に尖閣諸島の大半を国有化したが，中国船が日本の領海などに侵入するなどしている。

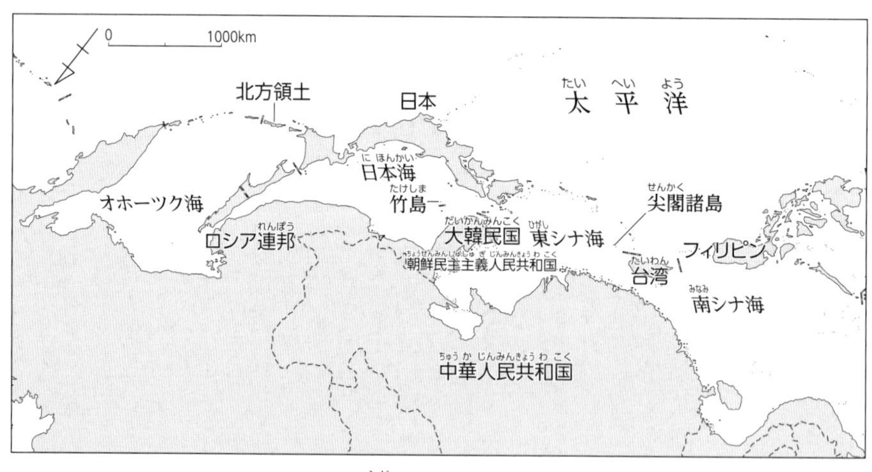

▲南東を上にして，日本海周辺を描いた地図

教科書 p.25

確認 北方領土に含まれる島の名前を書き出そう。

➡歯舞群島，色丹島，国後島，択捉島

表現 世界にある領土をめぐる対立について調べ，まとめよう。

➡（例）中国，インド，パキスタンが争うカシミール問題　など

4 47の都道府県 都道府県の位置と名前 (教p.26〜27)

■都道府県と地域区分

- 都道府県…各地の政治を行う。廃藩置県によって生まれ，沖縄返還で現在の47都道府県に。
- 地方公共団体…一つ一つの都道府県や市区町村のこと。住民のための仕事をする。
- 都道府県の境は，自然の地形が多い。

■都道府県庁所在地の成り立ち

- 都道府県庁所在地…多くは城下町。その他，港町や門前町など。

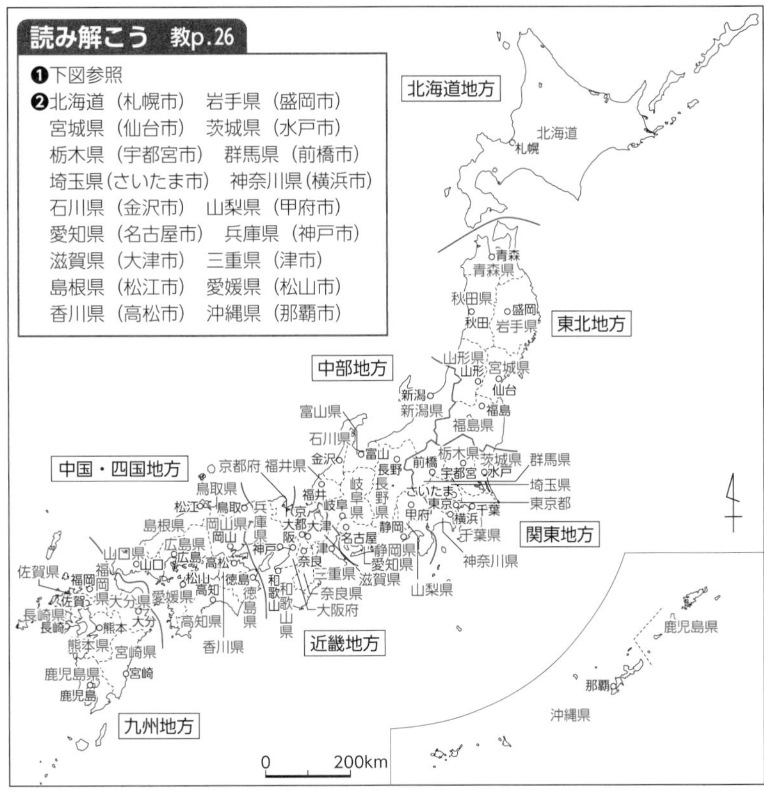

読み解こう 教p.26

❶下図参照
❷北海道（札幌市） 岩手県（盛岡市）
宮城県（仙台市） 茨城県（水戸市）
栃木県（宇都宮市） 群馬県（前橋市）
埼玉県（さいたま市） 神奈川県（横浜市）
石川県（金沢市） 山梨県（甲府市）
愛知県（名古屋市） 兵庫県（神戸市）
滋賀県（大津市） 三重県（津市）
島根県（松江市） 愛媛県（松山市）
香川県（高松市） 沖縄県（那覇市）

▲日本の都道府県と七地方区分

▲都道府県庁所在地と成り立ち

【地理の技】日本の略地図を描いてみよう(教p.27)

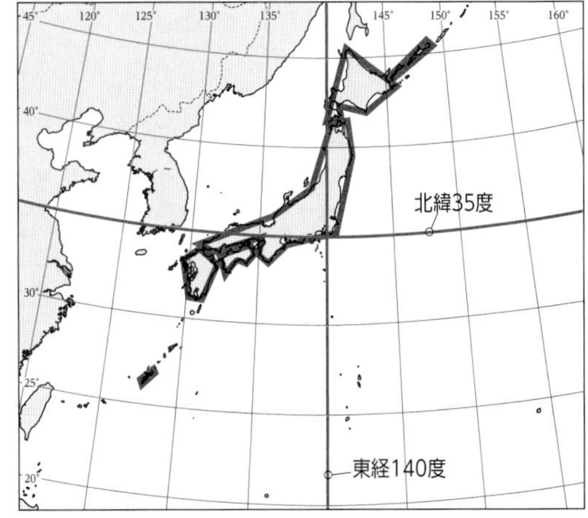

教科書 p.27

確認 日本の白地図に都道府県名，県庁所在地を記入し，整理しよう。

➡上図参照

表現 自分の住んでいる都道府県や市町村名の由来を調べよう。

➡図書館で，地名辞典などを使って調べよう。

第2編　世界のさまざまな地域

第1章　世界の人々の生活と環境

1　地域によって気候が変わる　気候帯はどのように分布しているか　（教p.30～31）

（『ディルケアトラス2015年版』ほか）

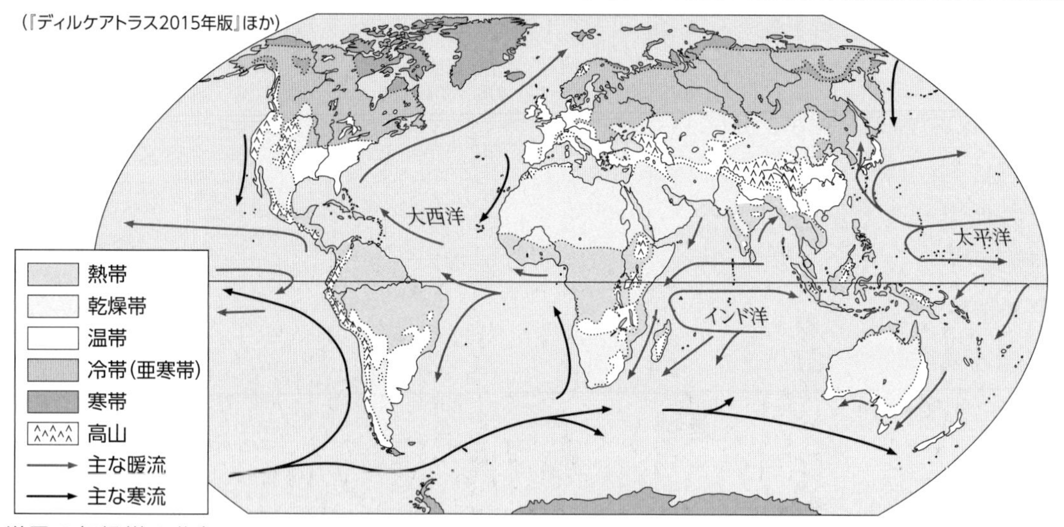

▲世界の気候帯の分布

■世界の気候

●緯度による気温の違い…太陽から受ける熱の量の違い。気温は，高緯度地域（北極と南極に近い）で低く，低緯度地域（赤道に近い）で高い。

●海岸沿いは，海流の影響を受けて，気温が変化する。

●内陸と海沿いの気温の違い…大陸内部は一年間や一日の気温差が大きいが，海岸付近は差が小さい。大陸のほうが海洋に比べて，暖まりやすく，冷えやすいため。

●風，標高なども気候に影響する。

●**植生**…どのようなところに，どんな植物が育つか。　**気候帯**…植生の広がりで区分。

➡植物が「みられるところ」，「育ちにくいところ」に分ける。

●「みられるところ」は，気温別に，**熱帯**，**温帯**，**冷帯**（**亜寒帯**）。

●「育ちにくいところ」は，降水量が少ない**乾燥帯**と，気温が低い**寒帯**。

■気候帯の分布

●面積は，大きい方から乾燥帯，冷帯，熱帯，寒帯，温帯の順。

教科書 p.31

確認　世界にはどのような気候帯があるだろうか。

➡乾燥帯，冷帯，熱帯，寒帯，温帯

表現　世界の気候帯の特徴についてまとめよう。

➡（例）気候帯は，世界全体を植物が「みられるところ」，「育ちにくいところ」に分け，さらに「みられるところ」を気温が高い順に，熱帯，温帯，冷帯，「育ちにくいところ」を，降水量が少ない乾燥帯と，気温が低い寒帯に区分したもの。

【地理の技】 気温と降水量のグラフを読み取ろう（教p.31）

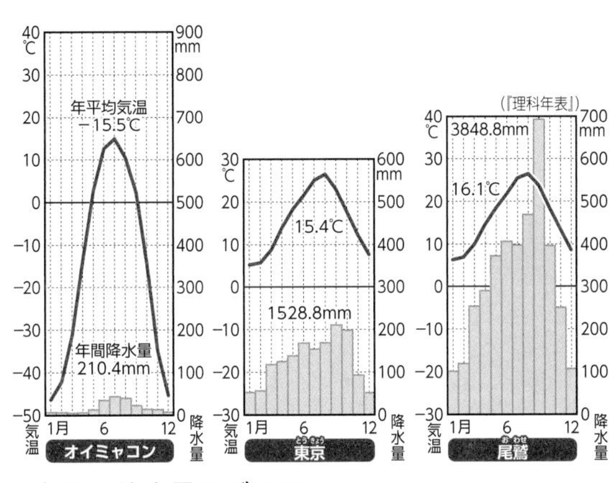

▲気温と降水量のグラフ

❶平均気温（折れ線グラフ）：高い月，低い月を確認する。

❷平均降水量（棒グラフ）：高い月，低い月を確認する。

❸グラフ全体の変化：季節の変化などを確認する。

❹観測地点：地図帳で確認する。

2 赤道に沿った暑い地域の暮らし 熱帯の地域と人々の生活 （教p.32〜33）

■暑さや湿気を避けるために

〔マレーシア〕

- 熱帯に位置し，背の高い森林が広がる地域では**焼畑農業**が古くから行われる。
- 伝統的な高い床の住居が現在でもみられる。
- かつては**天然ゴム**や鉱山開発➡油やしの栽培が盛んになる。森林伐採が深刻化。
- 生活も欧米化。首都のクアラルンプールには高層ビルが建ち並ぶ。

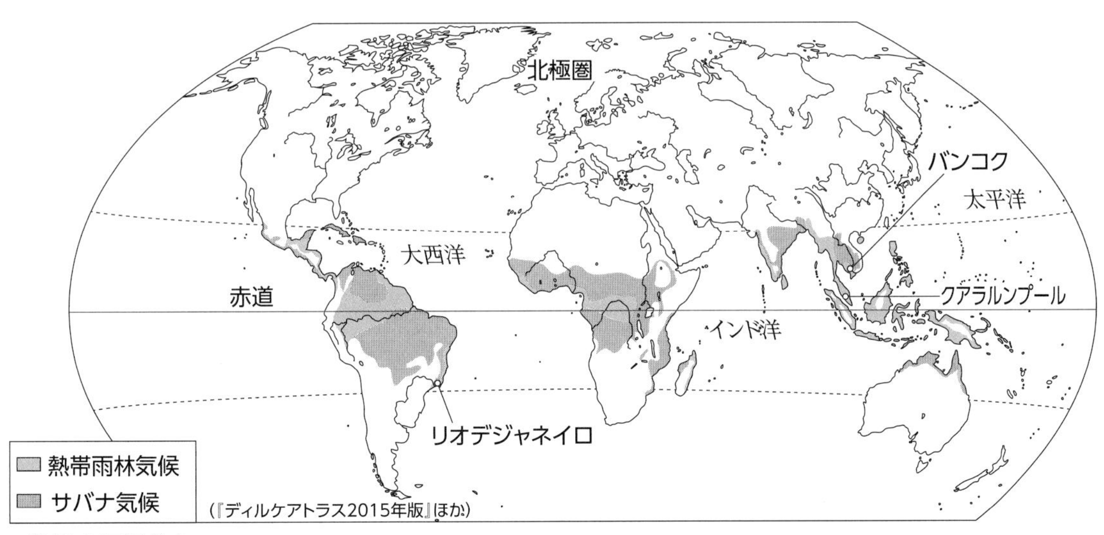

▲熱帯の気候分布

■熱帯の自然環境

●熱帯は，赤道を挟んで南回帰線と北回帰線の間に広がる。

●一年を通じて気温が高く，季節の変化も少ない。

●一年中雨がみられ，午後に短くて激しい雨が降る（スコール）。

●一年中高温多雨な地域では，樹木が密生する（**熱帯雨林**）。

●赤道から離れると，雨の多い季節（**雨季**）と少ない季節（**乾季**）がみられ，低木がまばらに生える草原（**サバナ**）が広がる。

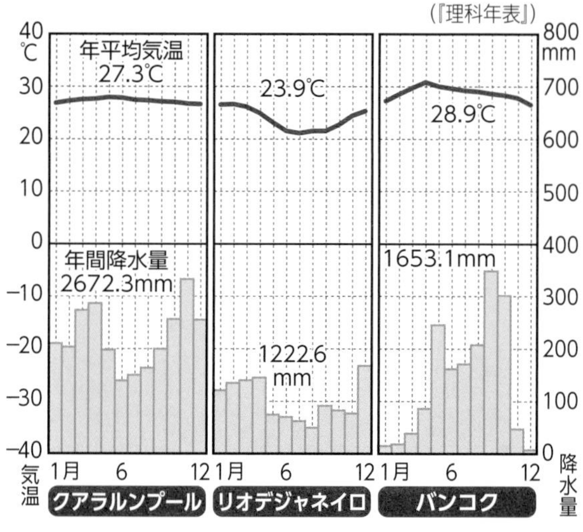

▲熱帯の気温と降水量

教科書 p.33

確認 マレーシアの伝統的な暮らしと，現代の暮らしの違いについて比べよう。

➡（例）伝統的…自給自足の焼畑農業を営み，高床の住居に住んでいる。
現代…外来のパンや米を食べ，服装も欧米化した。近代的な建物に住んでいる。

表現 熱帯の地域にみられる二つの気候区の違いについてまとめよう。

➡（例）熱帯雨林気候…赤道近くにみられ，一年中高温多雨なため，樹木が密生している熱帯雨林がみられる。
サバナ気候…赤道から少し離れた低緯度帯にみられ，雨季と乾季があるため森林は発達せず，低木がまばらに生えるサバナがみられる。

3 植物の少ない乾いた地域の暮らし 乾燥帯の地域と人々の生活 （教p.34～35）

■草や水を求めて

〔モンゴル〕

●**乾燥帯**に位置し，農業に適した土地が少ない。

●乾燥に強いらくだや羊，山羊などの家畜とともに，草や水を求めて移動を続ける生活（**遊牧**）をしてきた。テント（ゲル）で生活。

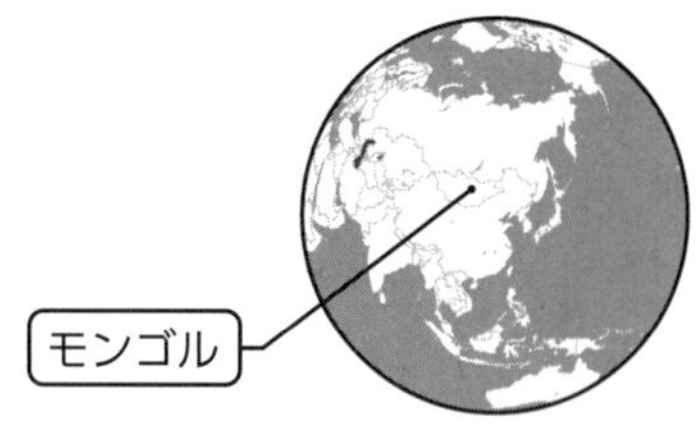

●遊牧民は，家畜を，肉や乳を食料にするだけでなく，毛や皮など残さず利用してきた。

●現在では，遊牧をやめて首都のウランバートルなどで定住する人が増えた。馬やらくだのかわりにトラックが使われている。

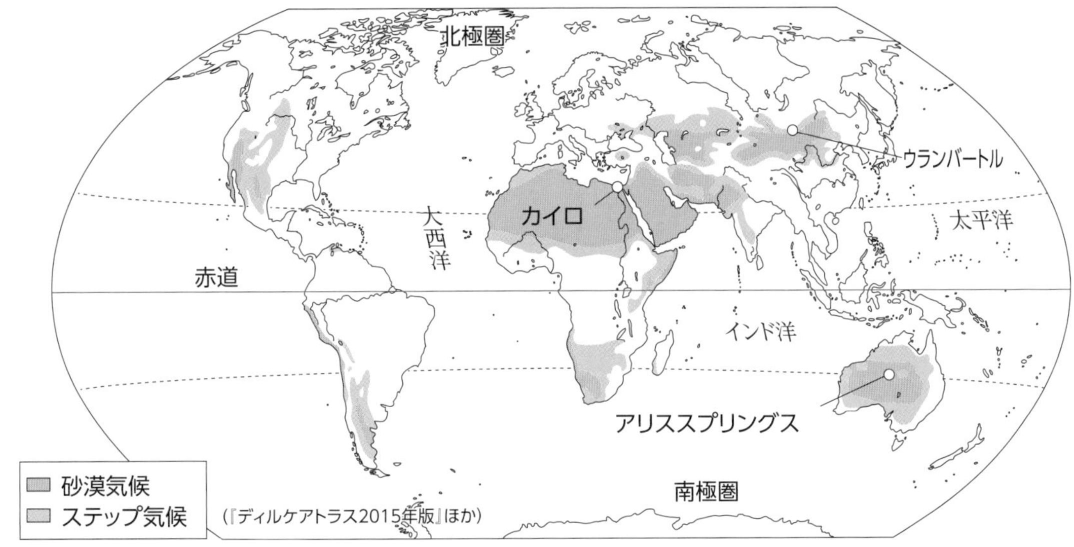

▲乾燥帯の気候分布

■乾燥帯の自然環境

- 赤道から離れていくと降水量が少なくなり，南北の回帰線の付近では，ほとんど雨がふらない**乾燥帯**に。
- まれに天然の泉が湧き出ている**オアシス**があり，そこでは農業や定住する人がみられる。
- 乾燥が著しい地域は**砂漠**となり，植物はほとんど見られない。砂漠の昼は高温，夜は低温。
- モンゴルなど少量の雨が降る地域は，たけの低い草原（**ステップ**）となる。

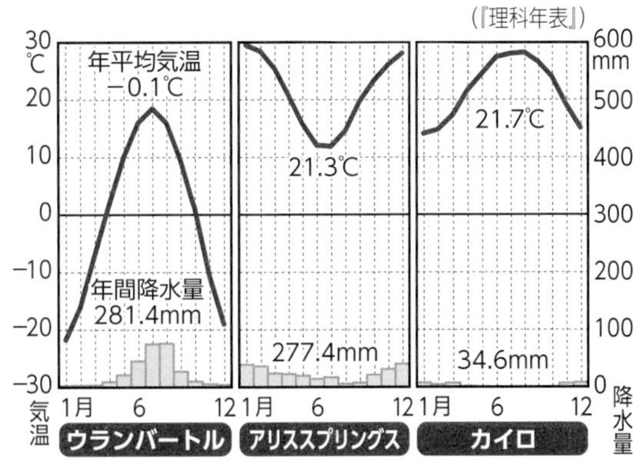

▲乾燥帯の気温と降水量

教科書 p.35

確認　モンゴルの遊牧民は，家畜をどのように生活に利用しているか，まとめよう。

➡（例）家畜の乳を飲料やバターなどの加工用に利用し，肉は食用に，毛や皮は衣類や住居の材料として残すことなく利用している。

表現　乾燥帯の地域にみられる二つの気候区の違いについてまとめよう。

➡（例）砂漠気候…南北回帰線近くにみられ，乾燥が著しいため植物がほとんどみられない。一日の気温の差が大きい。
ステップ気候…砂漠気候よりも少し降水がある地域にみられ，短い草のステップが広がる。

4 温暖な地域の暮らし 温帯の地域と人々の生活

(教p.36～37)

■同じ温帯でも異なる暮らし

〔イタリア〕

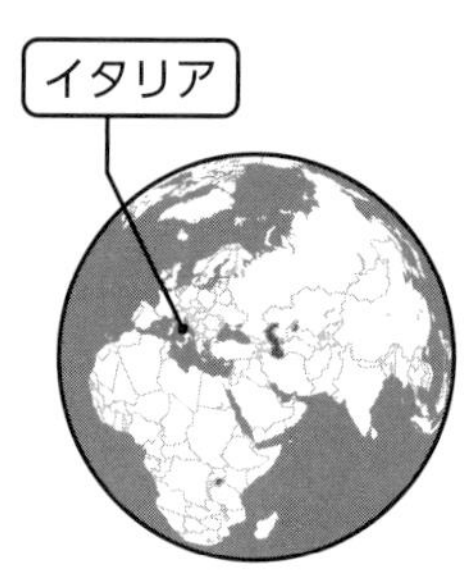

- 夏の日差しが強く乾燥が厳しい地域では，石造りの建物がみられる。窓が小さく，熱を通しにくいので，室内は過ごしやすい。
- 石造りの建物は長い年月使われ，歴史的価値があるものも多い。
- 同じ温帯でも，ヨーロッパの北西部では，日光が不足するので，人々は日光浴をする。夏には日照時間の長い地中海沿岸に旅行。

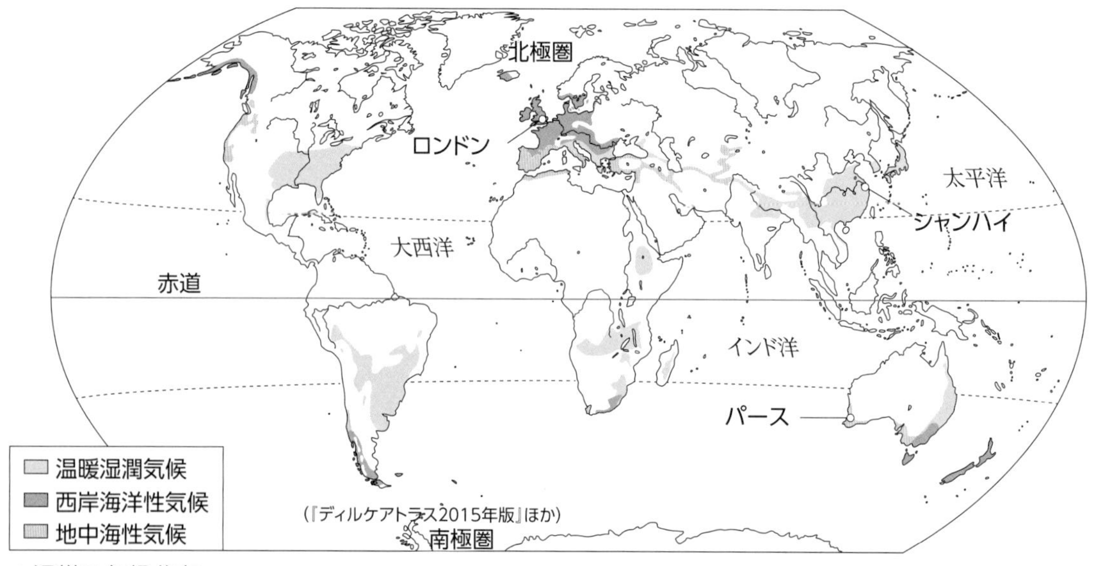

▲温帯の気候分布

■温帯の自然環境

- 緯度30度以上の地域を中心に，温帯が広がる。
- ヨーロッパ北西部は，暖流と一年中その上を吹く偏西風で，高緯度でも温暖（**西岸海洋性気候**）。
- ヨーロッパの緯度が低い地域は，夏は高温と乾燥，冬は雨が多い（**地中海性気候**）。
- 大陸の東側は，季節風（モンスーン）の影響を受け，夏は高温で蒸し暑く，冬は低温になる（**温暖湿潤気候**）。

(『理科年表』)

シャンハイ　年平均気温 17.1℃　年間降水量 1157.0mm
ロンドン　11.8℃　640.3mm
パース　18.4℃　726.4mm

▲温帯の気温と降水量

- 日本は北海道などを除き温暖湿潤気候で，四季の変化がはっきりしている。

教科書 p.37

確認 イタリアで，乾燥する夏に栽培される作物の名前を答えよう。

➡（例）オリーブ，ぶどう，コルクがし　など

表現 温帯の地域にみられる三つの気候区の違いについてまとめよう。

➡（例）西岸海洋性気候…大陸の西側に主にみられ，暖流とその上を吹く偏西風のおかげで高緯度の割に温暖。
地中海性気候…西岸海洋性気候より低緯度でみられ，夏は高温で乾燥し，冬は雨の日が多い。
温暖湿潤気候…大陸の東側でみられ，季節風の影響を受け，夏は高温で蒸し暑く，冬は低温になる。

5 雪と氷に囲まれた地域の暮らし 冷帯・寒帯の地域と人々の生活 （教p.38～39）

■冬の寒さから身を守るために

〔カナダ〕

- 先住民族の伝統的な暮らし

…農業，酪農，遊牧，狩猟，漁業など。冬の寒さから身を守るため，動物の毛皮などを着用。

➡現在は定住が進み，犬ぞりはスノーモービルにかわる。

- 農業の時期や作物は限られるので，野菜などはスーパーで購入。伝統的に食べる習慣がある，生肉も購入。

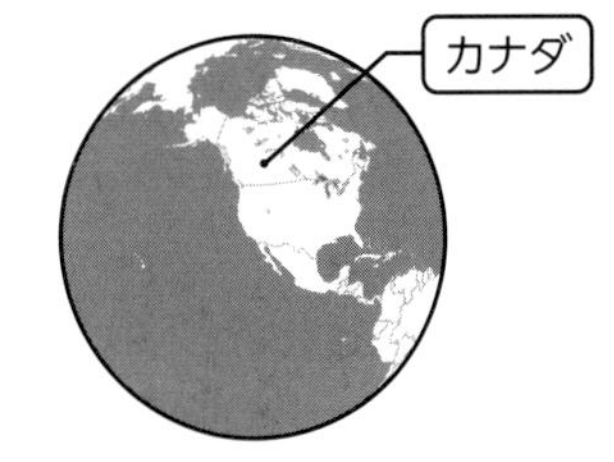

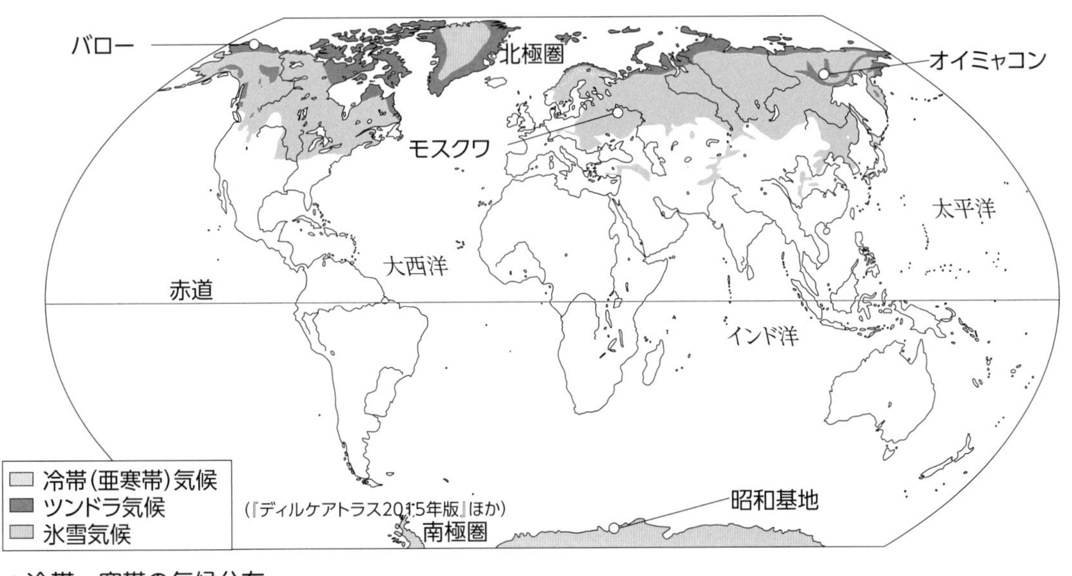

▲冷帯・寒帯の気候分布

■冷帯・寒帯の自然環境

- 温帯より高緯度側や内陸部では，夏と冬で気温の差が大きい**冷帯**（**亜寒帯**）がみられる。
- 冷帯では，マツやモミなどの**針葉樹林**（**タイガ**）が広がる。
- 冷帯より緯度が高いと，**寒帯**。
- 寒帯は，夏だけ凍った地面がとけてこけ類などが生える**ツンドラ気候**と，一年中0℃以下の雪と氷におおわれる**氷雪気候**に区分される。

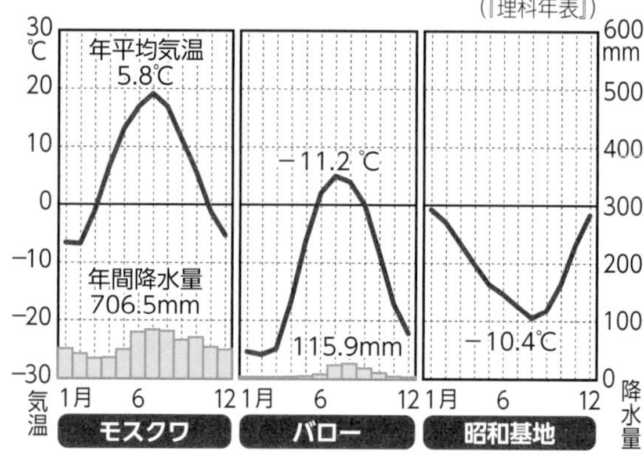

▲冷帯・寒帯の気温と降水量

- 緯度が高い地域では，夏は太陽が沈むことのない**白夜**となる。また，夜にはオーロラが見られることもある。
- 一年中温度が0℃以下となる永久凍土が広がる地域も多い。

➡永久凍土が，夏の高温や建物の暖房でとけて，建物が傾くのを防ぐために，床を高くした建物がみられる。

教科書 p.39

確 認 白夜に対して，「ほぼ太陽が昇らない現象」を何というか，調べて答えよう。

➡極夜

表 現 寒帯の地域で，床を高くした住居が見られる理由を調べて，熱帯の住居と比較し，まとめよう。

➡（例）寒帯で床を高くした住居が見られるのは，永久凍土が暖房などでとけて，建物が傾くのを防ぐためである。一方，熱帯で床を高くした住居が見られるのは，風通しをよくして過ごしやすくするためである。

6 標高が高い地域の暮らし 高地の気候と人々の生活 （教p.40〜41）

■酸素が薄い高地の暮らし

〔アンデス山脈〕

- 高地では低温でも育つじゃがいもを何種類も栽培。
- 山の斜面には階段のように畑や水路がつくられる。
- 標高4000mをこえると，作物が育たず，寒さに強い家畜（**リャマ**，**アルパカ**）を放牧。

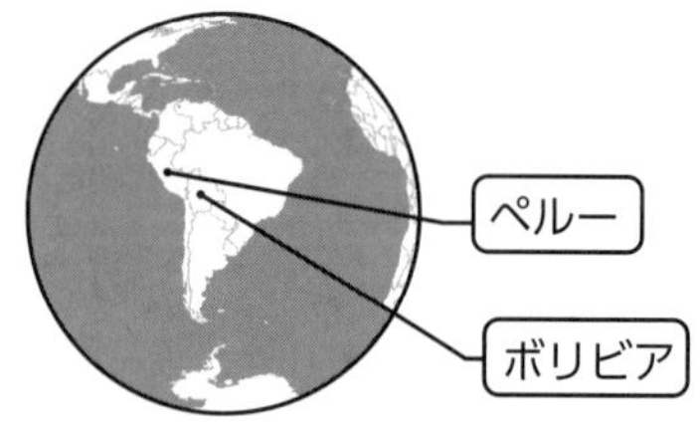

- 高地の先住民族の服装…日ざしが強いのでつばのある帽子，昼夜の気温差が大きいので家畜の毛でつくられたポンチョを着用。
- 道路の整備によって，荷物の運搬はリャマからトラックにかわる。
- 先住民族の伝統的な暮らしを，観光資源として活用する人も。

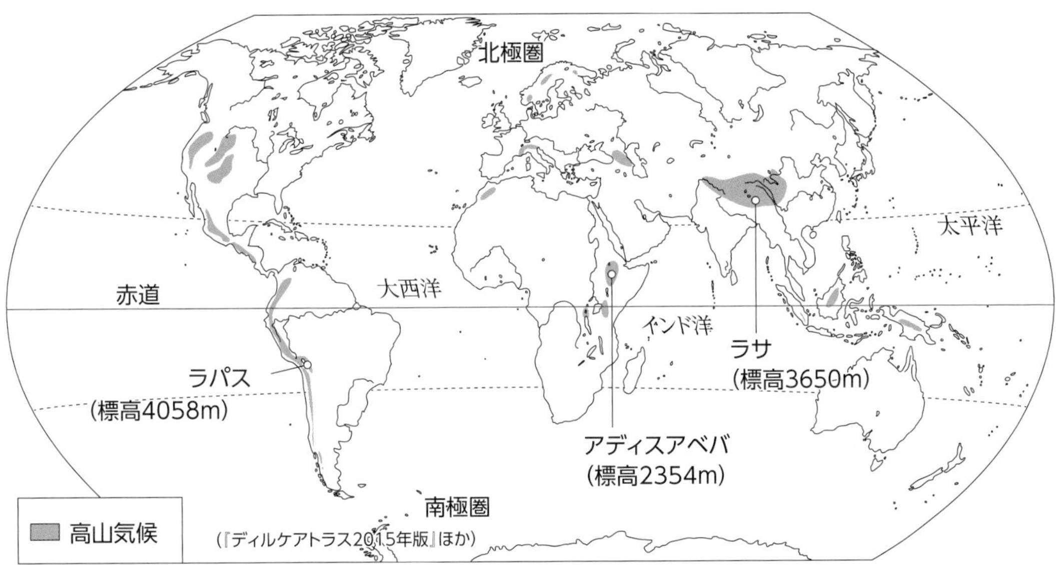

▲高山気候の分布

■高地の自然環境

- 気温は，標高が高くなるにつれて低くなる。
- 低緯度に位置する高地は，古くから生活の場となり，**高山都市**が発達した。
- 高山都市は赤道付近でも涼しいが，日差しが強くて気温が上がりやすく，昼夜の寒暖差が大きい。標高が高ければ酸素も薄い。このような高山特有の気候が**高山気候**。

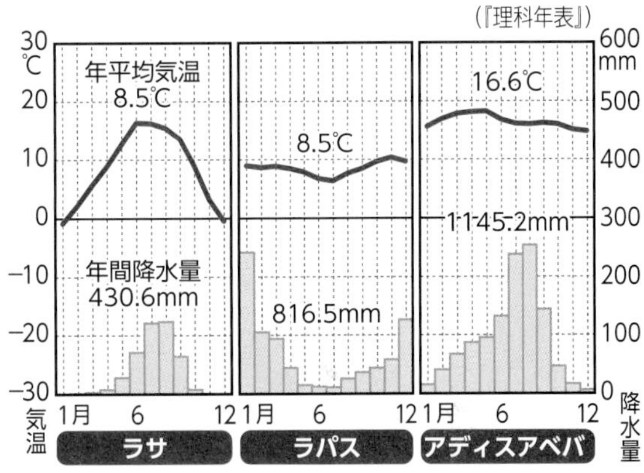

▲高山気候の気温と降水量

教科書 p.41

確認 アンデス山脈の4000mをこえる高地で飼育される家畜の名前を二つ答えよう。

➡リャマ，アルパカ

表現 低緯度にもかかわらず，ラパスの気温が低い理由についてまとめよう。

➡（例）標高が4000m以上と高いため，気温が低地よりも低いから。

7 さまざまな言語と人々の暮らし 世界の民族と言語 (教p.42〜43)

■言葉と人間

● 母語…人が生まれて最初に覚えた言葉。

■世界の言語

● 世界には数千の言語があり，母語とする人が最も多いのは中国語。
● 日本のようにほぼ一つの言語（共通語）を使う国もあれば，インドのように多くの民族が多様な言語を使う国もある。
● 公用語…国の政府が公の言葉として定めた言語。
● 共通語・公用語は，英語，フランス語，スペイン語，アラビア語などが多くの国で使用。
● 母語以外に習得した第二の言語は，英語が多い。

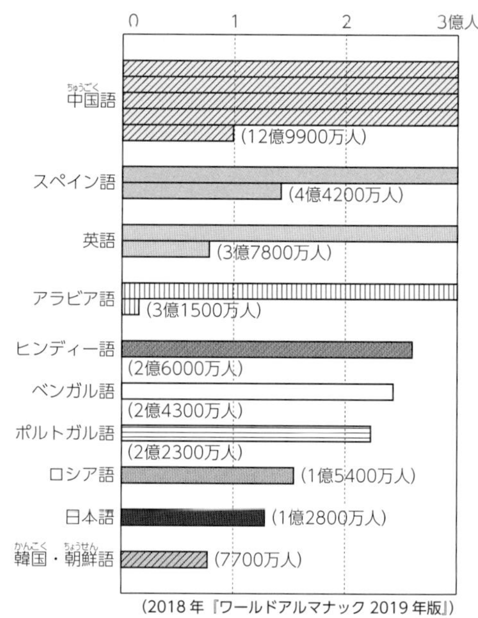

▲世界の言語別の人口

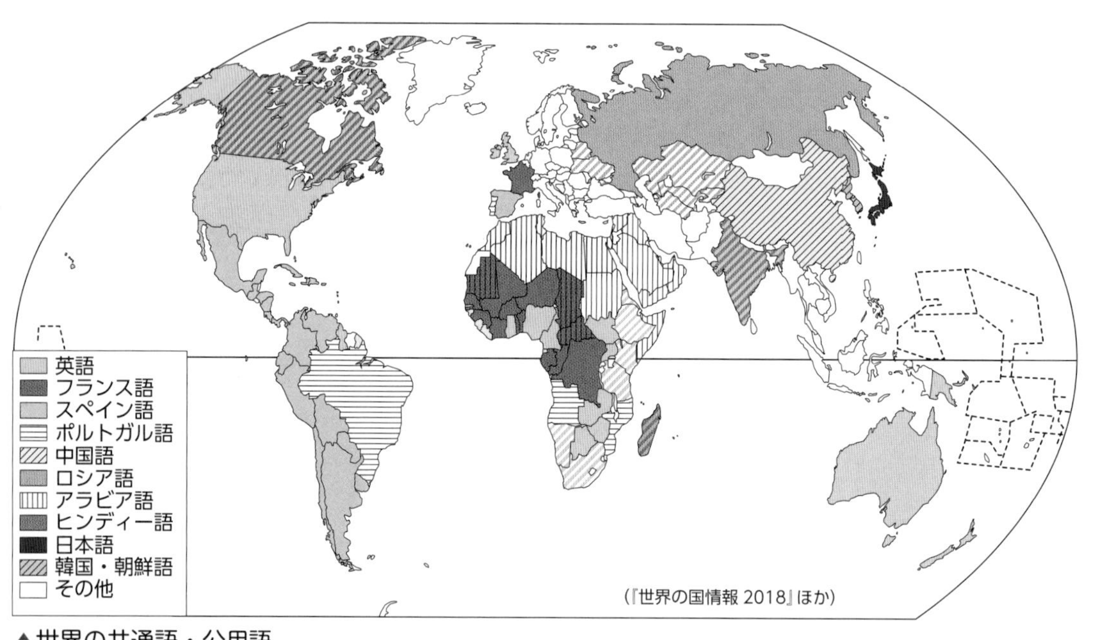

▲世界の共通語・公用語

読み解こう 教p.43

❶ (例) スペイン語…スペイン，メキシコ以南の南北アメリカ　など
英語…イギリス，アメリカ合衆国，カナダ，アフリカ諸国，オーストラリア　など
アラビア語…アフリカ北部，サウジアラビア　など

❷ (例) 北はアラビア語，西はフランス語，東から南にかけて英語。フランス語や英語はかつて植民地としてこの地域を支配していた旧宗主国の言語。

■国家と言語・民族

- **民族**…言語や宗教，生活上の慣習などを共有し，同じ集団に属しているという意識をもつ人々の集まり。その境界や意識は，歴史的につくられてきた。
- 一つの国に多くの民族がいる場合，どの言語を重要視するか問題。
- シンガポールは，中国系が多数だが，国語はマレー語，公用語はマレー語，中国語，英語，タミル語。
- オーストラリアは，多文化を尊重し，移民の言語にも対応したサービスを提供。
- 日本でも大都市や観光地では，複数の言語表示がみられる。

…外国人，アイヌ民族などの先住民族とも共存できる日本社会をつくる必要がある。

教科書 p. 43

確認 複数の共通語・公用語が使用されている国を選び，その理由について調べよう。

➡（例）国…インド

理由…広い国土に多くの民族が住んでいるから。

表現 教科書p.43資料３から，南アメリカで使われている主な言語を二つあげよう。

➡スペイン語，ポルトガル語

8 さまざまな宗教と人々の暮らし 世界の民族と宗教 （教p.44～45）

■世界の宗教

- **世界宗教**…始まりの地や民族をこえて信仰される**キリスト教，イスラム教，仏教**
- **民族宗教**…生み出した民族に信者がほぼ限られるヒンドゥー教，ユダヤ教など。

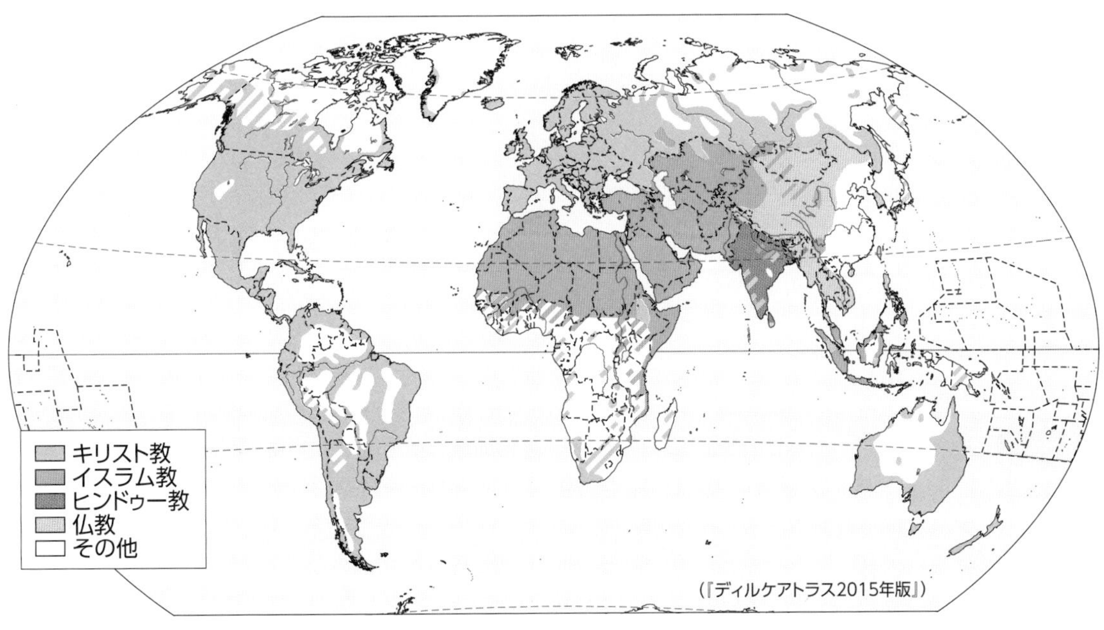

▲世界の主な宗教の分布

■宗教と人々の慣習

- キリスト教…キリストの誕生を祝うクリスマスは重要な行事。キリストの生誕した年を紀元１年としたのが西暦。
- 仏教…タイでは国民の９割が仏教徒で，僧は尊敬される。結婚前の男性は，若いうちに一度出家することが慣習。
- ヒンドゥー教…南アジアで最も多くの人が信仰する多神教。牛は神聖で肉は食べないが，乳は食品として，糞は燃料として使う。

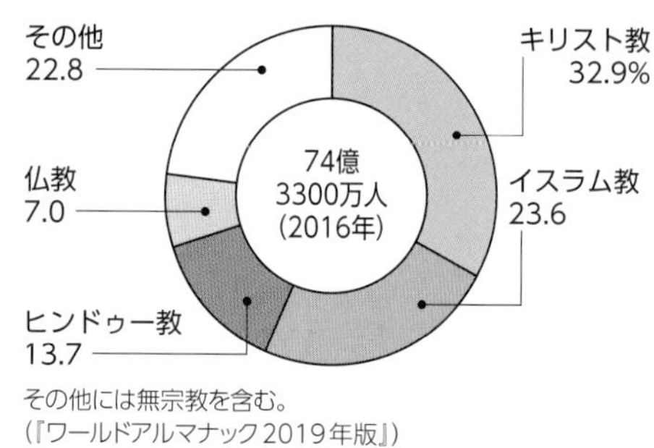

▲世界にみる宗教別の人口割合

■イスラム教の教えと生活

- イスラムとは，アッラーという唯一の神への信仰を意味する。
- コーラン…神の教えが書いてあり，１日５回の礼拝，一定期間の断食，貧しい人へのほどこし，法や裁判のあり方なども含まれ，生活のよりどころとなっている。
- イスラム教には，弱い存在である人間が，神の教えを守って救われるという考え方があり，それが人々を結びつけている。
- イスラム教徒は，アラビア語を話すアラブ人が住む地域以外にも，東南アジアにも広がっていて，生活や意識にも違いがある。

■宗教について考えよう

- 宗教は日常の行動を左右するだけでなく，人々の考え方もつくり出す。

教科書 p.45

確 認 世界宗教とよばれる宗教を三つ書き出そう。

➡キリスト教，イスラム教，仏教

表 現 キリスト教，イスラム教，仏教は，主にどの地域に広がっているか確かめよう。

➡（例）キリスト教…北アメリカ，南アメリカ，アフリカの一部，ヨーロッパ，ロシア連邦，オーストラリア
イスラム教…アフリカの一部，西アジア，中央アジア，東アジアの一部
仏教…東アジアの一部，日本

学習のまとめと表現（教p.46）

第１章の学習を振り返って整理しよう

❶ワードチェック

□**気候帯**（→教p.31）…同じような気候の特色をもつ地域の広がり。気候帯の区分は，植生の違いをもとにしている。

□**植生**（→教p.31）…一定の場所にみられる植物の集まり。

□**熱帯**（→教p.32）…植物がみられる気候帯のうち，最も気温が高い気候帯。

□**焼畑農業**（やきはた）（→教p.32）…山林や原野などを焼き，そこで作物を育てる農業の方法。

□**熱帯雨林**（→教p.33）…赤道付近の年中高温多雨地域にみられる森林。

□**乾燥帯**（かんそう）（→教p.34）…植物が育ちにくい気候帯のうち，降水量が少ない気候帯。

□**砂漠**（さばく）（→教p.35）…降雨が極端に少なく，ほとんど植物がみられない砂や岩石からなる土地。

□**温帯**（→教p.36）…植物がみられる気候帯のうち，温暖な気候帯。

□**偏西風**（へんせいふう）（→教p.37）…南北半球の緯度40～50度付近の地域で，西から東へ向かってほぼ一年中吹いている風。

□**季節風（モンスーン）**（→教p.37）…地球的な規模で吹く風。季節で風向きが逆になり，夏は海洋から大陸へ，冬は大陸から海洋へ吹く。

□**冷帯（亜寒帯）**（→教p.38）…植物がみられる気候帯のうち，寒冷な気候帯。

□**針葉樹林**（しんようじゅりん）（→教p.39）…小型で針のような葉を持つ樹木。

□**寒帯**（→教p.38）…植物が育ちにくい二つの気候帯のうち，気温が低い気候帯。

□**高山都市**（→教p.41）…ラパス（ボリビア）やキト（エクアドル）のような標高が高い場所にある都市。

□**高山気候**（→教p.40）…低緯度にあっても，気温がそれほど上がらないなどの高山特有の気候。

□**母語**（→教p.42）…人が生まれたときから自然に身につけた言語。

□**公用語**（→教p.42）…国家が公に使用することを定めている言語。

□**民族**（→教p.43）…人類を文化的な特徴でグループ分けしたもの。

□**キリスト教**（→教p.44）…イエス・キリストの教えを信じる宗教。

□**イスラム教**（→教p.44）…ムハンマドが始めた宗教。アッラーを信仰。

□**仏教**（→教p.44）…ブッダの教えを信じる宗教。

□**世界宗教**（→教p.44）…始まりの地や民族をこえて世界的に広く信仰されている宗教。

❷地図を使って確かめよう。

①　a．熱帯の地域を着色しよう。　b．乾燥帯の地域を着色しよう。

②　A　インド，ヒンドゥー教　B　イラン，イスラム教　C　フランス，キリスト教　D　タイ，仏教

❸表現しよう。

①　（例）東京の気温は，冬季に10度以下，夏季に30度近くになり，クアラルンプールやラパスに比べて，季節による違いがはっきりしている気候であるといえる。一方，月降水量は，冬季を除き年中100～200mmほどあり，クアラルンプールを除いた他の都市に比べて，多いといえる。

②　（例）西アジア，アフリカ北部で信仰され，乾燥帯か熱帯が多く，言語はアラビア語が使用されることが多い。

❹意見を交換しよう。

（省略）

第2章　世界の諸地域　① アジア州

1　アジアをながめて　アジアの歩みと自然環境　(教p.50〜51)

▲アジア州の国々

(『理科年表』)

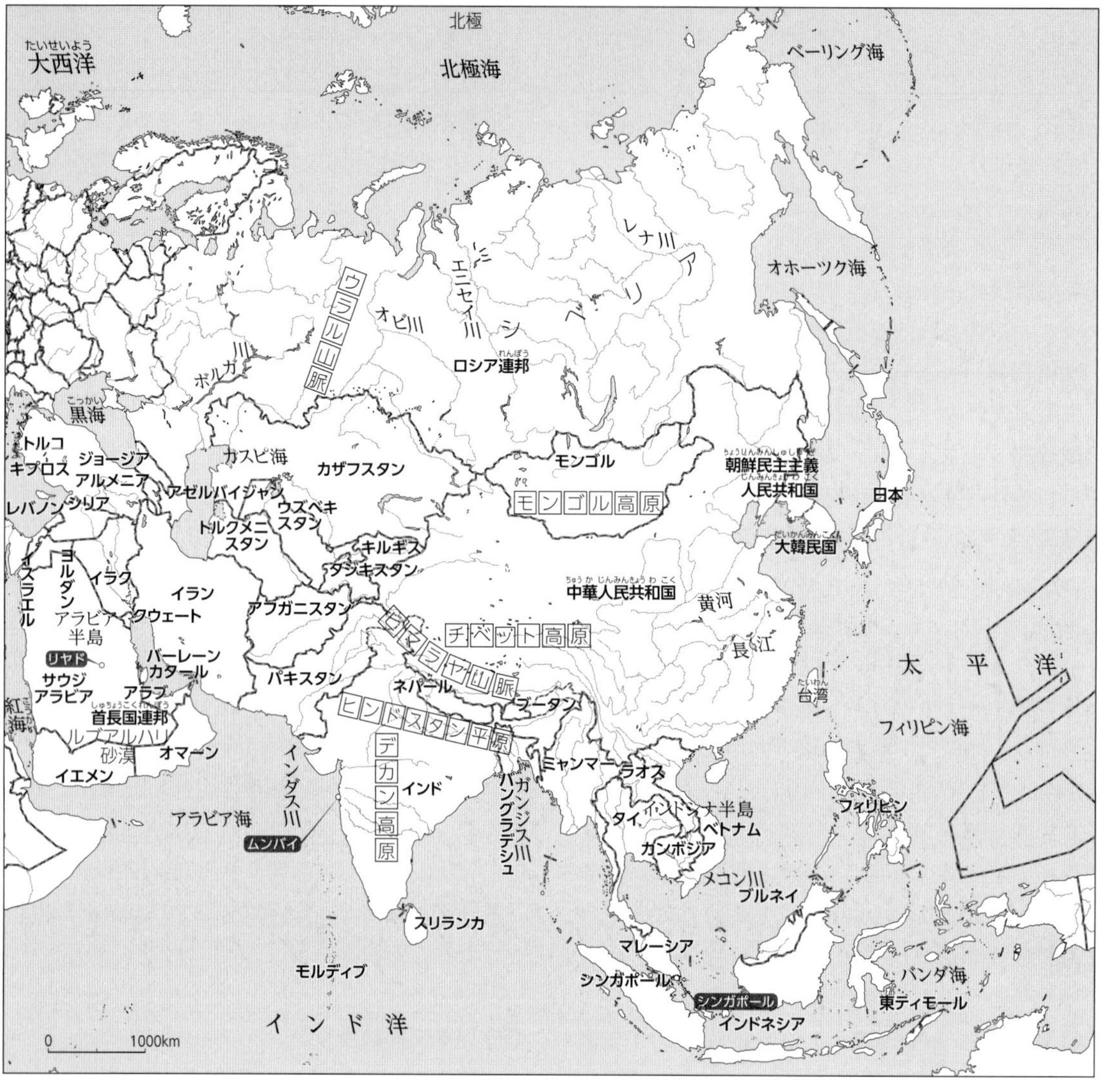

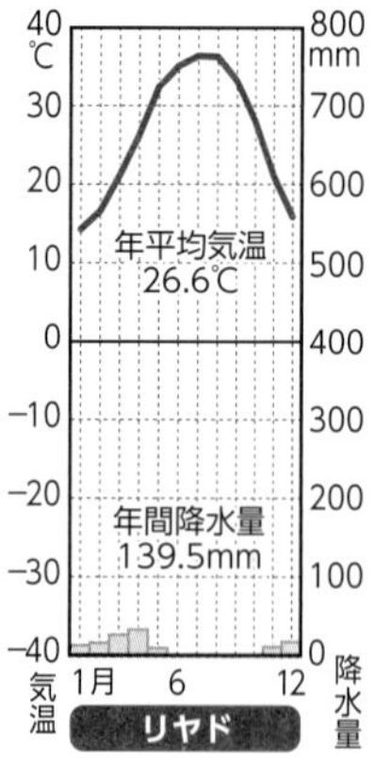

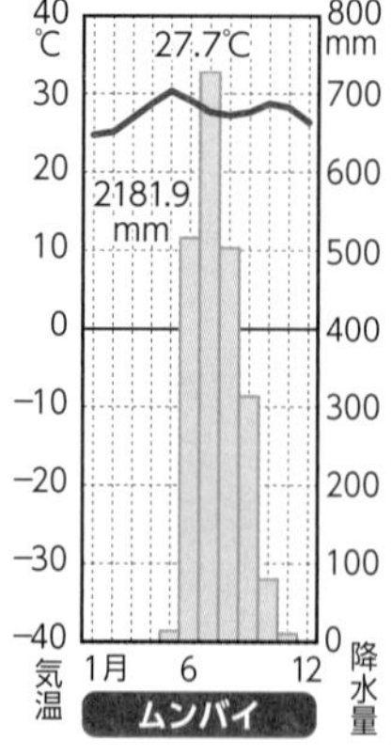

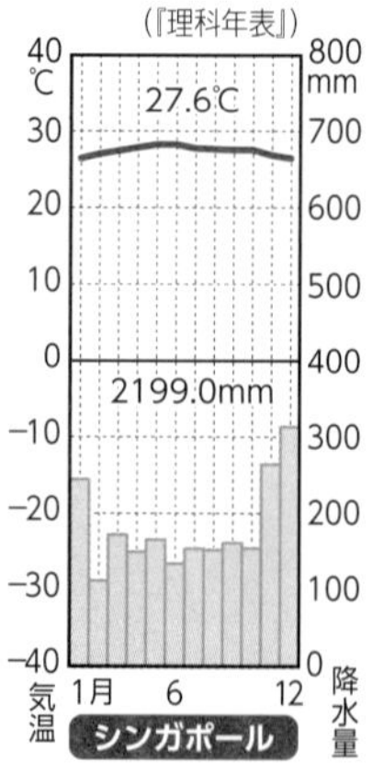

■アジアの歩み

- 古代…古代文明（メソポタミア文明，インダス文明，中国文明），宗教（キリスト教，イスラム教，ヒンドゥー教，仏教，ユダヤ教）

➡すべてアジアで生まれた。

- 近代…多くがヨーロッパ諸国の**植民地**となり，独立後も**発展途上国**。

➡近年は経済が急速に発展。

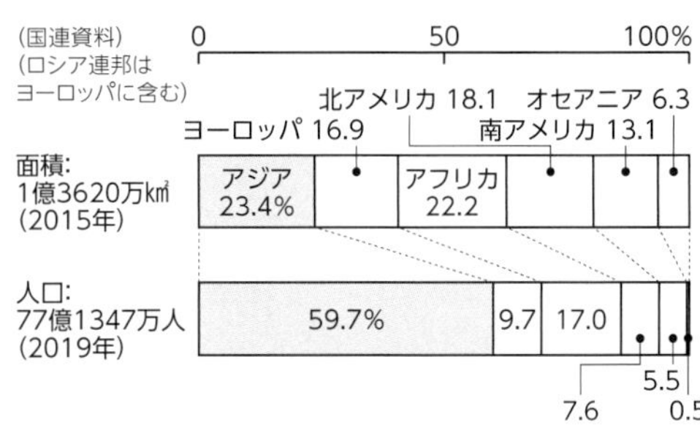

▲世界の州別に見た面積と人口

■熱帯から寒帯まで広がる自然

- 湿潤な地域と乾燥した地域に分けられる。
- 湿潤な地域…**季節風（モンスーン）**の影響で降水量が多い。稲作中心の農業で，人口密度が高い。
- 乾燥した地域…砂漠や高原で遊牧。
- 厳しい自然環境の地域…北極海からシベリア（冷帯や寒帯），インドと中国の間のチベット高原（標高が高いため寒帯）。人口密度が低い。

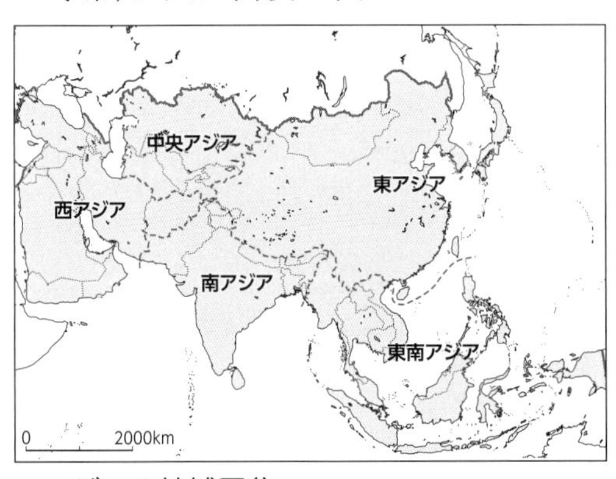

▲アジアの地域区分

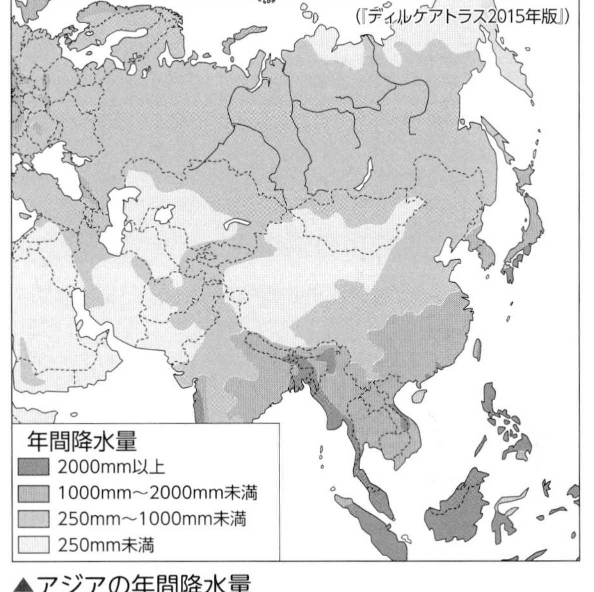

▲アジアの年間降水量

教科書 p.51

確認 「世界の国々のあらまし（教科書p.288）」から，アジアで人口の多い国を10か国，多い順に書き出そう。

➡中華人民共和国，インド，インドネシア，パキスタン，バングラデシュ，日本，フィリピン，ベトナム，トルコ，イラン

表現 アジアについて，湿潤な地域と乾燥した地域を略地図を描いて示し，それぞれの特徴をまとめよう。

➡（略地図は省略）（例）湿潤な地域は，日本，朝鮮半島，中国南部，東南アジア，南アジアの東部，インドの西海岸。季節風によって海からの湿った風を受け，それによる降水が多い。乾燥した地域は，中国西部，中央アジア，西アジア。古くから遊牧が盛ん。

2 工業化と大都市の成長 朝鮮半島の国々 (教p.52～53)

■工業化の二つの道

〔大韓民国（韓国）〕

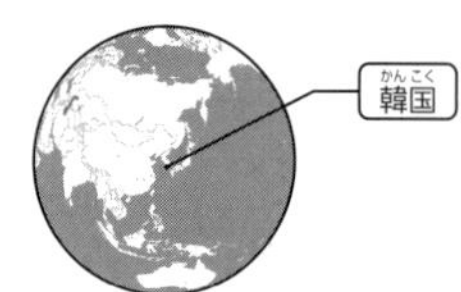

- 1960年代から急速な**工業化**。台湾，ホンコン，シンガポールとともにアジアNIES（新興工業経済地域）とよばれる。
- 原料や工作機械を輸入し，組み立てや加工をして大量生産した製品を輸出。
- 主な輸出品…（過去）繊維製品➡（現在）自動車，船舶，電子部品
- 政府による経済政策➡安くて競争力のある製品。

〔朝鮮民主主義人民共和国（北朝鮮）〕

- 社会主義国…工場や農場を集団化，政府による計画的な国づくり。
- 工業…資源を用いた工業化。

➡エネルギー不足や技術の遅れ。

- 農業…寒冷な気候，自然災害で食料が不足しがち。

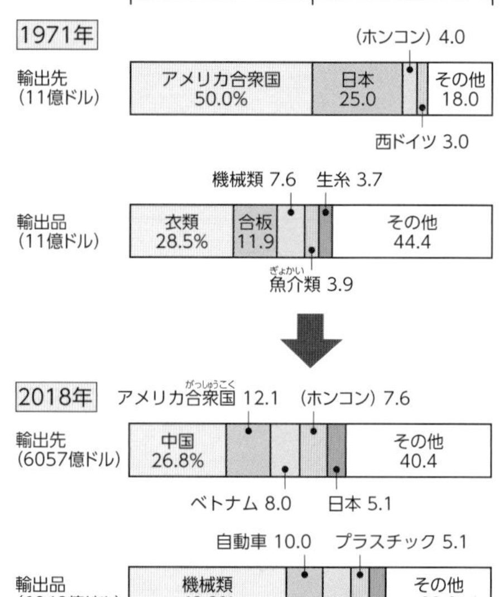

▲韓国の輸出品・輸出先の変化

■韓国における都市の成長

- 工業地域…輸出入に便利な港の近くに発達。
- **人口集中**…首都ソウルへ。農村は過疎化と高齢化。

■韓国と日本の交流

- 文化交流…（過去）日本の植民地だったため反発があり，日本の文化はあまり受け入れられなかった。

➡（現在）2002年のサッカー世界大会をきっかけに，日本で韓国のドラマや音楽が人気に。韓国でも日本のアニメが人気に。

教科書 p.53

確認 韓国で盛んな産業について書き出そう。

➡（例）自動車，船舶，電子部品　など

表現 日本と韓国の交流について，調べてまとめよう。

➡（例）かつて日本が朝鮮半島を植民地にした歴史から，韓国では日本の文化を受け入れることに反発があったが，2002年のサッカー世界大会の日韓共同開催をきっかけに，日本のアニメが受け入れられるようになり，日本でも韓国のドラマや音楽が人気になって，お互いの文化交流が進んだ。

3 巨大な人口を支える農業と多様な民族 中国の人々と農業 (教p.54〜55)

巨大な人口を抱えて

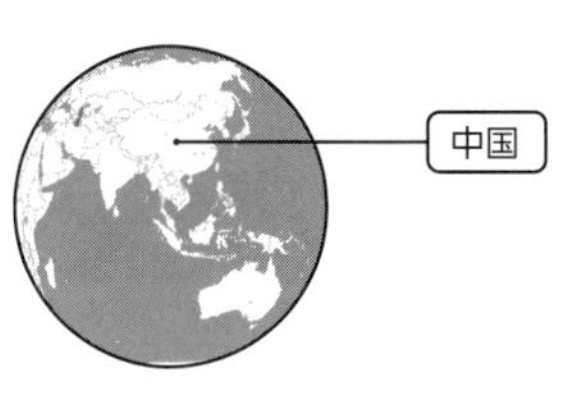

- 人口…14億3000万人（2019年）で，世界人口の約５分の１。地形がなだらかな東部に集中。
- 大都市…長江や黄河などの大河川沿いや，東部沿岸地域で発達。
- 「一人っ子政策」…一組の夫婦の子どもは一人だけとする政策。

➡若い人口が減り，高齢者の割合が増えるという予測から，2016年１月以降，二人までよいことになる。

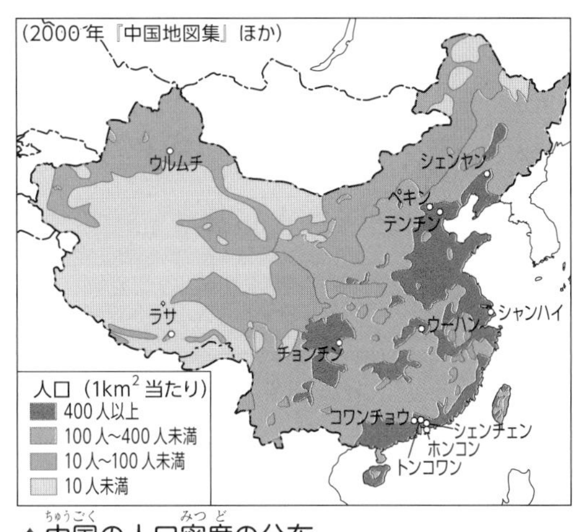

▲中国の人口密度の分布

さまざまな民族

- 民族…９割は**漢族**（東部の平野に集中）。その他は**少数民族**（西部に分布）。
- 少数民族の生活改善…経済的・文化的支援や自治の承認。一方で漢族の影響が大きくなる。

➡政府に反発（チベット自治区やシンチヤンウイグル自治区）。

地域によって異なる農業

- 農業…東部で盛ん。大河川の流域に耕作に適した平野。
- 牧畜…乾燥した西部。西北地方ではオアシス農業もみられる。

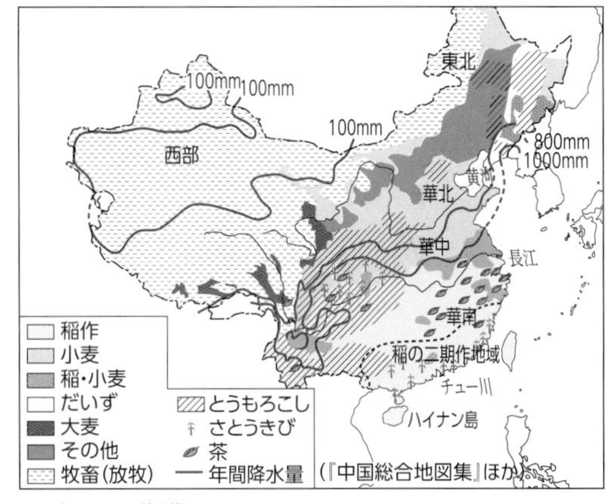

▲中国の農業

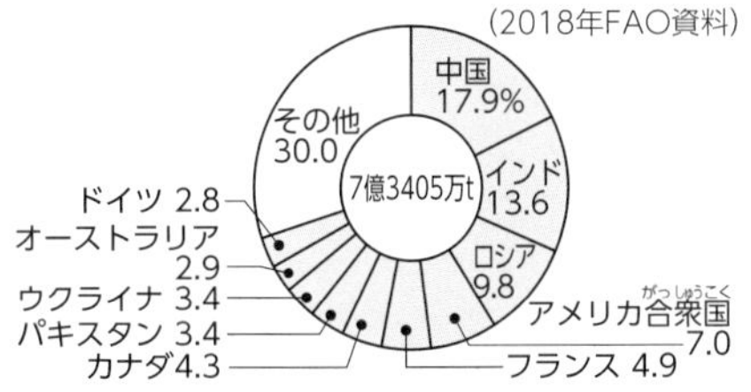

▲小麦の生産の国別割合

教科書 p.55

確認 人口のかたよりについて，教科書p.54資料１・２ を参考にして確かめよう。

➡（例）山脈や高原，砂漠が広がる西部の人口は少なく，地形がなだらかな東部に多くの人口が集中している。

表現 中国の人口問題とその対策についてまとめよう。

➡（例）人口の増加が問題視され，1979年から一組の夫婦が産み育てる子どもは一人だけとする「一人っ子政策」がとられたが，人口に占める高齢者の割合が高まると予測されたことから，2016年には子どもは二人までよいことになった。

4 「世界の工場」から「世界の市場」へ　中国の経済発展と環境問題　(教p.56～57)

経済の改革と開放政策

- 経済制度の改革…1970年代末から開始。政府が決めた計画に従う方針から，自主的な活動へ。

➡生産力の向上。

- 農業…郷鎮企業が成長。農民の収入が増加。
- 経済特区…南部の沿海部に設置。税金を安くするなどして外国企業をよび込み，外国の技術や資金を導入。

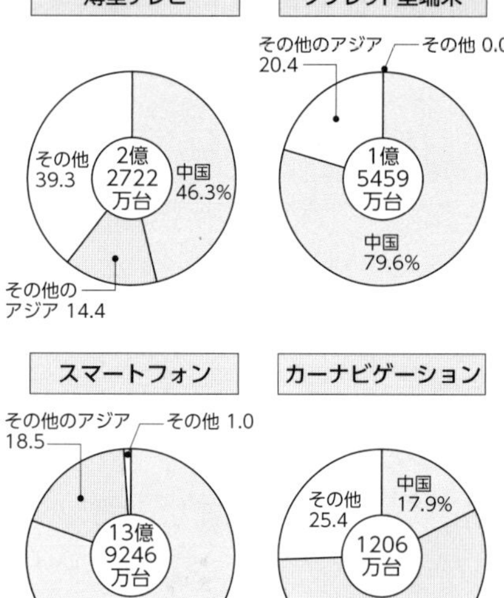

(2015年　電子情報技術産業協会資料)

▲主な電子機器の生産に占める中国の割合

外国企業の進出と工業の発展

- 中国への進出…外国企業にとって，賃金が安く，製品を安く生産できる利点。

➡1990年代より進出が盛んになる。

- 「世界の工場」…中国の工業製品が世界中に輸出される。
- 人々の移動…内陸部から沿海部の工業地帯や大都市へ出かせぎ。

➡地域間の経済格差。

都市の生活の変化

- 「世界の市場」…生産だけでなく国内の購入も増えた。
- 都市化…デパート，マンションが建ち，地下鉄，高速道路など整備。
- ペキン（北京）やシャンハイ（上海）には大企業の重要部門がおかれる。

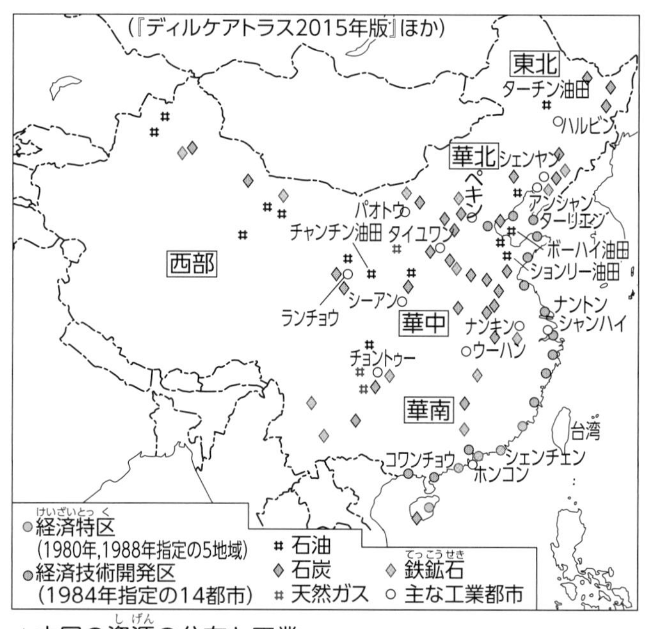

▲中国の資源の分布と工業

教科書 p.57

確認 外国企業が中国に進出した理由について本文からまとめよう。

➡（例）低い賃金で多くの労働者を雇うことができ，また経済特区では税の負担が少なくなるなど，企業にとって費用を安くおさえて製品を生産できる利点があるため。

表現 中国の経済発展にともなって生じた問題についてまとめよう。

➡（例）中国国内での経済格差や，大気汚染などの環境問題が深刻化している。

5 変わる産業と貿易 結びつきを強める東南アジア (教p.58〜59)

■農水産物と鉱産資源

●作物の栽培…温暖で雨が多く，水田やプランテーションによる栽培が盛ん。

●天然ゴム…マレーシアやインドネシアのプランテーション。

➡近年では油やし（パーム油が採れる）への転換が進む。

●バナナ…フィリピン

●コーヒー…ベトナム

●えび，鶏肉…日本企業が現地で加工し輸出。

●木材…かつては主要輸出品。現在は環境保全のため制限。

●石油，天然ガス…生産と輸出が近年減少。

（『ディルケアトラス2015年版』）

▲東南アジアの農業分布

■進む工業化と貿易の変化

●工場を建設…現地の人々は安く雇えるため，1980年代ごろから，日本や外国の企業が進出し衣類や電気製品などを製造し，輸出するように。

●工場を誘致…外国の企業を招くために税金を安くする国もある。

➡工業製品の輸出・輸入が増加している。

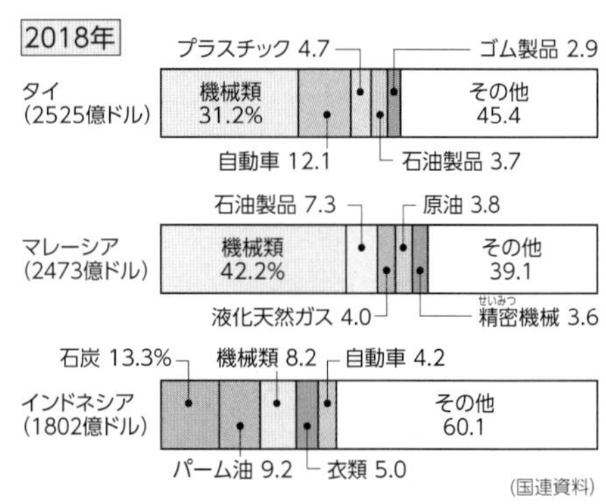

▲東南アジアの国の輸出品

■地域内の経済協力

●東南アジア諸国連合（ASEAN）…東南アジア10か国が加盟。

➡輸入品にかける税金を減らす取り決めによって貿易や生産活動が活発化。

教科書 p.59

確認 東南アジア諸国連合の加盟国を調べて，表にまとめよう。

1967年	ASEAN設立。原加盟国は，インドネシア，マレーシア，フィリピン，シンガポール，タイ。
1976年	第１回ASEAN首脳会議開催。ASEAN共和宣言を採択。
1984年	ブルネイ加盟。
1995年	ベトナム加盟。
1997年	ラオス，ミャンマー加盟。
1999年	カンボジア加盟。

表現 教科書p.58資料４から，各国の輸出品の変化をまとめ，共通する特色を「○○化」という言葉に表そう。

➡（例）タイでは米が，マレーシアでは原油や天然ゴムが，インドネシアでは原油がそれぞれ主要輸出品だったが，それらが機械類などの加工品へ変わったことで，「工業化」，「近代化」の特色が共通してみられる。

6 発展する産業と社会　多様な農業と世界につながる工業　(教p.60～61)

■南アジアの農業

- 人口が多い…食料の十分な供給が課題。
- 稲作…ガンジス川の中流～下流にあたるヒンドスタン平原，インド東部で盛ん。
- 小麦…インダス川の中流にあたるパンジャブ地方は，かんがい施設が整備され，穀倉地帯に。
- 輸出用の商品作物…茶（スリランカ，インド北東部のアッサム州やダージリン）
- 繊維産業の原料…デカン高原の綿花，ガンジス川河口のジュート（黄麻）。

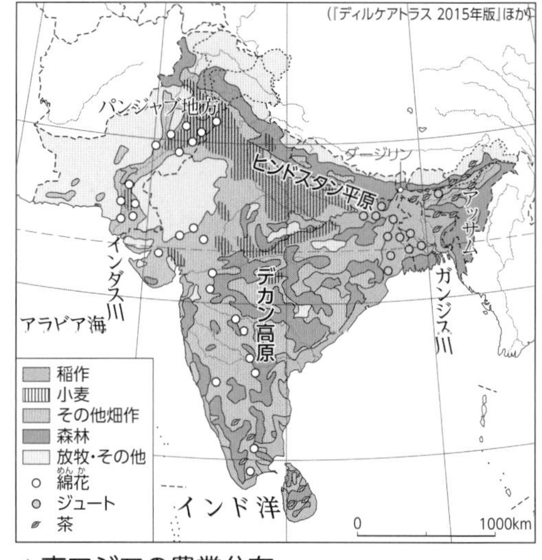

▲南アジアの農業分布

■南アジアの工業

- 綿工業や製鉄業…イギリスの植民地時代に始まった近代的工業。
- 伝統的な繊維産業…熟練した技術。

➡安くて豊富な労働力や原材料を求めて，外国企業の工場が進出。

- 2000年代には電気製品や自動車生産が急速に増加。大都市郊外の工業団地に外国企業の工場が立地。

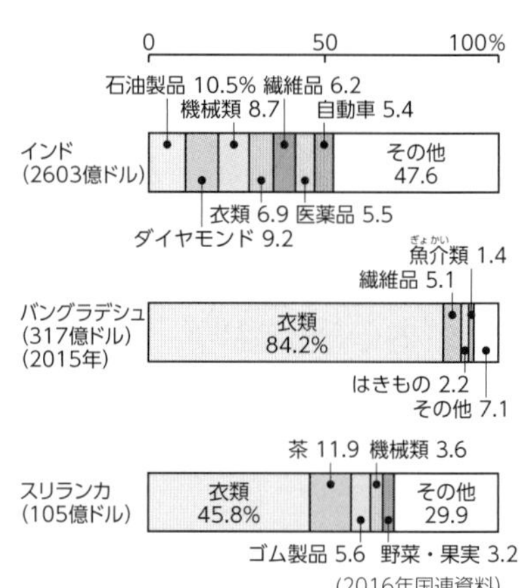

▲南アジア各国の輸出品

■インドのICT産業

- 情報通信技術（ICT）産業…インドで特徴的。
- 理数系の教育を重視…ICT産業に必要な労働者が豊富。
- 英語を話す人が多い…イギリスの植民地だったため。
- 賃金水準が低い。

➡アメリカ，イギリスなどの企業から，開発，データ処理，経理業務などを請け負う。ベンガルールや首都デリーにICT企業多数。

教科書 p.61

確認　教科書p.60資料３を参考にして，南アジアの主な農産物についてまとめよう。

➡（例）ガンジス川下流域では稲作やジュート，インド北部では小麦，インダス川流域やデカン高原では綿花，インド東部・南部・スリランカでは茶の栽培がそれぞれ盛ん。

表現　インドでICT産業が成長した理由についてまとめよう。

➡（例）理数系の知識があり，英語が話せ，賃金水準も低い労働者が多いので，アメリカやイギリスなどのICT企業が仕事を頼みやすいから。

7 豊かな天然資源に支えられて 西アジア・中央アジアの資源と人々の生活 (教p.62〜63)

■豊富な石油資源と人々の暮らし

- ●原油…西アジアから中央アジア，ペルシア湾岸に油田が分布。パイプラインやタンカーで世界中に運ばれる。
- ●サウジアラビア…世界有数の産油国。原油の埋蔵量は世界の約６分の１。国有会社が独占的に生産と販売。
- ●石油輸出国機構（OPEC）…西アジアや南アメリカの産油国からなる。原油価格の設定を通じ世界に大きな影響。

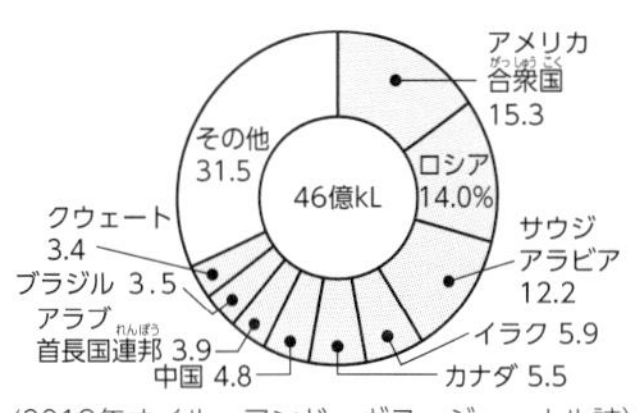

▲原油の生産量

- ●豊かな産油国では，石油収入で海水を真水にする施設や道路などがつくられている。医療費や教育費が無料の国もある。

➡経済の発展で労働者が不足。アジアやアフリカから出かせぎ。

読み解こう　教科書p.63

❶（例）ペルシア湾岸，北アフリカ，ロシア　など
❷（例）日本，韓国，南アジア，ヨーロッパ，北アメリカ　など

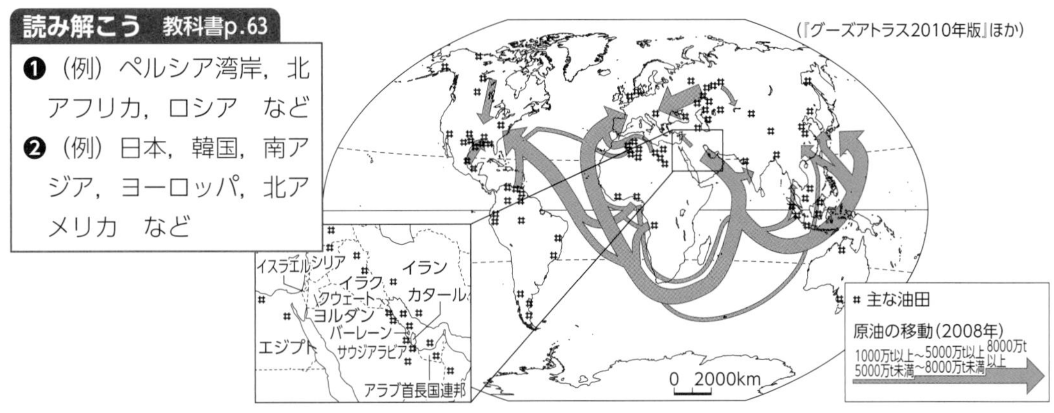

▲世界の主な油田と，原油輸出の流れ

教p.63資料４〈Q〉
（例）原油は産出地に偏りがあり，石油を用いる工業が発達している地域と離れているため。

■中央アジアの資源と文化

- ●鉱産資源…原油，天然ガス，ウラン，金，レアメタルなど。
- ●石油や天然ガス用のパイプラインが，国境を越えて設置。
- ●民族の文化…遊牧をしていたトルコ系，オアシス農業をしていたイラン系。
- ●歴史的な遺産…シルクロードの東西貿易を物語る。
- ●かつてソ連の一部…建築物の様式や使用する文字などにロシアの影響。
- ●西アジアと同じくイスラム教徒が多い。

教科書 p.63

確認　中央アジアの５か国から産出される鉱産資源について調べよう。
➡（例）ウズベキスタン…金，カザフスタン…ウラン，キルギス…金，タジキスタン…石油，トルクメニスタン…天然ガス　など

表現　「産油国」という言葉を使って，西・中央アジアの経済が発展した理由についてまとめよう。
➡（例）産油国として石油を世界各国へ輸出し，大きな利益を得ているから。

学習のまとめと表現（教p.65）

アジア州の学習を振り返って整理しよう

❶ワードチェック

□**植民地**（→教p.51）…そこを支配する国（宗主国）によって，主権をうばわれている地域や領土。

□**発展途上国**（→教p.51）…現在，経済が発展しつつある国々。

□**季節風（モンスーン）**（→教p.51）…地球的な規模で吹く風。季節によって風向きが逆になり，夏は海洋から大陸へ，冬は大陸から海洋へ吹く。

□**アジアNIES（ニーズ）（新興工業経済地域（けいざいちいき））**（→教p.52）…発展途上国の中でも経済成長が著しい国々や地域。

□**「一人っ子政策（せいさく）」**（→教p.54）…中国の人口抑制政策。1組の両親に，子どもは1人までと決められた。

□**少数民族**（→教p.54）…国で多数を占める民族以外の民族。

□**シルクロード**（→教p.55）…中国とヨーロッパの間の歴史的な交易路。

□**経済特区**（→教p.56）…経済を発展させるために法律・行政の面で特別に扱われる地域。

□**プランテーション**（→教p.58）…大規模に単一の作物を栽培している大農園。かつては，植民地にいた先住民や移民が低い賃金で働かされた。

□**東南アジア諸国（しょこく）連合**（ASEAN）（→教p.59）…東南アジアの10か国で構成される協力組織。

□**穀倉（こくそう）地帯**（→教p.60）…穀物の大規模な産地。

□**情報通信技術（ICT）産業**（→教p.61）…インターネットなど情報と通信に関する技術がICTで，それに関連する産業。

□**産油国**（→教p.62）…石油を大規模に産出・輸出し，その利益を経済の中心にしている国。

□**石油輸出国機構**（OPEC）（→教p.62）…アメリカ合衆国やヨーロッパに対抗して主に西アジアの産油国が中心となってつくった組織。石油価格の設定を通じて世界に影響力をもつ。

□**レアメタル**（→教p.63）…自然界に存在する量が少ない，または採掘が難しい一方で，工業用の需要があるため価値がある金属。

❷地図を使って確かめよう。

① ①ウラル　②チベット　③ヒマラヤ　④アラビア　⑤黄河　⑥長江　⑦ガンジス　⑧インドシナ

② 省略

③ 東南アジア

❸表現しよう。

① （例）中国の農業は，主に東部で行われ，その北部では畑作，中南部では稲作が盛んである。東南アジアの農業は，稲作や商品作物のプランテーションが中心である。南アジアの農業は，ガンジス川下流域の米やジュート，北部の小麦，その他綿花や茶の生産が盛んである。

それぞれに共通するのは，川の流域では稲作が行われる点である。一方異なるのは，穀物以外の商品作物の種類であり，地域の気候などを反映している。

② （例）韓国の工業の発展…1960年代から急速な工業化が進み，原材料を輸入して，組み立て・加工後の製品を輸出する工業が発展した。

中国の工業の発展…1970年代末に経済改革が行われ，郷鎮企業などが成長し工業化が進んだ。また，沿海部に経済特区が設けられ，外国の高度な技術や資金の投入が進み「世界の工場」とよばれるようになった。

③ （例）日本はサウジアラビアから石油を多く輸入している。日本からは，主に機械類や自動車が輸出されている。

❹意見を交換しよう。

（省略）

第2章　世界の諸地域　②ヨーロッパ州

1　ヨーロッパをながめて　自然・文化の共通性と多様性　(教p.68〜69)

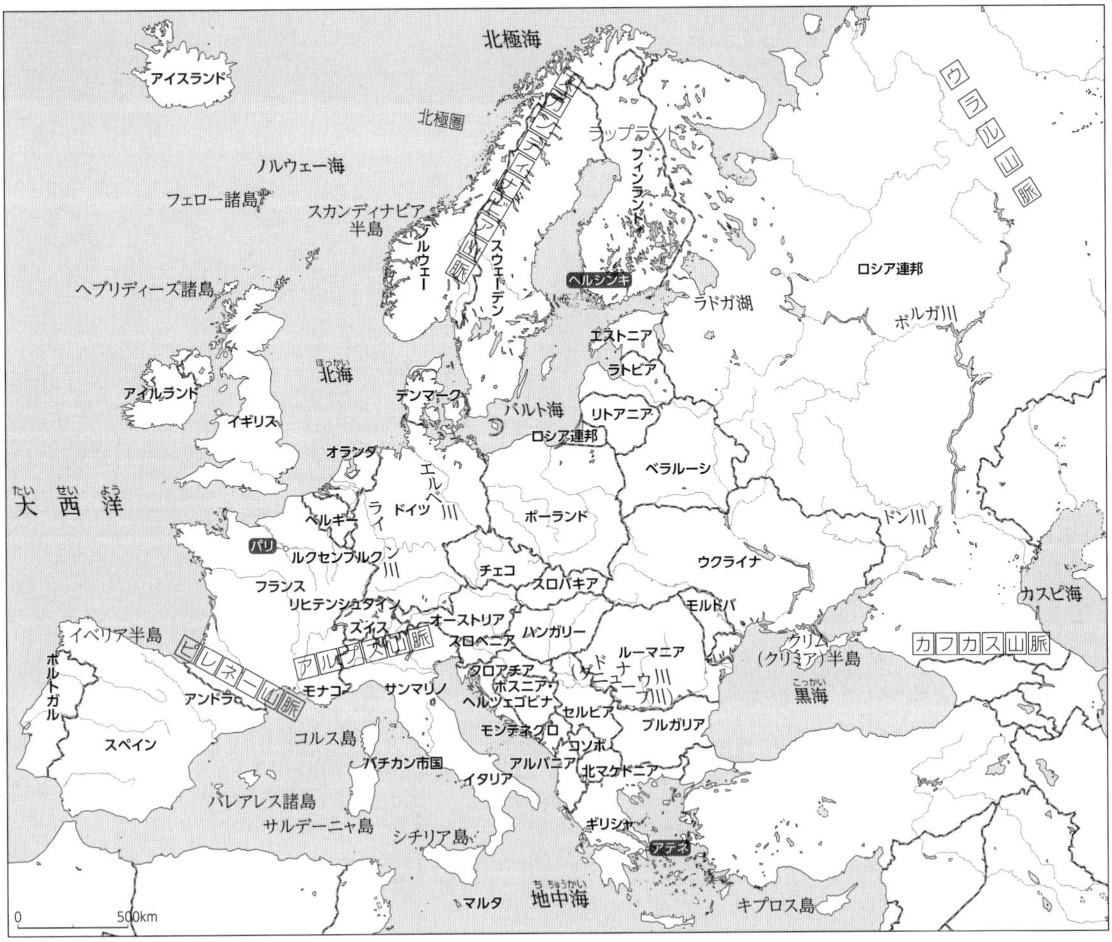

北極海
アイスランド
北極圏
ラップランド
ウラル山脈
ノルウェー海
フェロー諸島
スカンディナビア半島
スカンディナビア山脈
フィンランド
ノルウェー
スウェーデン
ヘルシンキ
ロシア連邦
ヘブリディーズ諸島
ラドガ湖
ボルガ川
エストニア
ラトビア
北海
アイルランド
デンマーク
バルト海
リトアニア
イギリス
ロシア連邦
オランダ
ベラルーシ
エルベ川
大西洋
ライン川
ドイツ
ポーランド
ドン川
ベルギー
パリ
ルクセンブルク
チェコ
ウクライナ
フランス
スロバキア
カスピ海
リヒテンシュタイン
モルドバ
オーストリア
イベリア半島
スイス
ハンガリー
クリム(クリミア)半島
スロベニア
カフカス山脈
ピレネー山脈
アルプス山脈
ルーマニア
ポルトガル
クロアチア
ドナウ川
モナコ
サンマリノ
ボスニア・ヘルツェゴビナ
アンドラ
黒海
セルビア
ブルガリア
コルス島
モンテネグロ
スペイン
コソボ
バチカン市国
アルバニア
北マケドニア
イタリア
バレアレス諸島
サルデーニャ島
ギリシャ
シチリア島
アテネ
0　500km
マルタ
地中海
キプロス島

▲ヨーロッパ州の国々

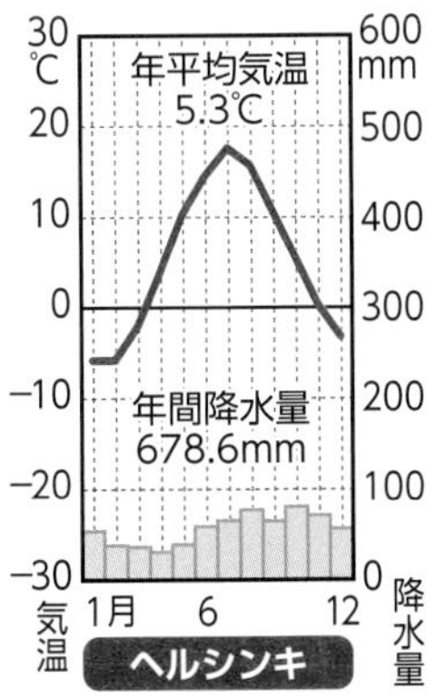

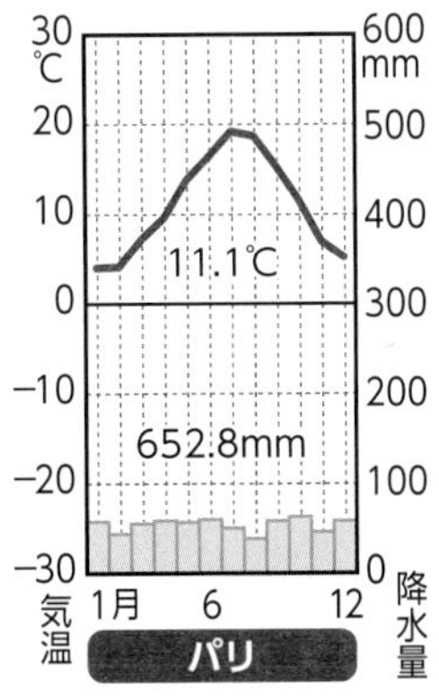

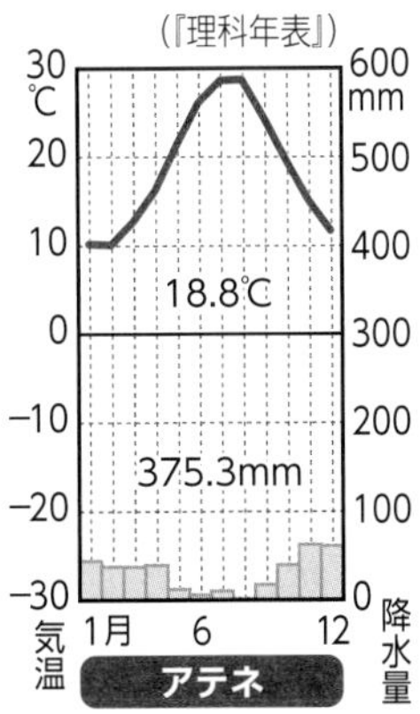

■自然環境の特色

●**偏西風**と**北大西洋海流**…これらの影響で高緯度のわりに温暖。

●**西岸海洋性気候**…大西洋や北海に面した地域。同緯度の内陸部より温暖。

●**地中海性気候**…南部に広がる。夏の降水量が少ない。

●アルプス山脈…中央部に東西に走る。

●アルプス山脈の北側は平野やなだらかな丘陵。

➡ライン川のような水量の多い河川を運河として利用。

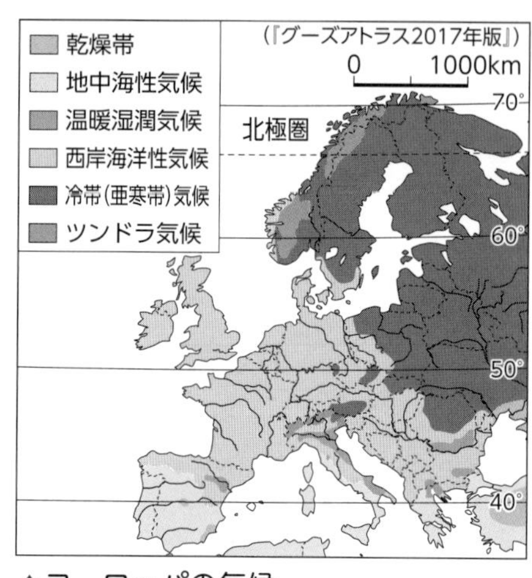

▲ヨーロッパの気候

●フィヨルド…スカンディナビア半島西側の海岸部にみられる奥行きの深い湾。氷河に削られてできた地形。

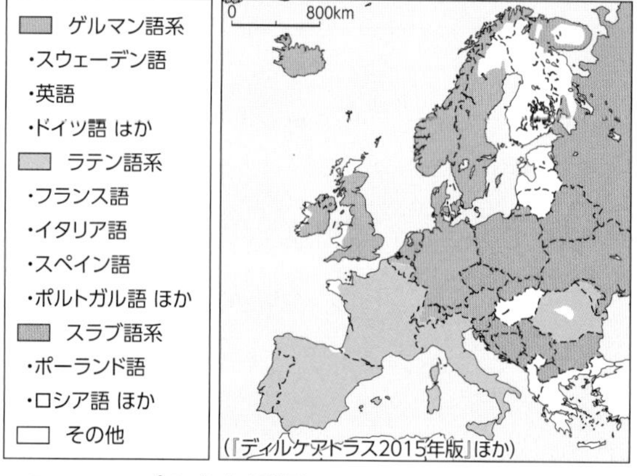

▲ヨーロッパの主な言語

■多様な民族と言語

●ゲルマン系言語（英語やドイツ語など）…北西部

●ラテン系言語（フランス語やイタリア語など）…南部

●スラブ語系言語（ロシア語など）…東部

●同じ系統の言語は単語や文法が似ている。

●同じ国の中でも異なる言語が使われている国…スイスなど。

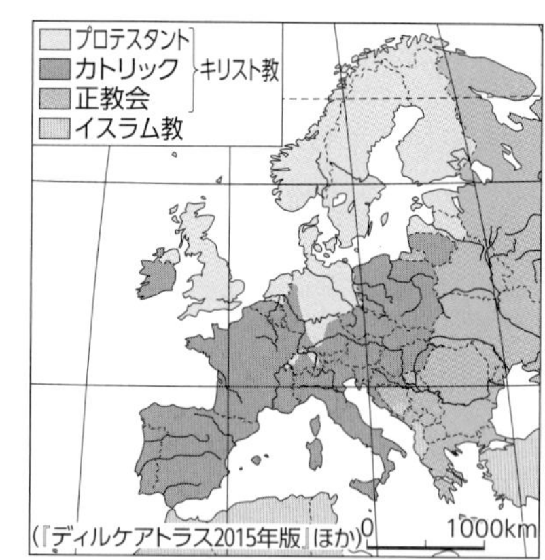

▲ヨーロッパの主な宗教

教科書 p.69

確 認　「世界の国々のあらまし（教科書p.289)」を見て，ヨーロッパにはいくつ国があるのか数えてみよう。

➡45

表 現　教科書p.69資料３・４を比較して，どのような特色があるか，まとめよう。

➡（例）ゲルマン系とプロテスタント，ラテン系とカトリック，スラブ系と正教会は，一部の国を除きそれぞれ分布がほぼ一致している。

2 ヨーロッパの統合とその課題 人やものの自由な移動 (教p.70～71)

■国境を越えた結びつき

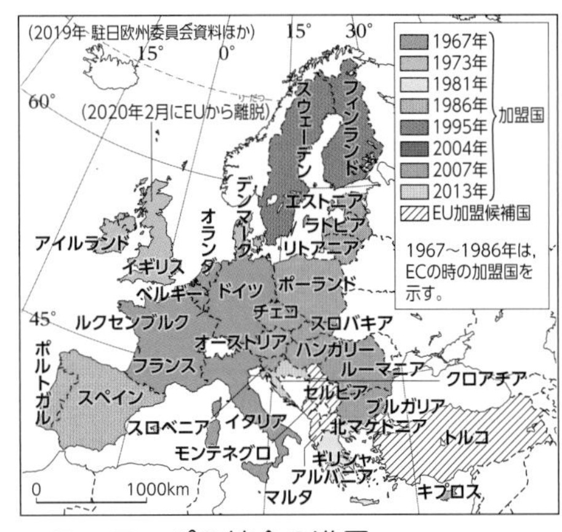

▲ヨーロッパの統合の進展

- 結びつきの目的…二度の世界大戦のような争いを避けるため。また，アメリカ合衆国などの大国に連携して対抗するため。
- ヨーロッパ共同体（EC）…1967年に結成。

➡さらなる統合をめざし，1993年に**ヨーロッパ連合**（EU）結成。

- EUの加盟国…2020年２月現在で27か国。人口は約４億4000万人。

■人々の生活の変化

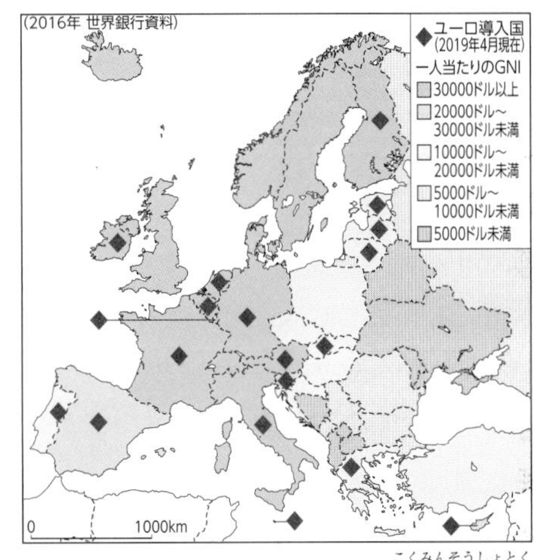

▲EUと周辺各国の一人当たり国民総所得

- 国境…EU加盟国の行き来はパスポートなし。
- 通貨…EU共通通貨**ユーロ**が多くの加盟国内で使える。
- 貿易…EU加盟国内で輸入品にかける税金をなくしたので活発化。

■移動する人々と地域格差

- 西ヨーロッパより貧しい東ヨーロッパがEUに加盟。

➡東ヨーロッパから西ヨーロッパに人々が働きに来て，西ヨーロッパでは失業者が増加する不安。

➡EUの統合に反対する声があがっている。

読み解こう 教p.71

❶（例）2017年　スウェーデン…54810ドル　ドイツ…45923ドル　イギリス…39120ドル
アフガニスタン…626ドル　南スーダン…423ドル　日本…39561ドル

❷（例）東ヨーロッパに多い。EUに近年加盟した国が多い。　など

教科書 p.71

確認 ヨーロッパで各国が協力する動きを強めた理由を書き出そう。

➡（例）戦争を避け，国どうしで経済的結びつきを強くし，アメリカ合衆国などの大国に対抗するため。

表現 統合が進み，国境を越えた交流が広がることについて，長所と短所をまとめよう。

➡（例）長所…人やものの移動が盛んになり，経済が活発化する。　短所…豊かな地域と貧しい地域の格差が広がる。人々の移動によって暮らしに変化が生じ，政治への不満が高まる。　など

3 ヨーロッパの農業のいま 農業と食文化の特色 (教p.72〜73)

■地域により異なる農業

● **地中海式農業**…アルプス山脈より南側。降水量が少ない夏は，オリーブ，ブドウ，オレンジ。降水がみられる冬は，小麦や牧草。

➡イタリアのパスタやオリーブ油，ワインなどの食文化にも影響。

● **混合農業**…アルプス山脈より北側。気温が低い夏に，小麦，ライ麦，じゃがいも，てんさいの栽培と牛や豚などの家畜の飼育を組み合わせる。

➡ドイツのソーセージやじゃがいも料理にも影響。

● **酪農**…気温が低く，穀物栽培に向かない地域（デンマーク，スイスなど)。チーズなどが特産。

● **園芸農業**…輸送条件がよい大都市周辺。花や野菜。

0 50 100%

オリーブ（1927万t） スペイン 34.0%，ギリシャ 12.2，イタリア 10.9，トルコ 9.0，モロッコ 7.3，その他 26.6

ぶどう（7744万t） 中国 19.1%，イタリア 10.6，アメリカ合衆国 9.2，フランス 8.1，スペイン 7.7，その他 45.3

ワイン（2911万t）（2014年） イタリア 16.5%，スペイン 15.8，フランス 14.7，アメリカ合衆国 11.3，その他 41.7

大麦（1億4128万t） ロシア 12.7%，ドイツ 7.6，フランス 7.3，ウクライナ 6.7，オーストラリア 6.4，その他 59.3

てんさい（2億7723万t） ロシア 18.5%，フランス 12.2，アメリカ合衆国 12.1，ドイツ 9.2，トルコ 7.0，その他 41.0

(2016年 FAO統計)

▲ヨーロッパでの生産量が多い農作物の国別割合

■農業大国フランス

●フランス…小麦を多く生産する「EUの穀倉」。食料の多くを自給。チーズやワインの世界的輸出国。

■EUの目ざす農業

●農作物の価格を統一…農家を守り，食料自給率を上げるため。EU外からの輸入農作物には税金をかける。

➡小麦や牛乳の生産し過ぎや，価格統一のための補助金が財政を圧迫。

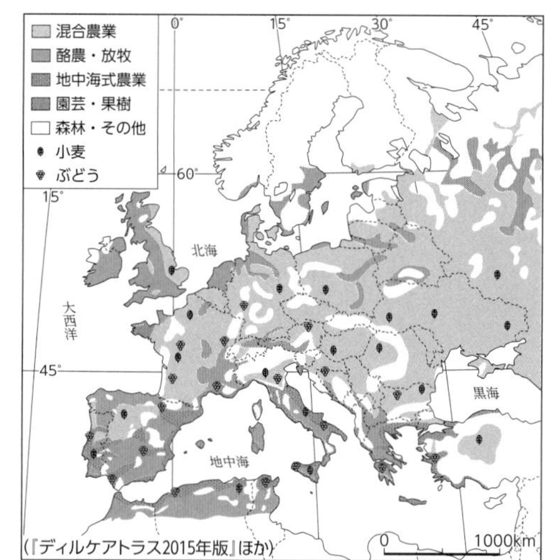

▲ヨーロッパの農業

教科書 p.73

確認 ヨーロッパで行われている主な農業を4種類，本文から書き出そう。

➡地中海式農業，混合農業，酪農，園芸農業

表現 農産物と食文化との関係について，ヨーロッパの北部と南部に分けて整理してみよう。

➡（例）北部…混合農業が盛んなドイツでは，家畜の豚からつくるソーセージや，畑作でできるじゃがいもがよく食べられる。　南部…地中海式農業が盛んなイタリアでは，ぶどうからつくるワインをよく飲み，料理にオリーブ油を多く使う。

4 国境を越える工業生産 EUの工業の発展 （教p.74～75）

■工業地域の変化

● 西ヨーロッパ…イギリス・ドイツ・フランスなど，世界で最も早く近代工業が生まれた地域。

● ドイツ…**石炭**や**鉄鉱石**が豊富。ライン川を使った水運が盛ん。

➡ルール地方で鉄鋼業が発達。

● 内陸部から沿岸部に…エネルギーの中心が石炭から石油になると，輸出入に便利な沿岸部で石油化学工業が発達。オランダのロッテルダムなど。

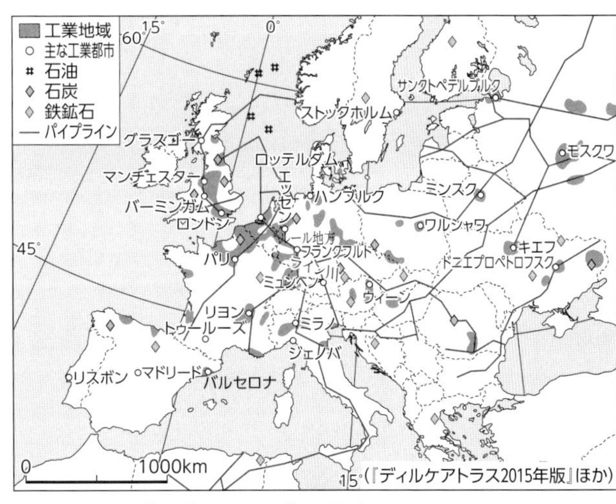

▲ヨーロッパの資源と工業の分布

■工業先進国ドイツ

● 第二次世界大戦前…鉄鋼業などの**重化学工業**が発達。

➡戦後，南部で自動車などの機械工業が発達。

● 現在は自動車が主な輸出品。他に医薬品や航空機などの先端技術産業が成長。

● 1960年代から，トルコなどから**外国人労働者**を受け入れている。近年は，新たにEUに加盟した東ヨーロッパからの労働者も増加。

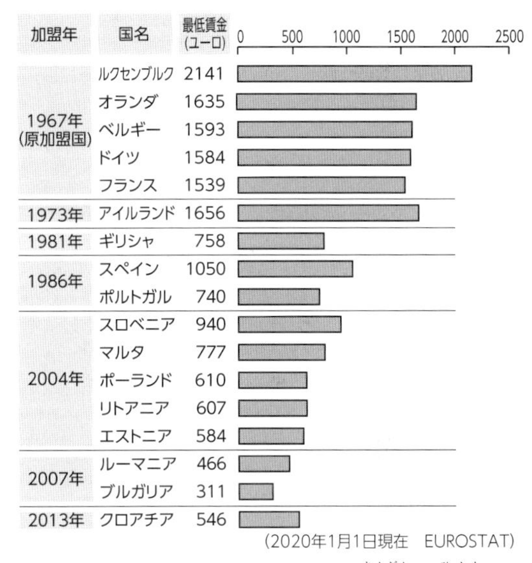

▲EU各国の１か月当たりの最低賃金の比較

■工業地域の拡大

● 航空機，電子産業などの工業…1980年代より発展。

➡フランス南部のトゥールーズ…航空機生産の中心として発展。EUが共同で設立したエアバス社の工場。

● 東ヨーロッパ…安い賃金の労働力を求めて，先進国の企業が進出。

教科書 p.75

確認 EUの中で，最低賃金の高い国と低い国をあげよう。

➡高い国…ルクセンブルク　低い国…ブルガリア

表現 EUの中で，外国人労働者の移動の特徴とその理由をまとめよう。

➡（例）特徴…東ヨーロッパから，西ヨーロッパに働きに来る。　理由…より高い賃金を求めるため。

5 持続可能な社会づくり 環境対策と再生可能エネルギー （教p.76～77）

■環境問題への関心の高まり

●環境問題への関心の高さ…ヨーロッパでは19世紀から大気汚染や水質汚染。その後，酸性雨（工場や自動車の排出ガスが原因）で大きな被害。

●地球温暖化の進行➡二酸化炭素（CO_2）などの温室効果ガスの排出量を削減する動き。

➡オランダ…自動車から自転車へ。専用道路や駐輪場の整備。リサイクルの徹底。

■発電方式の見直し

●原子力発電…CO_2の排出が少ないので，各国で推進。

➡1986年のチェルノブイリ原子力発電所事故で見直し。

■再生可能エネルギーへの期待

●再生可能エネルギーによる発電…CO_2の排出をおさえるため。

➡デンマーク…風力やバイオマス，家畜の糞尿でつくるバイオガスを導入。

スペイン…風力や太陽光，太陽熱による発電や，水力発電量が増加。

●再生可能エネルギーでできた電力を高く買い取る制度で，進められてきた。

➡買い取るための補助金を見直す動き。

国	再生可能エネルギー	その他
アメリカ合衆国	13.2%	86.8
日本	15.9%	84.1
ドイツ	29.0%	71.0
ノルウェー	97.0%	3.0%
スウェーデン	63.2%	36.8
スペイン	34.5%	65.5

（2015年 IEA資料ほか）

▲各国の総発電量に占める再生可能エネルギーによる発電の割合

◀海上の風力発電の施設（デンマーク）

教科書 p.77

確認 再生可能エネルギーにはどのような発電方式があるか，確かめよう。

➡（例）風力，太陽光，バイオマス　など

表現 それぞれの発電方式の長所と短所をまとめてみよう。

➡（例）風力・太陽光：長所…資源がなくならない。短所…天候に左右される。　バイオマス：長所…ごみを減らすことができる。短所…資源の収集・運搬に手間がかかる。　など

6 広い国土をもつロシア連邦 ヨーロッパとロシア連邦 (教p.78〜79)

■広大な国土と寒冷な気候

- 西部（ヨーロッパ）…小麦，ライ麦などの栽培が盛ん。首都モスクワなどに人口が集中。
- 東部（アジア）…シベリアとよばれる。広大な**針葉樹林帯（タイガ）**。寒冷な**ツンドラ気候**の地域が広がる。
- 国民の8割がスラブ系のロシア人。キリスト教のロシア正教を多くの人が信仰。文化的には東ヨーロッパとの共通性がみられる。

■ソ連からロシアへ

- ソビエト社会主義共和国連邦（ソ連）は，1991年に解体。

➡国土の大半はロシアが引きつぐ。

- 経済が自由な仕組みになり，豊富な資源で産業が発展。

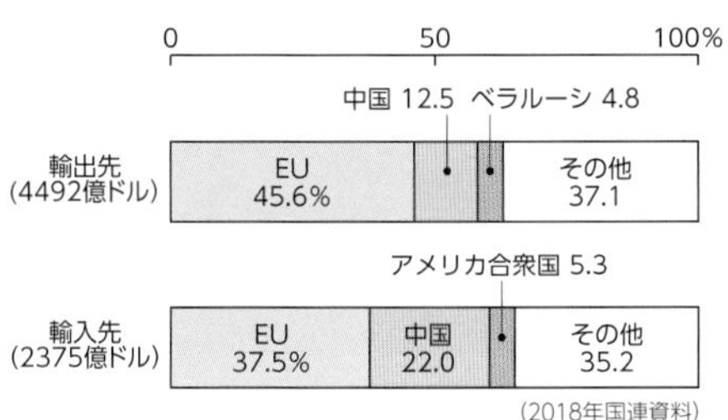

▲ロシア連邦の貿易

▲ロシアとその周辺の植生

■EUや日本とのつながり

- EU…**パイプライン**を通じて，豊富な石油や天然ガスを輸出。
- 日本…石油・天然ガスなどの他に，魚介類（さけ・かに）や木材を輸出。日本からは自動車を輸入。
- 北方領土問題は未解決。

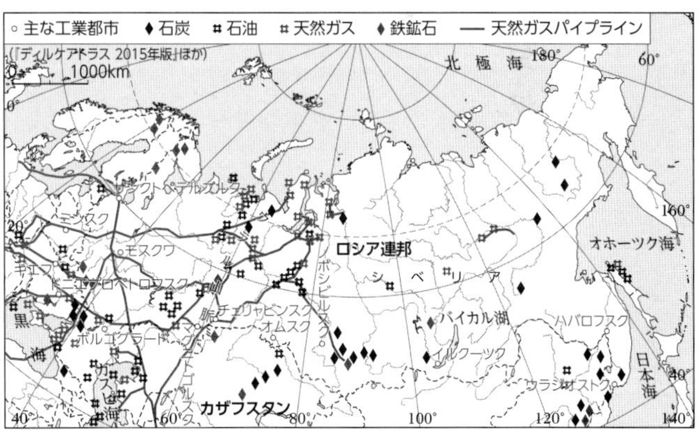

▲ロシアとその周辺の鉱工業の分布

教科書 p.79

確認 ロシアの気候について，教科書p.79資料4を参考にしてまとめよう。

➡（例）ヨーロッパ側は高緯度でも比較的温暖で，首都モスクワの周辺は混合林がみられる。東に行くにつれて寒冷になり，シベリアは大部分が針葉樹林やツンドラに覆われている。

表現 ロシアとEU諸国との間に，どのような結びつきがあるのか，まとめよう。

➡（例）ロシアはEU諸国に，パイプラインで天然ガスなどの資源を送っており，EU諸国はロシアに，企業を進出させたりしている。

学習のまとめと表現（教p.81）

ヨーロッパ州の学習を振り返って整理しよう

❶ワードチェック

□**北大西洋海流**（→教p.68）…メキシコ付近で暖められ，ヨーロッパへと北上する海流。

□**偏西風**（へんせいふう）（→教p.68）…南北半球の緯度40～50度付近に，ほぼ一年中吹いている西から東へ向かって吹く風。

□**フィヨルド**（→教p.69）…氷河に削られてできた谷に，海水が浸入してできた入り江。

□**ヨーロッパ連合（EU）**（→教p.70）…1993年にヨーロッパ共同体（EC）を引きついで誕生したヨーロッパ諸国の協力組織。

□**ユーロ**（→教p.71）…導入国では，どの国でも共通で使えるEUの通貨。

□**地中海式農業**（→教p.72）…雨が少ない夏に乾燥に強い作物（ぶどうやオリーブなど）を栽培し，雨が多い冬は小麦などの穀物を栽培する農業。

□**混合農業**（こんごう）（→教p.72）…家畜の飼育と作物の栽培を組み合わせた農業。

□**酪農**（らくのう）（→教p.72）…牛などを飼い，牛乳や，それを加工した乳製品（バターやチーズなど）をつくる農業。

□**園芸農業**（→教p.72）…都市への出荷を目的として，野菜や果樹，草花，庭木などを栽培する農業。

□**外国人労働者**（→教p.75）…外国人の労働者の意味だが，特に賃金の低い国から高い国へ働きに来る労働者を指すことが多い。

□**酸性雨**（さんせいう）（→教p.76）…雨が汚染物質を含んで強い酸性となり，森林や建造物に被害を与えるもの。

□**地球温暖化**（おんだんか）（→教p.76）…二酸化炭素などの温室効果ガスにより，地球全体の気温が上がるなどの気候変化が起きること。

□**再生可能エネルギー**（→教p.77）…石油や石炭と違って枯渇せず，人類が使う以上の速さで自然界によって補われるエネルギーのこと。

□**針葉樹林（タイガ）**（しんようじゅりん）（→教p.78）…小型で針のような葉を持つ樹木を針葉樹といい，冷帯の気候においてみられる広大な針葉樹林をタイガという。

□**パイプライン**（→教p.79）…石油やガスなどを送るための大きな管。

❷地図を使って確かめよう。

① ①スカンディナビア　②ウラル　③北　④ライン　⑤アルプス　⑥イベリア　⑦黒　⑧ドナウ　⑨地中　⑩ボルガ

② 教科書p.70資料２を参照

③ 教科書p.73資料３を参照

④ （例）ドイツ，フィンランド，ノルウェー
国境線は省略

❸表現しよう。

① （例）新しい加盟国の東ヨーロッパなどと，当初からの加盟国である西ヨーロッパとの経済格差が問題となっている。

② （例）

	作物	国・地域
地中海式農業	ぶどう，オリーブなど	イタリア，スペインなど
混合農業	小麦，ライ麦，じゃがいもなど	ドイツなど

③ （例）デンマークでは風力発電が盛んで，2017年には総発電量の約40%をまかなっている。（2018年１月17日AFP通信による）

❹意見を交換しよう。

（省略）

第2章　世界の諸地域　③ アフリカ州

1 アフリカをながめて　赤道の南北に広がる大陸

(教p.84〜85)

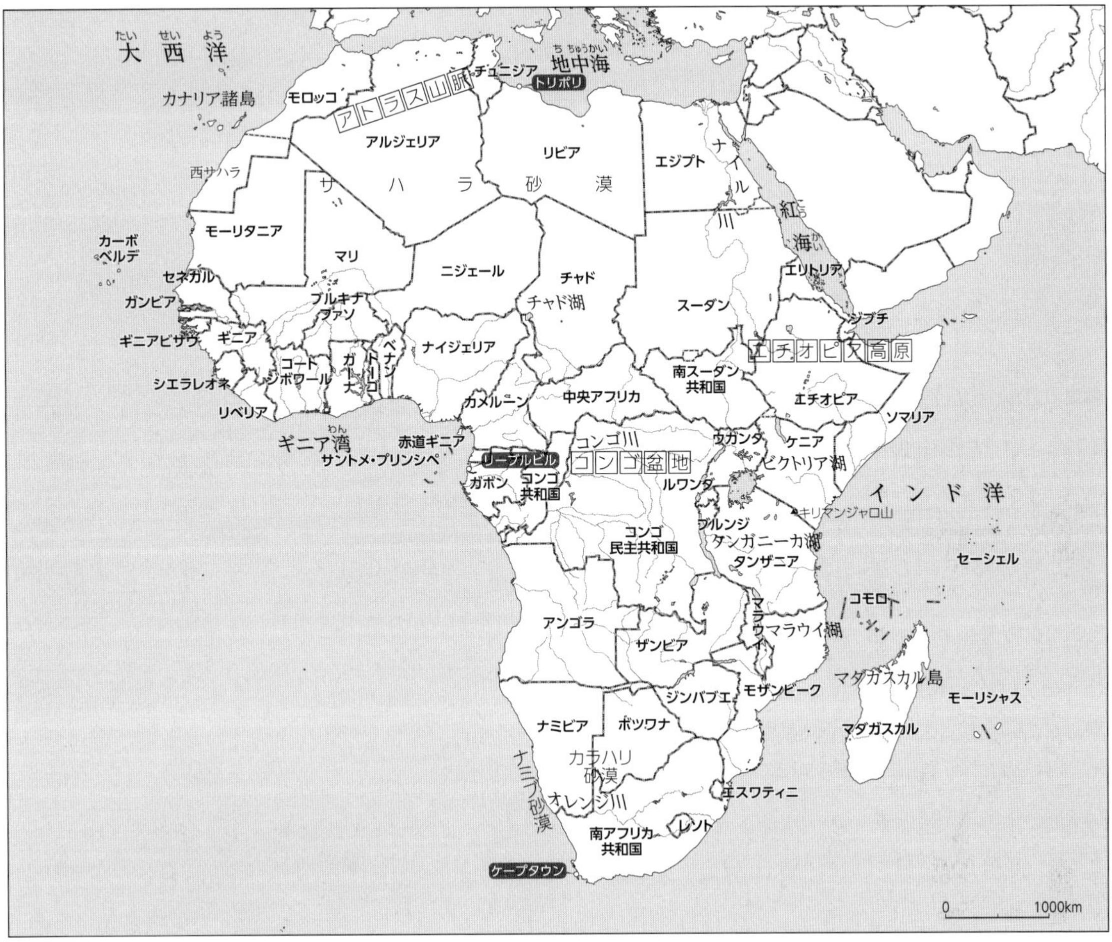

大西洋
地中海
チュニジア
トリポリ
カナリア諸島
モロッコ
アトラス山脈
アルジェリア
リビア
エジプト
ナイル川
紅海
西サハラ
サハラ砂漠
モーリタニア
カーボベルデ
マリ
ニジェール
チャド
スーダン
エリトリア
セネガル
ガンビア
ブルキナファソ
チャド湖
ジブチ
ギニアビサウ
ギニア
ナイジェリア
エチオピア高原
コートジボワール
ガーナ
トーゴ
ベナン
南スーダン共和国
シエラレオネ
リベリア
カメルーン
中央アフリカ
エチオピア
ソマリア
ギニア湾
赤道ギニア
サントメ・プリンシペ
リーブルビル
コンゴ川
コンゴ盆地
ウガンダ
ケニア
ビクトリア湖
ガボン
コンゴ共和国
ルワンダ
インド洋
キリマンジャロ山
ブルンジ
コンゴ民主共和国
タンガニーカ湖
タンザニア
セーシェル
コモロ
マラウイ
マラウイ湖
アンゴラ
ザンビア
マダガスカル島
ジンバブエ
モザンビーク
モーリシャス
ナミビア
ボツワナ
マダガスカル
カラハリ砂漠
ナミブ砂漠
オレンジ川
エスワティニ
レソト
南アフリカ共和国
ケープタウン
0
1000km

▲アフリカ州の国々

(『理科年表』ほか)

30
℃
20
10
0
−10
−20
−30
600
mm
500
400
300
200
100
0
年平均気温
20.7℃
年間降水量
261.1mm
1月
6
12
気温
降水量
トリポリ

30
℃
20
10
0
−10
−20
−30
600
mm
500
400
300
200
100
0
26.2℃
2883.0mm
1月
6
12
気温
降水量
リーブルビル

30
℃
20
10
0
−10
−20
−30
600
mm
500
400
300
200
100
0
16.8℃
545.8mm
1月
6
12
気温
降水量
ケープタウン

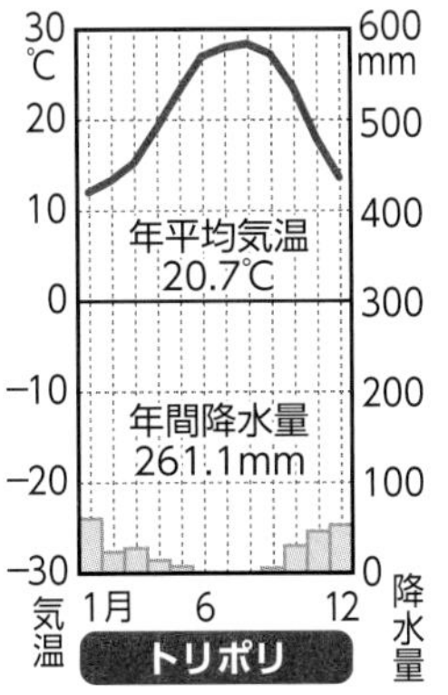

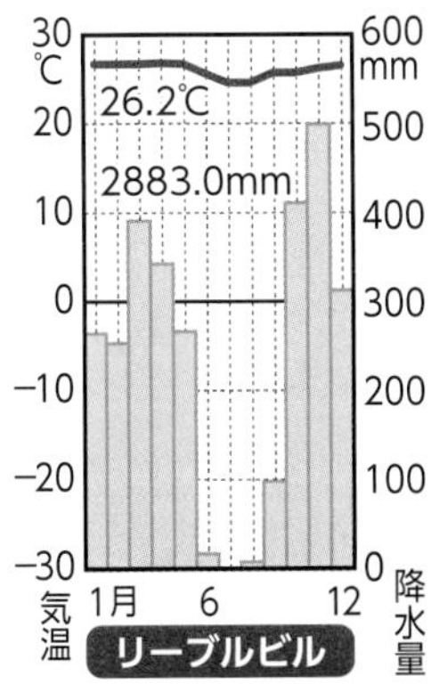

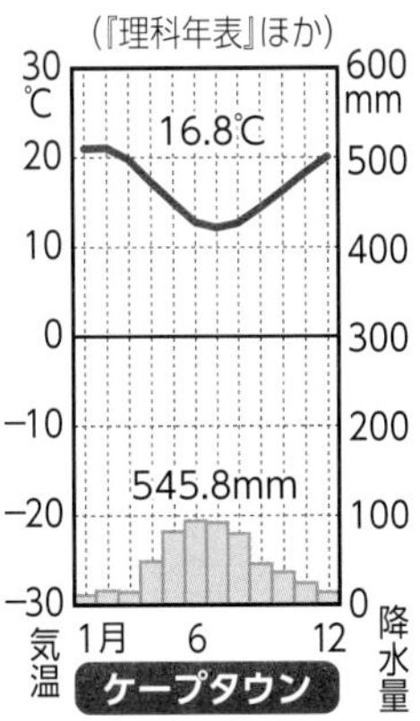

■高原・台地が広がる大陸

- 北部…世界最大の**サハラ砂漠**が広がり，ナイル川は南から北に流れて地中海に注ぐ。
- 東部…溝のようにへこんでおり，ビクトリア湖など大きな湖がある。その周囲にはキリマンジャロ山などの火山が分布。

■熱帯から温帯まで

- 熱帯雨林気候…赤道周辺のコンゴ盆地やギニア湾岸。
- サバナ気候…赤道から離れるにつれ雨の降る期間と量が減少。雨季と乾季がある。
- ステップ気候や砂漠気候…南北の回帰線付近。
- 地中海性気候…アフリカ大陸の北西や，南アフリカ共和国など。

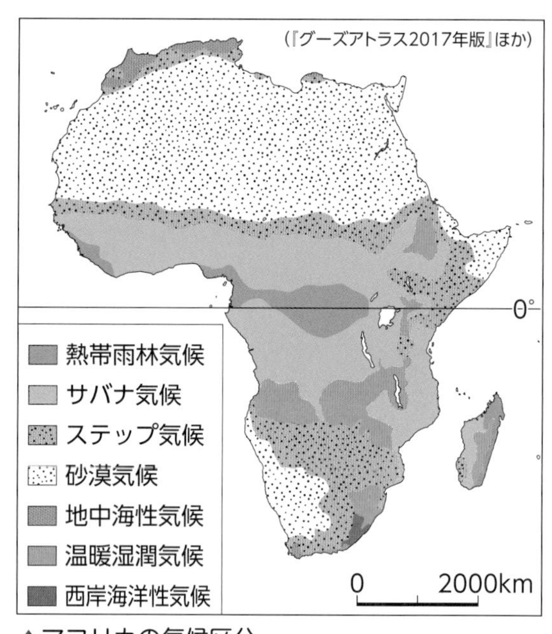

▲アフリカの気候区分

■サヘルの砂漠化

- **サヘル**…サハラ砂漠の南側の地帯。年によって乾季の降水量が大きく減少するなど厳しい自然条件。
- 人口増加にともなって耕地の拡大，薪にする木の採取量が増加。

➡**砂漠化**が問題となっている。

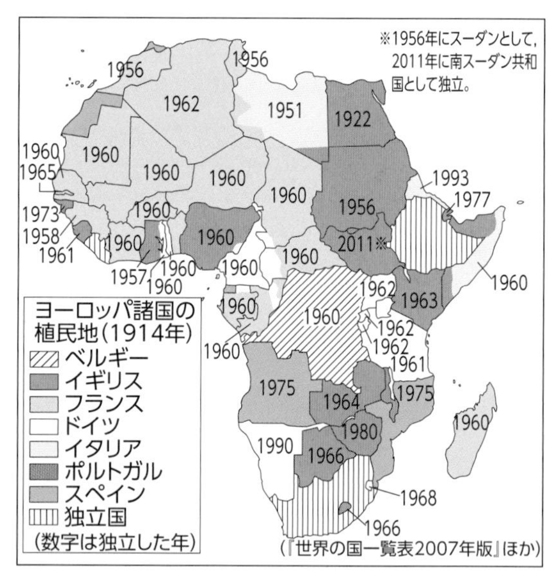

▲アフリカの国々の独立

教科書 p.85

確認 教科書p.85資料４から，1914年時点の独立国を書き出し，地図帳で確かめよう。

➡エチオピア，リベリア，南アフリカ共和国

表現 アフリカの気候分布には，どのような特色があるか，「対称」という言葉を使い，まとめよう。

➡（例）赤道を軸として南北に線対称となる形で，熱帯雨林気候→サバナ気候→ステップ気候→砂漠気候と，軸から外側にかけて，より乾燥する気候が分布している。

2 アフリカの農業からみえる課題 プランテーションから新たな農業へ (教p.86～87)

■カカオとチョコレート

●プランテーション農業…ヨーロッパ人がアフリカを植民地化して開始。輸出向け作物を大規模に栽培。
➡現在では自然環境に合わせ，カカオ，コーヒー，茶，綿花などを栽培。
●カカオ…コートジボワールとガーナで世界の生産量の約半分。
●カカオからチョコレートを生産するには高度な技術が必要なので，チョコレートは先進国で生産。
●カカオ豆の国際価格は先進国の市場が決定，利益の多くは先進国の企業のもの。
➡生産者の収入が少ないため，子どもが労働力となり，教育が受けられない問題。
➡公正な価格で，農家の収入を増やす**フェアトレード**の動きが進んでいる。

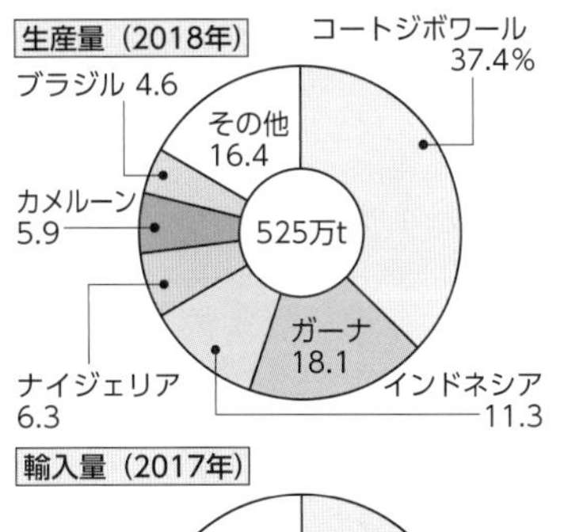

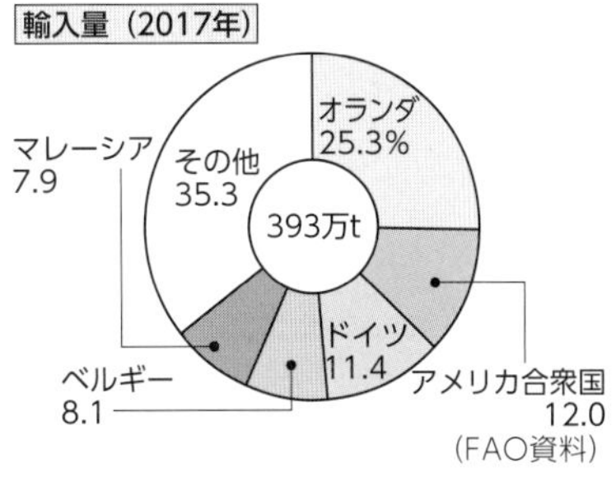

▲カカオの生産量・輸入量の国別割合

■乾燥地域の生活

●**遊牧**…砂漠の周辺で家畜とともに移動。近年では定住化の動き。
●小麦やなつめやしなどの栽培…ナイル川流域や**オアシス**。
●オリーブやぶどうの栽培…アフリカ北部の地中海沿岸やアフリカ南部の温帯地帯。

■農業の発展と海外からの支援

●食料不足…輸出用の作物栽培が続き，自国の食料となる作物の栽培が不足。人口増加，干ばつ，砂漠化なども影響。
●輸入や外国からの援助が必要。近年は自立のための援助が進められる。
…農地の拡大，作物種類の多様化，収穫量が多い品種（ネリカ種：日本が普及を支援）。

教科書 p.87

確認 チョコレートの生産の問題点について，教科書からまとめよう。
➡（例）チョコレートの生産は先進国で行われ，利益の多くは先進国の企業のものになるため，原料のカカオを栽培する農家は収入が少ないままである。

表現 アフリカで主に生産されている作物を選び，栽培条件や輸出先，他国の支援についてまとめよう。
➡（例）ケニアでは茶の栽培が盛んである。ケニアは標高が高く，同緯度他地域より冷涼な気候であるため，茶の栽培に適している。茶は旧宗主国であるイギリスなどに輸出されており，イギリスは主要な援助国でもある。

3 アフリカの資源からみえる課題 モノカルチャーから多様化を目ざして (教p.88～89)

■恵まれた資源

- 世界有数の生産量…南アフリカ共和国（石炭・鉄鉱石・金・レアメタル），アルジェリアやナイジェリア（石油），ボツワナやコンゴ民主共和国（ダイヤモンド），サンビア（銅）
- 鉱産資源の利益…植民地時代にヨーロッパによって開発。

➡その後も経営や採掘は外国企業。利益が国全体にゆきわたらない問題。

▲アフリカの主な鉱産資源

■モノカルチャー経済と課題

- モノカルチャー経済…特定の鉱産資源やプランテーション農業による特定の農作物の生産・輸出に頼る経済。

➡鉱産資源や農産物の生産が落ちこむと国の経済に打撃。また，輸出用の鉱産資源・農産物の価格は市場に左右され，収入が不安定になりやすい。

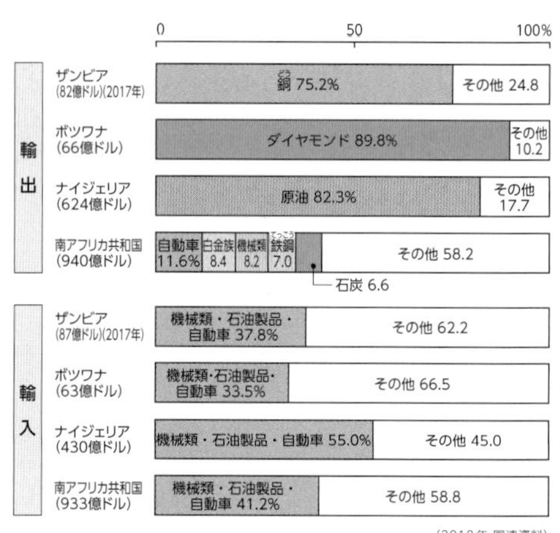

▲アフリカの国々の貿易品目

■課題の解決と成長に向けて

- アフリカ連合（AU）…EUがモデル。各国に共通する課題の解決を目ざす。
- 巨大な市場…人口増加と消費の拡大で注目される。中国などがアフリカに向けて投資を増やし，重要な貿易相手国に。
- 産業の多様化…モノカルチャー経済から抜け出す動き。しかし，社会設備や人材が不足。

➡アフリカの自立を助けるような支援が必要。

読み解こう 教p.89

❶（例）いずれも，鉱産資源が輸出額の大半を占めている。

❷（例）鉱産資源の豊富な国は，輸出の大半をその資源に頼り，代わりに機械類や石油製品などの工業製品や加工品を多く輸入している。

教科書 p.89

確認 モノカルチャー経済の課題について，教科書からまとめよう。

➡（例）産業の大部分が特定の鉱産資源や農作物に依存しているため，それらの生産の減少が国の経済に大きな打撃を与えたり，それらの市場価格によって国の経済が大きく左右されることが問題となっている。

表現 アフリカ各国が経済的に自立していくためには，どのような課題があるか，まとめよう。

➡（例）産業開発に必要な交通網や施設を充実させ，高度な教育を受けた人材を育成する必要がある。

学習のまとめと表現（教p.91）

アフリカ州の学習を振り返って整理しよう

❶ワードチェック

□**サハラ砂漠**（→教p.84）…アフリカ大陸北部に広がる世界最大の砂漠。

□**ナイル川**（→教p.84）…アフリカ大陸北東部を南から北へ流れる大河。

□**キリマンジャロ山**（→教p.84）…ケニアとタンザニアの国境に位置するアフリカ大陸でもっとも高い山。火山。

□**サヘル**（→教p.85）…サハラ砂漠の南側の地域を指す。降水量が時期で大きく異なる。

□**砂漠化**（→教p.85）…さまざまな原因で土地の乾燥が進みすぎて，植物が生育できない状態になってしまうこと。

□**植民地**（→教p.86）…そこを支配する国（宗主国）によって，主権をうばわれ，さまざまな制約を受けている地域や領土。

□**プランテーション農業**（→教p.86）…旧宗主国などによって開かれた大農園で，大規模に単一の作物を栽培する農業。

□**フェアトレード**（→教p.86）…発展途上国の原料を，先進国側が適正な価格で購入すること。立場の弱い途上国の生産者の収入増加につながることが期待されている。

□**青年海外協力隊**（→教p.87）…日本政府による途上国援助の一環として，専門的な技術をもつ人材をボランティアとして派遣するもの。

□**レアメタル**（→教p.88）…自然界に存在する量が少ない，または費用や技術面で掘り出すことが難しい金属。

□**モノカルチャー経済**（→教p.88）…発展途上国にみられる経済状況で，一つの国の経済が特定の農産物や鉱産資源に依存している状態。

□**アフリカ連合**（AU）（→教p.89）…EUをモデルとし，各国に共通する課題の解決を目ざす組織。

□**アパルトヘイト（人種隔離政策）**（→教p.89）…白人以外の人々を差別する人種隔離政策。白人が政権を握る南アフリカ共和国で1948年から1993年まで続いた。

❷地図を使って確かめよう。

① ①地中　②サハラ　③ナイル　④ビクトリア　⑤ギニア　⑥コンゴ　⑦マダガスカル

② 省略

③ 省略

❸表現しよう。

① （例）時期によっては大変乾燥する自然条件に加え，人口の増加にともなって耕地の拡大や，薪にする木の採取量が増加しているため。

② （例）カカオからつくられるチョコレートの生産は主に先進国で行われ，利益の多くが先進国の企業のものになっているため。

③ （例）砂漠化をくい止める援助，収穫量が多い農作物を普及させる援助，産業開発に必要な交通網や施設をつくる援助など。

❹意見を交換しよう。

（省略）

第2章　世界の諸地域　④ 北アメリカ州

1 北アメリカをながめて 多様な自然に育まれた地域

（教p.94～95）

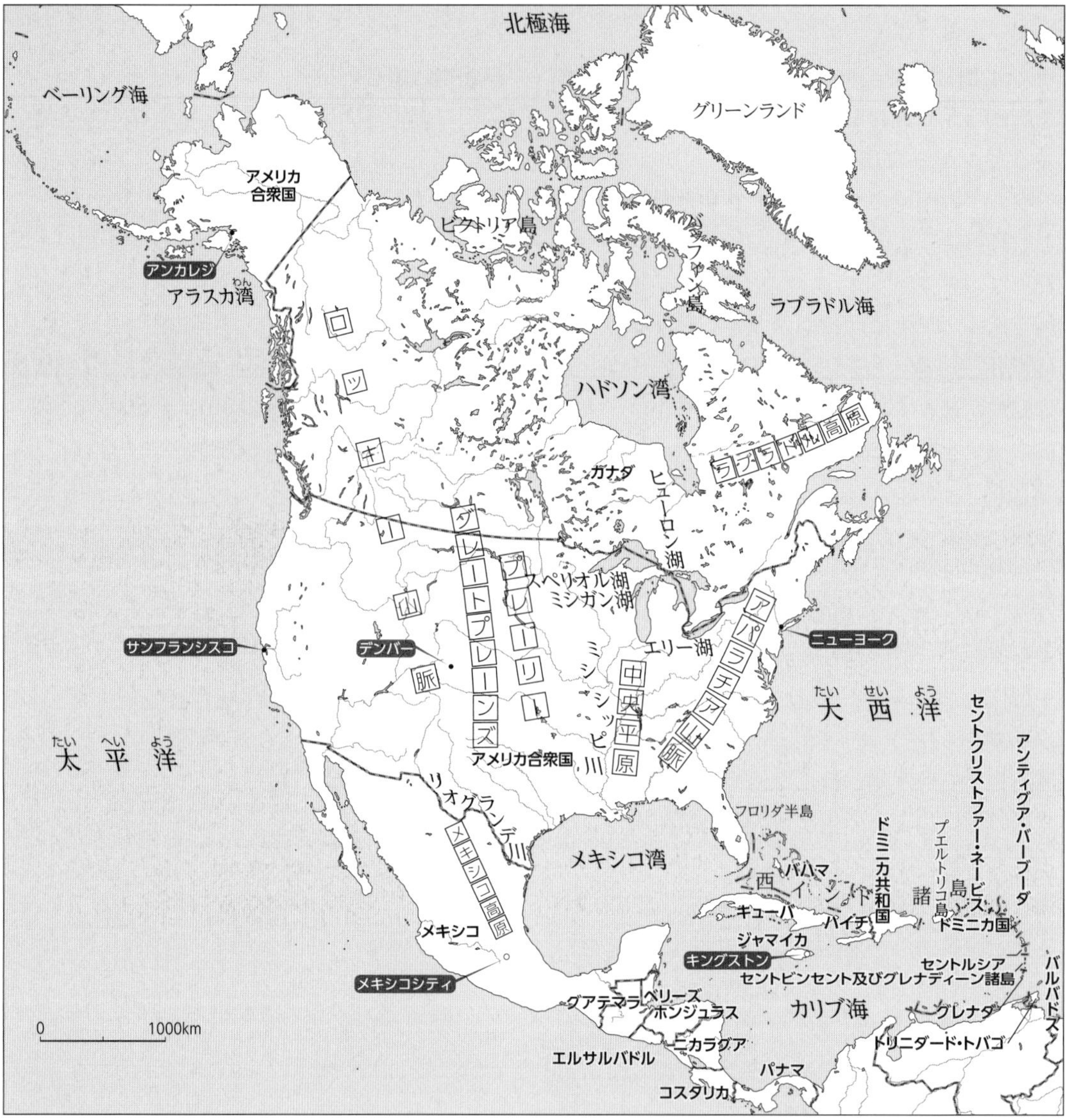

北極海
ベーリング海
グリーンランド
アメリカ合衆国
ビクトリア島
バフィン島
ラブラドル海
アンカレジ
アラスカ湾(わん)
ロッキー山脈
ハドソン湾
ラブラドル高原
カナダ
ヒューロン湖
グレートプレーンズ
プレーリー
スペリオル湖
ミシガン湖
アパラチア山脈
ニューヨーク
サンフランシスコ
デンバー
エリー湖
ミシシッピ川
中央平原
大西洋(たいせいよう)
太平洋(たいへいよう)
アメリカ合衆国
リオグランデ川
フロリダ半島
メキシコ高原
メキシコ湾
バハマ
西インド諸島
キューバ
ハイチ
ドミニカ共和国
プエルトリコ島
セントクリストファー・ネービス
アンティグア・バーブーダ
ドミニカ国
ジャマイカ
キングストン
メキシコ
メキシコシティ
セントルシア
セントビンセント及びグレナディーン諸島
バルバドス
グアテマラ
ベリーズ
ホンジュラス
カリブ海
グレナダ
トリニダード・トバゴ
ニカラグア
エルサルバドル
パナマ
コスタリカ
0　1000km

▲北アメリカ州の国々

（『理科年表』）

30 ℃ 20 10 0 −10 −20 −30 気温
600 mm 500 400 300 200 100 0 降水量
年平均気温 2.8℃
年間降水量 413.1mm
アンカレジ
16.7℃
1190.0mm
メキシコシティ
27.7℃
829.1mm
キングストン
年平均気温 14.5℃
年間降水量 517.1mm
サンフランシスコ
10.4℃
406.5mm
デンバー
13.2℃
1145.4mm
ニューヨーク
1月 6 12

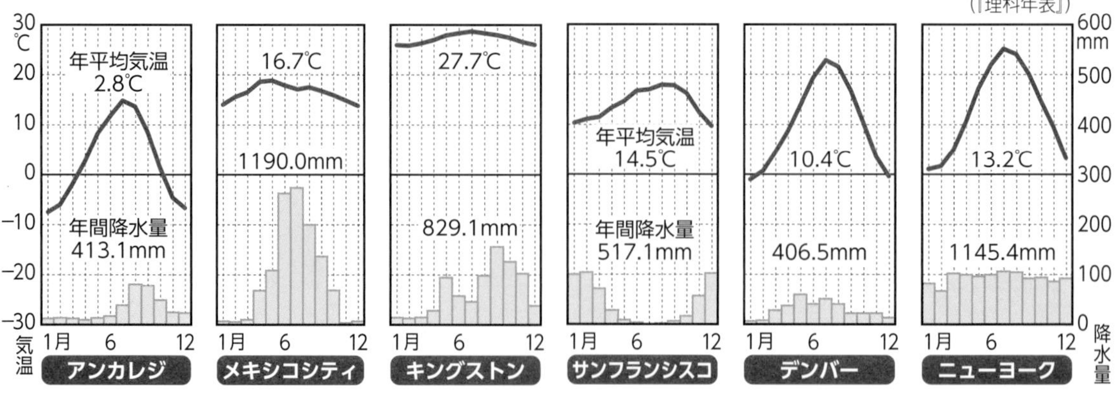

北極海から赤道近くまで

● 北アメリカ…カナダ，アメリカ合衆国，メキシコ湾に面した中央アメリカの国々，カリブ海の多くの島国からなる。

アメリカ合衆国

多様な自然環境

● 北緯40度より北…**針葉樹林**などが広がる冷帯，北極圏では寒帯。
● 北緯40度より南…西経100度付近を境に降水量の違いで分かれ，東側は温帯，西側は乾燥帯。
● 中央アメリカやカリブ海付近は熱帯で，熱帯低気圧のハリケーンが発生。
● 大陸西部には**ロッキー山脈**。
● ロッキー山脈より西の太平洋岸は夏に乾燥する地中海性気候。
● ロッキー山脈より東の中央部は，グレートプレーンズやプレーリーなどの広大な平原。
● ミシシッピ川はメキシコ湾に流れ込み，平原の北にはアメリカ合衆国とカナダの国境付近に**五大湖**。
● 東部にはなだらかなアパラチア山脈。
● 大西洋岸に広がる平野には，ニューヨークやワシントンD.C.などの大都市が連なる。

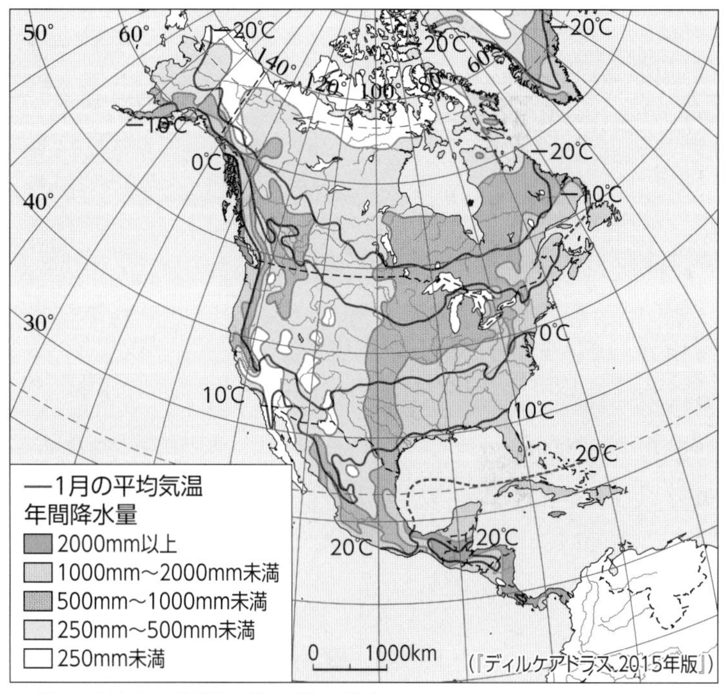

▲北アメリカの気温と降水量の分布

教科書 p.95

確認 教科書p.94-95資料２・５から，６都市がどの気候区になるか，教科書p.32-41や地図帳を参考にしながら答えよう。

➡アンカレジ…冷帯気候，メキシコシティ…高山気候，キングストン…サバナ気候，サンフランシスコ…地中海性気候，デンバー…ステップ気候，ニューヨーク…温暖湿潤気候

表現 西経100度の東側と西側の自然環境の違いをまとめてみよう。

➡（例）東側は，年間降水量が500mm以上の地域が多く，温帯に属する地域が多い。西側は，年間降水量が500mm未満の地域が多く，乾燥帯に属する地域が多い。

2　世界の食料庫　広大な土地と大規模な農業　(教p.96〜97)

■世界に影響力のある農業大国

- 世界有数の輸出国…アメリカ合衆国（小麦，とうもろこし，だいず），カナダ（小麦）。
- アメリカ合衆国の農業生産や価格の動き，輸出の動きは，世界中に大きな影響。

■大規模な農業とアグリビジネス

- アメリカ合衆国の農場…一戸当たり平均150ha以上で日本の約100倍。特定の作物を大量に生産。
- 近年は，農業の機械化，農薬や化学肥料を多用，農産物を加工する技術開発も進歩。

➡アグリビジネスや穀物メジャーとよばれる大企業が，**バイオテクノロジー**で新しい種子を開発。遺伝子組み換え作物も増加。

- 大企業は家畜の飼育から加工販売まで行う。

■地域の条件に適応した農業

- **適地適作**…気温や降水量，土地などの自然環境，消費地となる大都市への距離や労働力などの条件に対応。
- 北東部の大都市周辺…酪農や園芸農業。
- 東部…とうもろこし，養豚やだいず。
- 南部…綿花，だいず，果物の生産や家畜の飼育。
- フロリダ半島…果樹栽培，大都市向けの野菜の栽培。
- 中西部のカンザス州からカナダにかけて，小麦。
- 南西部…放牧。
- 西海岸のカリフォルニア州…大規模なかんがい施設で，果物や野菜，米の栽培。

➡一つの作物を大規模に生産する農業は，地下水の枯渇や地力の低下などが問題。

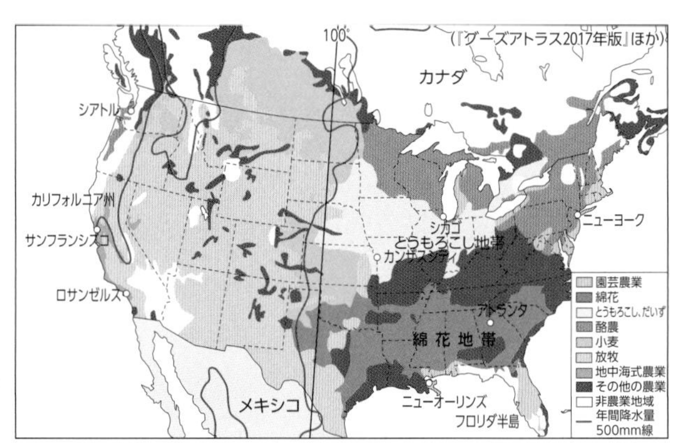

▲アメリカ合衆国とカナダの農業地域

読み解こう　教p.97

❶（例）西側は，乾燥が著しく作物の栽培に向かないので，北部の小麦以外は家畜の放牧が行われている。東側は，北部は酪農，中部はとうもろこしやだいず，南部は綿花の生産が盛んである。

❷（例）温暖な地域が多いアメリカ合衆国では，全土にわたって気候に即した農業を展開できるが，冷涼な地域が多く湖沼・湿地や森林が多いカナダでは，農作物の大規模な栽培がしにくい。

教科書 p.97

確認　アメリカ合衆国の農業の特徴について書き出そう。

➡（例）地域ごとの気候や社会的条件に適した農業を大規模に展開している。

表現　アメリカ合衆国の農業が，「世界の食料庫」といわれる理由についてまとめよう。

➡（例）大企業によって世界有数の規模で大量生産，技術開発，供給がなされ，世界の食料事情に大きな影響を与えるから。

3 世界の最先端をゆく工業 新しい技術を育む社会 (教p.98～99)

■豊かな資源と盛んな工業

● 工業の発展…石炭や鉄鉱石などの資源が豊富。

● まず大西洋岸から五大湖周辺の北東部で工業が始まり，ピッツバーグでは鉄鋼業，デトロイトでは自動車産業。

➡石油化学工業や電機工業などの重化学工業の発展で，第一次世界大戦後には，世界最大の工業国に。

● 自動車産業で開発された流れ作業による**大量生産**方式は世界中に広がり，工業製品が安い価格で普及。

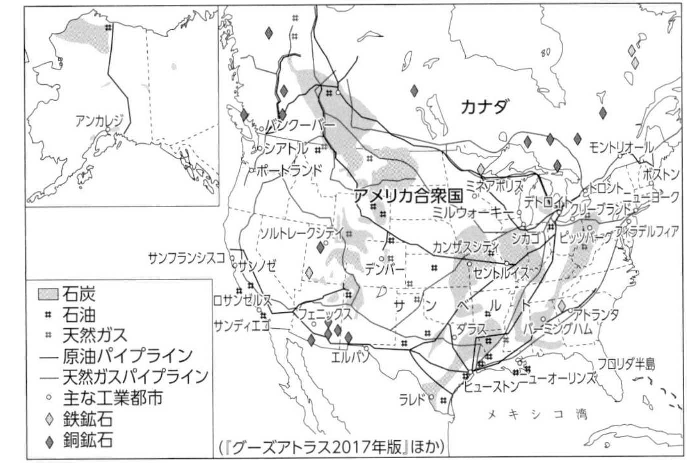

▲アメリカ合衆国とカナダの鉱産資源と工業都市

■変化する工業地域

● 1970年代から北東部の工業は伸び悩む。←日本，ドイツなどの安くて良質な鉄鋼や自動車。

● 科学技術の研究と開発が進歩し，情報通信（ICT）産業や航空宇宙産業，バイオテクノロジーなどが発展。

➡工業地域が南に移動…北緯37度より南の**サンベルト**とよばれる地域が発展。**先端技術産業**は，太平洋岸の**シリコンバレー**に集中。

➡インターネット，スマートフォン，電気自動車，航空機などの分野でアメリカ合衆国は世界をリード。

● 世界中から集まる**移民**の力を取り入れながら，製品の基礎研究や開発を行う。実際の生産は中国をはじめとする外国が多い。

■世界を動かす多国籍企業

● **多国籍企業**…アメリカ合衆国で生まれ，世界中に生産や販売の拠点をもつ。穀物メジャーと同じく，製品の販売や現地生産などで進出先の国の経済や社会に大きな影響。

➡新技術を開発し，外国から使用料などを得る技術貿易で大きな利益。

教科書 p.99

確 認 アメリカ合衆国の工業地域は，どのように移動してきたか，書き表そう。

➡（例）大西洋岸から五大湖周辺で重工業が盛んだったが，新興工業国に押されて衰退し，現在では太平洋岸のシリコンバレーにおける情報通信産業や，南部の航空宇宙産業などが盛んである。

表 現 アメリカ合衆国の工業が，世界をリードしている理由についてまとめよう。

➡（例）移民が多く世界中から人材が集まるうえに，多国籍企業が世界的な生産・販売体制を可能にしているため。

4 世界に広がる生活様式 アメリカの都市生活と消費文化 (教p.100～101)

■先住民と移民の歴史

●15世紀以前，ヨーロッパから移民が流入するまで，北アメリカは**先住民**の土地。

●移民は先住民の土地をうばい，農地や牧草地に変えながら開拓。

●その後もヨーロッパから多くの移民，アフリカからは奴隷。

●アジア，メキシコ，カリブ海沿岸地域からも移民。

➡多様な人々が暮らす社会を形成。

■アメリカ文化の広がり

●多様な人々の生活…ジャズやロックなどの音楽，映画，野球などのスポーツが生まれる。スポーツや芸術ではさまざまな民族の人々が活躍。

●アメリカ合衆国の生活様式と文化は，巨大な経済力と，発達したメディアや世界各地に駐留している軍隊などを通じて，世界に広まる。

■都市生活の拡大とアメリカ発の文化

●大きく広がる都市…移動に自動車を利用。

➡**フリーウェイ**のインターチェンジ付近には，広大な駐車場のあるショッピングセンター。

●アメリカ合衆国で生まれたもの…ハンバーガーなどのファストフード，コンビニエンスストア，通信販売やインターネットによる買い物，スマートフォン。

…商品を大量に生産し，大量に消費するという考え方に基づいた生活様式。

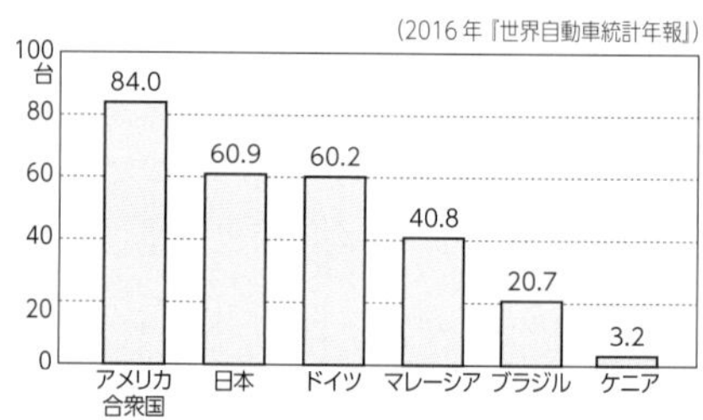

▲各国にみる人口100人当たりの自動車保有台数

■資源を消費する生活様式

●大量生産，大量消費➡大量の廃棄物

●資源の消費が著しいため，新しい技術を生かした**シェールガス**などの採掘にも取り組む。

●生活面では，環境や資源への意識が高まってきた。

➡石油以外の燃料への転換やリユースなど廃棄物削減の取り組み。

教科書 p.101

確認 アメリカ合衆国の生活様式を支えるものを二つあげよう。

➡大量生産，大量消費

表現 私たちの日常の生活の中で，アメリカ合衆国の文化の影響を受けているものをあげよう。

➡（例）Tシャツやジーンズなどの服装，ファストフードでの食事，インターネットやスマートフォンでの買い物　など

5 多民族の共存と課題 移民を受け入れる社会と差別 （教p.102～103）

■多民族の共存の課題

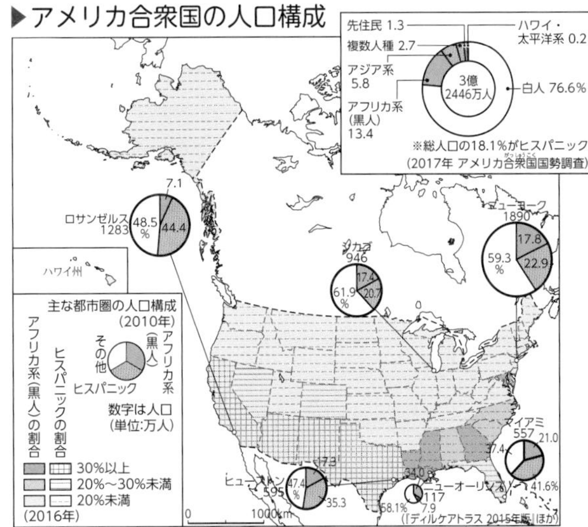

▲アメリカ合衆国の州別・主な都市圏別の人口構成

- 多くの移民，多民族からなる社会…多民族社会特有の問題。
- ヨーロッパからの移民は自国の文化を社会に持ち込んだ。

…アメリカ合衆国（英語），カナダ（英語とフランス語），中央アメリカやカリブ海の国々（スペイン語）

- アメリカ合衆国では，長い間白人に政治・経済の実権があった。
- 1865年，奴隷制は廃止されたが差別は残ったまま。

➡1960年代に選挙や雇用，教育などで差別を禁止する法律が成立。

➡アフリカ系（黒人）の人々の地位は向上したが，差別はまだある。

■増えるヒスパニック

- ヒスパニック…20世紀後半になり，アメリカ合衆国で人口が増加。仕事と高い賃金を求めてアメリカ合衆国へ来る。不法入国もあるのが問題。

■国の結びつきと格差の問題

- カナダとメキシコ…アメリカ合衆国と国境を接し，工場の進出や貿易を通じて強い結びつき。
- アメリカ合衆国から安い労働力を求めてメキシコに多くの工場が進出。
- アメリカ合衆国，カナダ，メキシコは貿易の自由化を達成。

…しかし，ヨーロッパのように人の移動は自由化していない。ヒスパニックの増加にともない，メキシコとの国境通過を厳しくする議論もある。

教p.103資料4〈Q〉右側

■カナダの多文化主義

- カナダ…国民の多数はイギリス系。しかし，ケベック州のようなフランス系住民の多い地域もある。

➡国の公用語を英語とフランス語に。

…少数派の人々に対し，言語をはじめ，伝統や文化の共存を認める**多文化主義**の政策をとる。

教科書 p.103

確認 教科書p.102資料1から，ヒスパニックとアフリカ系の人々が多く暮らす地域をまとめよう。

➡（例）ヒスパニック…太平洋岸からメキシコ国境にかけて　アフリカ系…南東部

表現 移民してきた人々は，アメリカ合衆国の産業のどのような活動をになっているか，まとめよう。

➡（例）鉄道建設のような重労働。

学習のまとめと表現（教p.105）

北アメリカ州の学習を振り返って整理しよう

❶ワードチェック

□**針葉樹林**（→教p.95）…小型で針のような葉を持つ樹木。

□**ハリケーン**（→教p.95）…カリブ海やメキシコ湾で発生し，アメリカ合衆国の南部などを襲う熱帯低気圧。

□**バイオテクノロジー**（→教p.96）…生物のもつ働きを応用し，人間の生活に役立てる科学技術。

□**遺伝子組み換え作物**（→教p.96）…遺伝子の組み換えによって，農薬や食害への耐性などの性質を与えられた作物。自然界や人体への影響が心配されている。

□**適地適作**（→教p.97）…土地のもつさまざまな条件に最も適した作物を育てること。

□**サンベルト**（→教p.98）…近年，新たな工業化によって注目されているアメリカ合衆国のおよそ北緯37度以南の地域のこと。

□**シリコンバレー**（→教p.98）…サンフランシスコにある世界的な先端技術・情報通信産業の集積地。

□**先端技術産業**（→教p.98）…高度な技術や最先端の技術を利用して，工業製品などを生産する産業。

□**移民**（→教p.99）…国を越えて移り住む人々。

□**多国籍企業**（→教p.99）…世界中に生産や販売の拠点をもつ大企業。

□**先住民**（→教p.100）…元来その土地に住んでいる人々。

□**開拓**（→教p.100）…荒地を切り開いて農地とすること。

□**奴隷**（→教p.100）…家畜のように売買され，主人のために強制的に労働をさせられた人々。アメリカ合衆国の歴史では，特に19世紀の前半ころまでに，主にアフリカ大陸から連れて来られた人々を指す。

□**シェールガス**（→教p.101）…シェール層から採取される天然ガス。技術革新で近年大量に採掘可能になった。

□**ヒスパニック**（→教p.102）…メキシコも含む中南米から来た，スペイン語を母語とする人々。

□**多文化主義**（→教p.103）…さまざまな文化的な特徴をもった異なる民族の人々が，お互いの文化を尊重しあいながら暮らすことを目標とする考え方。

❷地図を使って確かめよう。

① ①グリーンランド ②ロッキー ③五大 ④アパラチア ⑤フロリダ ⑥ミシシッピ ⑦メキシコ ⑧カリブ

② ハワイ

③ 順に 40，100，降水，温，乾燥

❸表現しよう。

① （例）1．国土面積に占める農地の割合は，アメリカ合衆国は日本の約４倍となっている。日本よりも国土が効率的に利用されていると思われる。

2．農林産業従事者一人当たりの農地面積は，アメリカ合衆国は日本の約80倍となっている。日本よりも大規模な農家が多いと思われる。

3．1日一人あたりのカロリー消費量は，アメリカ合衆国は日本の約1.4倍となっている。日本よりも高カロリーな食事を摂るため，肥満などの健康上の問題を抱えている人が多いと思われる。

② 省略

❹意見を交換しよう。

（省略）

第2章　世界の諸地域　⑤ 南アメリカ州

1 南アメリカをながめて 特色ある歴史と自然環境

(教p.108～109)

▲南アメリカ州の国々

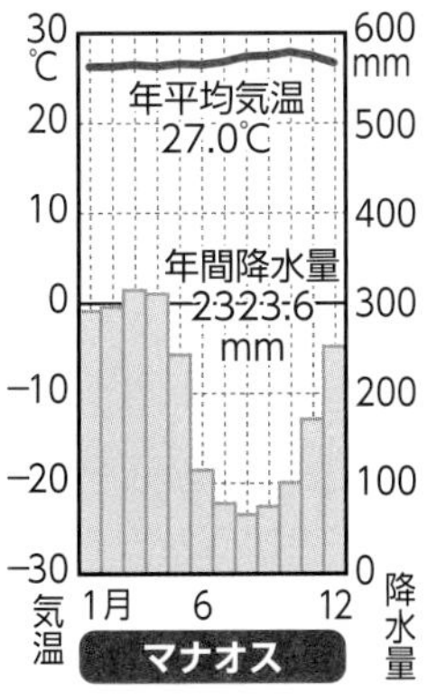

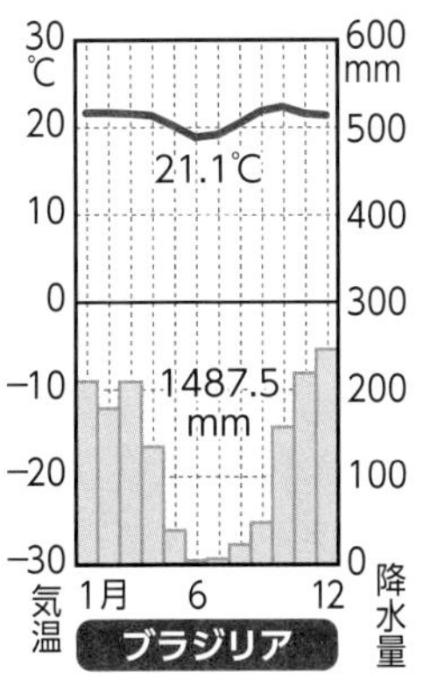

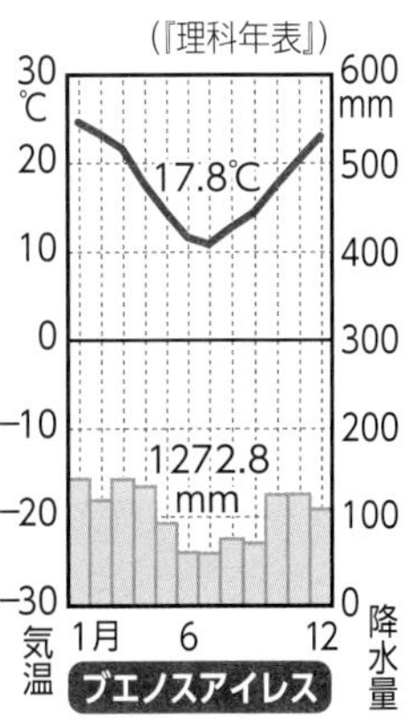

■南アメリカの自然環境

- 西部の太平洋岸…**アンデス山脈**。標高6000m級の山々が連なり，高度によって自然環境が異なる。
- 北部の赤道周辺…熱帯。アマゾン川の流域には低地が広がり，セルバとよばれる**熱帯雨林**。
- 南東部…サバナ気候のブラジル高原。
- 南部…温帯。ラプラタ川流域にはパンパとよばれる草原地帯が広がり，アルゼンチンでは牛や羊の放牧。
- 南端…寒帯。氷河も見られる。

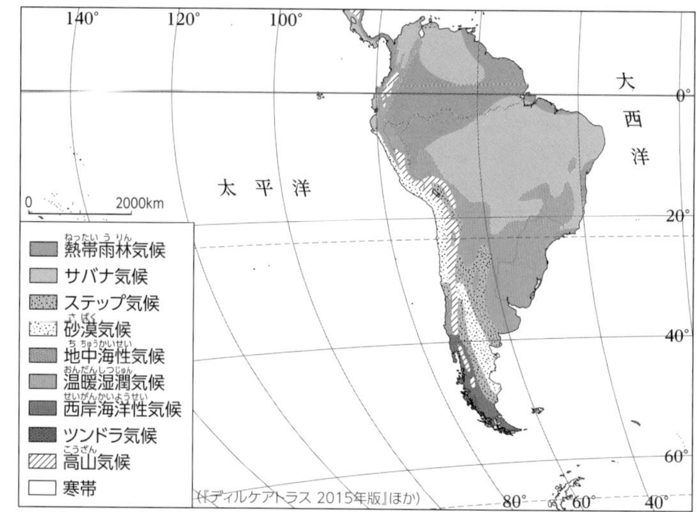

▲南アメリカの気候区分

■南アメリカの先住民と歩み

- **先住民**…アンデス山脈やアマゾン盆地に暮らす。
- 先住民はインカ帝国などの高度な文明を築く。

…マチュピチュ遺跡などに残る。

- 16世紀にスペイン人やポルトガル人の侵略。

➡植民地化され，先住民の人口は激減。

- 現在メキシコより南の地域をラテンアメリカというのは，スペイン，ポルトガルなどラテン系の国に植民地化されたため。

©imagebroker／アフロ

▲アンデス山脈で暮らす先住民

教科書 p.109

確認 教科書p.109資料４を参考に，南アメリカの気候について，赤道から南下する順にまとめよう。

➡（例）南アメリカの気候は，アンデス山脈の東西で大きく分かれる。東側は，赤道付近から順に熱帯雨林気候，サバナ気候，温暖湿潤気候，ステップ気候となる。西側は，赤道付近から南緯30度くらいまでは砂漠気候，チリの首都サンティアゴ周辺は地中海性気候，南緯40度以南は西岸海洋性気候となる。アンデス山脈上は高山気候となる。

表現 アンデス山脈の気候の変化について，教科書p.40〜41を参考に，調べてまとめよう。

➡（例）一年を通じて気温の変化は小さくすずしい気候だが，日中は日ざしが強く，一日の気温の差は大きい。

2 多様な人々からなる社会 植民地としての歴史と多様性 (教p.110〜111)

■南アメリカの歴史と人口構成

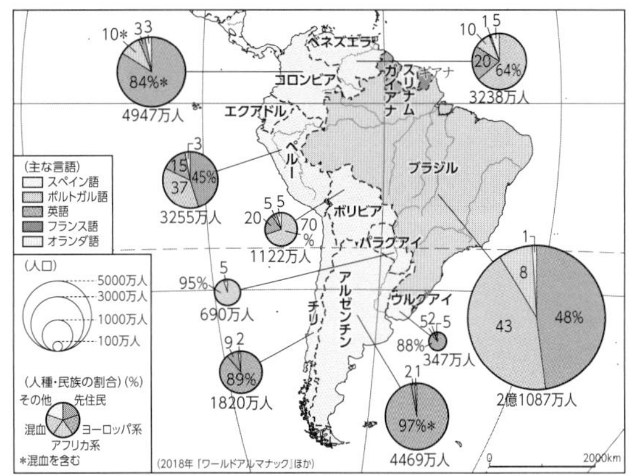

▲南アメリカ各国の主な言語と人口構成

- 多くの国は，かつてスペインやポルトガルの植民地だった。

➡現在多くの国でスペイン語，ブラジルはポルトガル語が公用語。

- 先住民が激減した後，アフリカから**奴隷**，アジアなどから**移民**が来て労働力になる。

➡多様な社会を形成。

- 海岸部に人口集中。アンデス山脈や**アマゾン盆地**は先住民が暮らす。
- **メスチソ**…ヨーロッパ系と先住民との混血の人々。
- ブラジルではヨーロッパ系とアフリカ系との混血の人々が多い。
- アルゼンチンやウルグアイはヨーロッパ系の人々が多数派。
- ボリビアやペルーは先住民の人口に占める割合が高い。

■多文化社会が根づく南アメリカ

- **多文化社会**…さまざまな文化が混ざり合う。
- サッカー…イギリスで生まれ，イギリス移民が伝えた。
- ブラジルのリオデジャネイロで開かれるカーニバル

…ポルトガル移民のキリスト教の祭りが，アフリカ系の人々の祭りや踊りと結びついて発展。

- 20世紀に入ると，アジアからも移民…日本からの移民は1908年に始まる。コーヒー農園などで働き，南アメリカ社会の一員に。

■大土地所有制度と農業

- 植民地時代に，移住者は**大土地所有**の権利をもつ。

➡大地主や役人が領地内の先住民を支配。ブラジルでは，先住民が少なかったため，アフリカから奴隷を導入。さとうきびや綿花のプランテーションの労働力に。

- 条件の良い土地は大規模な農場，傾斜地などは小規模な農民が所有。

➡貧しい農民や，農地を持たない者が，仕事を求めて大都市へ。

> 教科書 p.111
>
> **確認** 教科書p.110資料2を参考に，人口構成に注目して南アメリカ各国を三つに区分してみよう。
>
> ➡（例）ヨーロッパ系が圧倒的に多い国…アルゼンチン，チリ　混血が半数から大半を占める国…ブラジル，パラグアイ　先住民が2割以上を占める国…ペルー，ボリビア
>
> **表現** 南アメリカの多文化社会について，スポーツや音楽，移民のどれかにテーマを決めてまとめよう。
>
> ➡（例）サッカーは，もともとイギリスのスポーツだが，イギリスからの移民が南アメリカに伝えて，とても人気のあるスポーツになった。

3 アマゾン川流域の地域開発 進展する開発と変化する環境 (教p.112～113)

■大河川アマゾン

●アマゾン川…流域には広大なアマゾン盆地。先住民が小さな集団に分かれて暮らす。

➡19世紀中ごろから，天然ゴムの栽培が始まり人々が移住。

●水量が多いため，大型船で上流までさかのぼることができる。

…マナオスは，本流に支流が合流する交通の要所。

■流域の地域開発

●アマゾン横断道路…第二次世界大戦後，ブラジルが国家計画として建設。

➡大企業による木材や鉱産資源の開発が進む。

●土地を持たない貧しい農民を移住させる計画。

➡熱帯林を切り開いたものの，土に含まれる栄養分が少ないため，農作物が十分育たない。

■開発と生活

●道路や農地，牧場の開発で広大な熱帯雨林が伐採される。

➡地球の熱帯雨林の3分の1を占め，多様な生物がみられるアマゾン川流域の環境破壊は深刻。

●大規模なダムの開発で森林や住まいが水没。

➡自然と共に暮らしてきた先住民の生活が危機に。

■持続可能な開発

●南アメリカのように，人口増加と貧困に悩む地域では，食料生産の増大や資源の開発，輸出の増加による経済成長が課題。

●一方，大規模な開発は環境を破壊。

➡将来世代も考えた，環境の保全に配慮した**持続可能な開発**が求められる。

読み解こう 教p.113

❶（例）増えている地域…中国，インド，アメリカ合衆国，ロシアやヨーロッパ　減っている地域…ブラジルを中心とした南アメリカ，アフリカ，オーストラリア，東南アジア

❷熱帯雨林がみられる点。

❸（例）多様な生物がみられるため，森林面積が減少することで，多くの種類の生物が絶滅の危機に直面してしまう。

教科書 p.113

確認 アマゾン川の流域の森林が失われている理由を書き出そう。

➡(例)道路の建設や，農地や牧場の開発のため。

表現 アマゾン川の開発による環境問題について，調べてまとめよう。

➡(例)大規模なダムの開発により，森林や住まいが水没し，多様な生物の生態系や，先住民の生活がおびやかされている。

4 南アメリカの経済成長と都市 開発と貧富の格差 （教p.114〜115）

■豊富な鉱産資源

●世界有数の産出量…チリ（銅鉱石），ベネズエラ（原油）。
●希少金属(レアメタル)も産出…先端技術産業にとって重要。
●ブラジルのカラジャス…世界最大の鉄鉱石の産地。
…一方で南アメリカは，特定の鉱産資源やプランテーション作物の生産・輸出に頼る**モノカルチャー経済**が問題。

（世界銀行資料ほか）
カラジャス
チュキカマタ
石油
天然ガス
鉄鉱石
銅鉱石
銀

■農業の変化

●輸出用作物の栽培が盛ん…コーヒーや綿花，小麦，だいず。
●アルゼンチンのパンパ…大規模な小麦栽培や牛の放牧。
●ブラジルのコーヒー…輸出品の中心。価格変動しやすいのが難点。
➡ブラジル高原では，1970年代以降，農業の大規模な機械化が進み，だいずなどの輸出用作物が栽培され，現在はさとうきびや**バイオエタノール**の生産が盛ん。

■ブラジルの経済成長

●ブラジルの工業化…農産物や鉱産資源の輸出➡1970年代に工業化。
➡現在は，ロシア，インド，中国，南アフリカ共和国とともにBRICSとよばれる。多国籍企業も加わって，自動車，航空機，電子部品など輸出用製品をつくる工業が発展。

■人口集中による都市問題

●高い割合の都市部人口…ブラジルは，内陸部から仕事を求めて都市が多い大西洋岸へ移住する人々が多い。
●経済改革…1990年代以降，経済のグローバル化が進む中で，南アメリカ各国は経済改革を行った。ブラジルは，2016年にオリンピックを開催し，大規模な都市開発を実行。
➡改革や開発は，物価の上昇や貧富の格差の拡大をもたらした。
●南アメリカの大都市は，人口増加に対し，住宅，道路，水道をはじめとする生活基盤の整備が遅れがち。
➡**スラム**とよばれる治安や生活環境の悪い地区ができる問題がある。

教科書 p.115

確認 南アメリカの都市人口が増加する理由を書き出そう。
➡（例）都市と農村の賃金格差が大きく，農村から都市に移住する人が多いから。

表現 どうすれば南アメリカの国々が，モノカルチャー経済から抜け出せるのか，教科書p.114資料１・２を参考に自分の考えをまとめよう。
➡（例）国内にさまざまな産業を発達させる必要がある。そのために，自動車のような，多様な工業製品からなる製品を国内で生産できるようにする。

学習のまとめと表現（教p.117）

南アメリカ州の学習を振り返って整理しよう

❶ワードチェック

□**熱帯雨林**（→教p.108）……赤道付近の年中高温多雨な地域にみられる森林。

□**先住民**（→教p.109）…元来その土地に住んでいる人々。

□**ラテンアメリカ**（→教p.109）…メキシコより南の地域。スペイン，ポルトガルなどのラテン系の国によって植民地化された歴史をもつ。

□**アマゾン盆地**（ぼんち）（→教p.110）…アマゾン川流域に広がる盆地。熱帯雨林が密集する。

□**多文化社会**（→教p.111）…さまざまな文化的な特徴をもった異なる民族の人々が，お互いの文化を尊重しあいながら暮らす社会。

□**プランテーション**（→教p.111）…旧宗主国などによって開かれた大農園で，大規模に単一の作物を栽培する。

□**アマゾン横断道路**（→教p.112）…ブラジルの国家計画によって建設された，大西洋からペルーにいたるまでの長大な道路。

□**持続可能な開発**（→教p.113）…環境破壊を伴う開発に頼らず，今の子どもたちの世代が大人になったときに困らない範囲で環境を利用していく形の開発。

□**希少金属（レアメタル）**（→教p.114）…自然界に存在する量が少ない，または費用や技術面で掘り出すことが難しい金属。

□**モノカルチャー経済**（→教p.114）…発展途上国にみられる経済状況で，一つの国の経済が特定の農産物や鉱産資源に依存している状態。

□**バイオエタノール**（→教p.114）…さとうきび，とうもろこし，廃木材などを原料にしたエタノール。主に燃料として使用される。

□BRICS（ブリックス）（→教p.115）…経済成長の著しい大国（ブラジル，ロシア，インド，中国，南アフリカ共和国）の国名の頭文字をとってつなげた言葉。

□**スラム**（→教p.115）…都市で経済的に貧しい人々が生活する地域。農村から働く場所を求めてきた人々などが住み着いて形成される。

❷地図を使って確かめよう。

① ①アマゾン ②ギアナ ③アマゾン ④ブラジル ⑤ラプラタ ⑥アンデス

② 教科書p.110資料２参照

③ 順に セルバ，サバナ，パンパ，氷河

❸表現しよう。

① （例）アルゼンチン…ヨーロッパ系が圧倒的に多数を占めている。 ベネズエラ…混血が多数派を占めている。 ペルー…先住民が多数派を占めている。

② （例）都市部と農村の賃金格差が大きく，農村から都市部へ仕事を求めて移住する人が多いため。

❹意見を交換しよう。

（省略）

第2章　世界の諸地域　⑥ オセアニア州

1 オセアニアをながめて 太平洋の島々の暮らし

(教p.120～121)

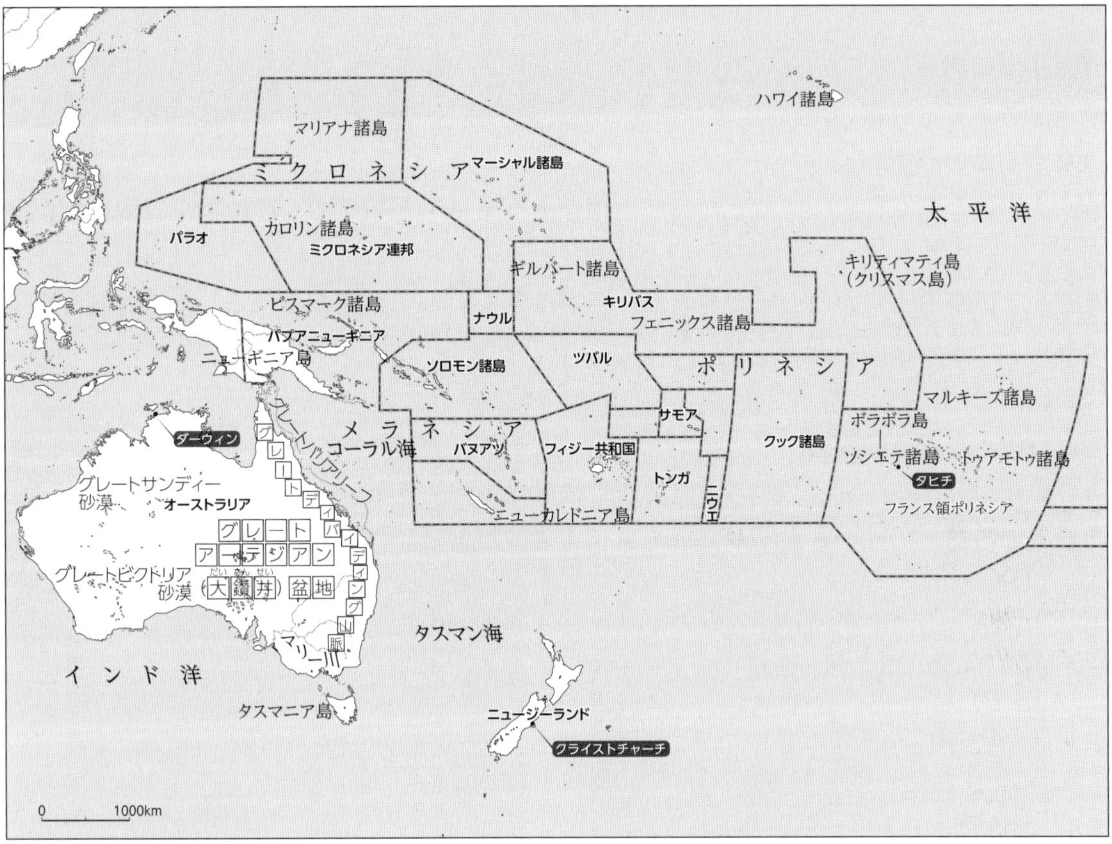

▲オセアニア州の国々

(『理科年表』)

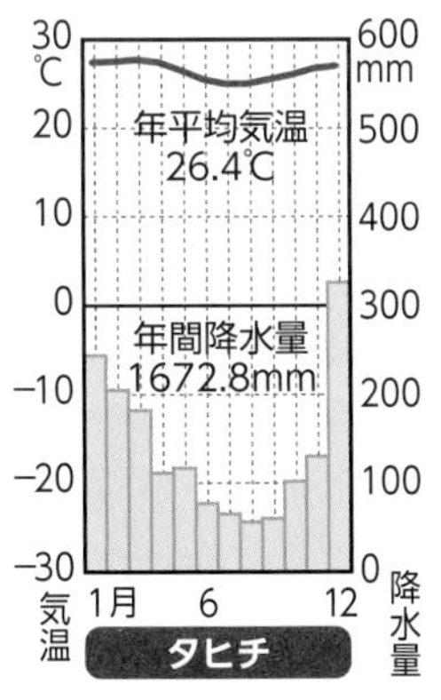

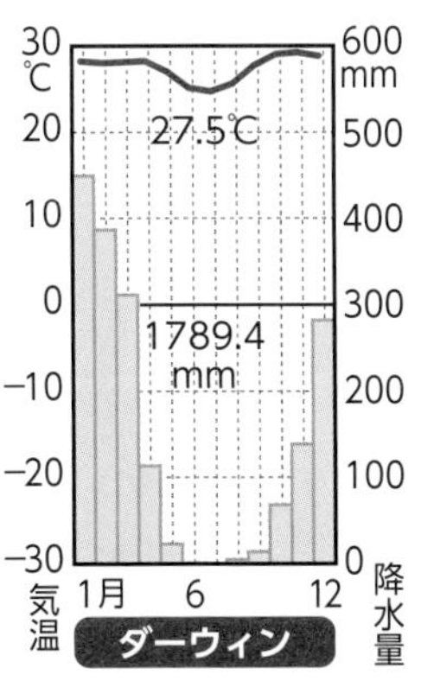

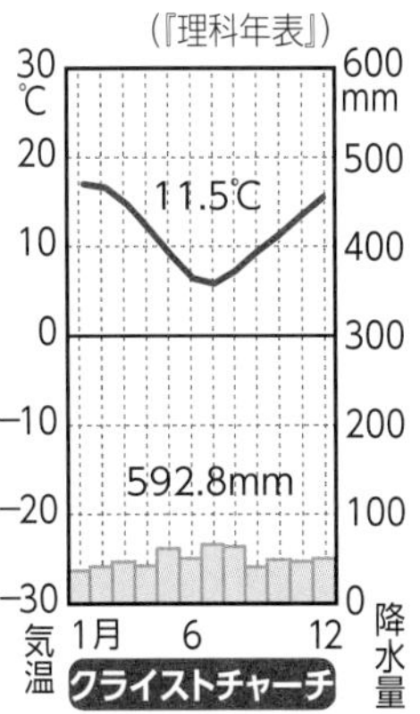

オセアニアという地域

- 広大な面積に対して人口は少ない（約4000万人）。
- オーストラリア大陸…大部分が乾燥した気候。
- 太平洋の島々…大部分が湿潤な熱帯気候。

太平洋の島々

- メラネシア…「黒い島々」，ポリネシア…「たくさんの島々」，ミクロネシア…「小さい島々」という意味。
- 火山のはたらきによってできた島…面積が大きく地形が複雑で，動植物や資源などが豊か。
- さんご礁が海上に上がってできた島…風景は美しいが，面積が小さく，水や資源にとぼしい。仕事の機会があまりない。

ヨーロッパからの影響

- 17世紀以降，ヨーロッパからの航海者や移民から強い影響。
- 太平洋の島々では，宣教師が広めたキリスト教が普及。

▲火山によってできた島

▲さんご礁によってできた島

読み解こう　教p.120

❶東…南アメリカ州　西…アジア州
❷北半球…マーシャル，ミクロネシア，パラオ　南半球…オーストラリア，キリバス，クック諸島，サモア，ソロモン諸島，ツバル，トンガ，ナウル，ニウエ，ニュージーランド，バヌアツ，パプアニューギニア，フィジー

教科書 p.121

確認　教科書p.121資料３・４から，火山とさんご礁でできた島の違いを書き出そう。
➡（例）火山によってできた島は，地形が複雑で，動植物や資源が豊富。さんご礁によってできた島は，地形が平坦で，水や資源に乏しい。

表現　サモアなどの太平洋の島国の人々は，なぜ他国で仕事をして暮らす必要があるのか，「地理の窓」も参考にして説明しよう。
➡（例）自国には伝統的な農業や漁業などの産業しかなく，よりよい生活をするには，高い賃金を求めて他国で働く必要があるから。

2 特色ある産業と国の成り立ち オーストラリアとニュージーランド （教p.122～123）

■豊かな国オーストラリアの自然

- 内陸部…ユーカリの木などがまばらに生える草地や砂漠。
- 牛や羊の牧畜や，農業が行われている地域は限られる。
- 人口の多い都市は海岸沿いに集中。
- 農牧業では，年によって牧畜と作物栽培を交替させて，土地がやせるのを防ぐ。

（『グーズアトラス 2017年版』ほか）
さとうきび
主に小麦などの穀物
地中海式農業
酪農
牧羊
牧牛
その他（非農業地域も含む）
等雨量線（一年間の降水量［雨の量］の合計値が同じような地点を結んでつくった線）

▲オーストラリアの降水量と農業地域

■オーストラリアの鉱産資源

- 鉄鉱石，石炭，石油，金・銅，ボーキサイトなどを採掘…日本などアジアに輸出。
- 主な輸出品…かつては羊毛や小麦，肉類などの農産物。

➡現在では鉄鉱石や石炭などの鉱産資源。

- 経済的に豊かな国だが，工業が経済の中心ではない。

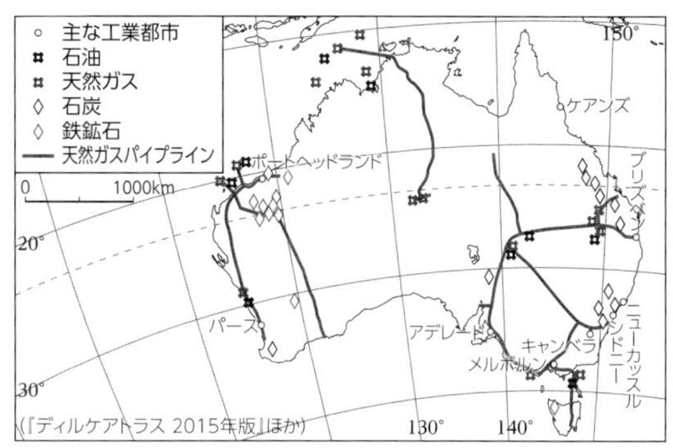

▲オーストラリアの鉱工業

■イギリスからの移民と農牧業

- 18世紀末イギリスから移民…牧畜業が発展，羊毛や肉類をヨーロッパに輸出していた。

〔オーストラリア〕

- 移民は，先住民**アボリジニ**の土地を奪い，牧畜業に利用。

➡アボリジニの人口が激減。その後，アボリジニを白人に同化させる政策。

➡現在ではアボリジニの文化を保護し，土地の権利も認める。

〔ニュージーランド〕

- 飼育される羊の数が人口より多い。
- 牧畜業で森林が切り開かれ，広大な面積が牧草地に。

教科書 p.123

確認 オーストラリアの輸出品について，教科書p.122資料３を参考にどのように変化しているか，書き表そう。

➡（例）羊毛や小麦など農産物中心だったが，鉄鉱石や石炭などの鉱産資源が上位を占めるようになっている。

表現 オーストラリアと他の先進国との違いについて，輸出品に注目してまとめよう。

➡（例）先進国の輸出品は，機械類が上位を占めることが多いのに対し，オーストラリアの輸出品は，一次産品が上位を占めている。

3 他地域との関係を深める アジアとつながるオセアニア (教p.124〜125)

■白豪主義から多文化主義へ

●**白豪主義**…オーストラリアは，第二次世界大戦前まで白人以外の移民をしめ出していた。

➡その後，経済発展のため，英語圏以外のヨーロッパやアジアの国々からの移民を受け入れる。

●1970年代に白豪主義政策は廃止，さまざまな文化が共存できる社会の実現を目ざす**多文化主義**を国の方針に。

■北を向くオーストラリア

●貿易相手先の変化…（かつて）イギリスなどヨーロッパの国々。

➡（第二次世界大戦後）アメリカ合衆国やアジアの割合が高くなる。

●近年の貿易相手先は，日本や中国などアジアの国々が上位。

■観光地化にともなう課題

●オセアニアにとって観光は重要な産業。

…一方で，リゾート開発が環境を破壊したり，観光客の存在が地元の文化に影響を与えたりすることがある。

■日本とオセアニアのかかわり

●第二次世界大戦中，日本はアメリカ合衆国やオーストラリアなどと戦い，オセアニアの住民と環境に大きな被害をもたらした。

●近年，まぐろなどの漁業資源をめぐって，日本と太平洋の島国との間に対立が生じることがある。

➡日本は「太平洋・島サミット」を開催し，友好関係のために努力。

教科書 p.125

確認 オーストラリアの貿易相手先国について，教科書p.125資料3を参考にどのように変化しているか，まとめよう。

➡（例）イギリスなど植民地時代から関係があった国から，アジア諸国など近隣の国へと変化している。

表現 オセアニアの国々を一つ選び，日本との関係について調べよう。

➡（例）パラオ…1922年から1945年まで日本が統治した。第二次世界大戦中に日本軍とアメリカ軍の激戦地となった島もある。日系人の大統領も輩出しており，歴史的つながりが深い。

学習のまとめと表現（教p.127）

オセアニア州の学習を振り返って整理しよう

❶ワードチェック

□**メラネシア**（→教p.120）…おおよそ赤道以南で経度180度から西側の島々。

□**ポリネシア**（→教p.120）…おおよそ経度180度から東側の島々とニュージーランドを含む。

□**ミクロネシア**（→教p.120）…おおよそ赤道以北で経度180度から西側の島々。

□**さんご礁**（しょう）（→教p.121）…さんごが集まってつくりあげた地形。

□**キリスト教**（→教p.121）…イエス・キリストの教えを信じる宗教。

□**牧畜**（ぼくちく）（→教p.122）…乳・肉・毛などを得ることを目的として，牛，豚，羊などの家畜を飼育すること。

□**移民**（→教p.122）…国を越えて移り住む人々。

□**先住民（アボリジニ，マオリ）**（→教p.123）…ヨーロッパ人が到達する前から住んでいる人々。オーストラリアではアボリジニ，ニュージーランドではマオリが当たる。

□**白豪主義**（はくごう）（→教p.124）…かつてオーストラリアでとられていた，有色人種，特にアジアからの移民を受け入れない政策。

□**多文化主義**（→教p.124）…さまざまな文化的な特徴をもった異なる民族の人々が，お互いの文化を尊重しあいながら，平等に暮らすことを目標とする考え方。

❷地図を使って確かめよう。

① ①ニューギニア ②グレートディバイディング ③グレートサンディー ④日付変更

② a．ミクロ b．ポリ c．メラ

③ 省略

❸表現しよう。

① （例）

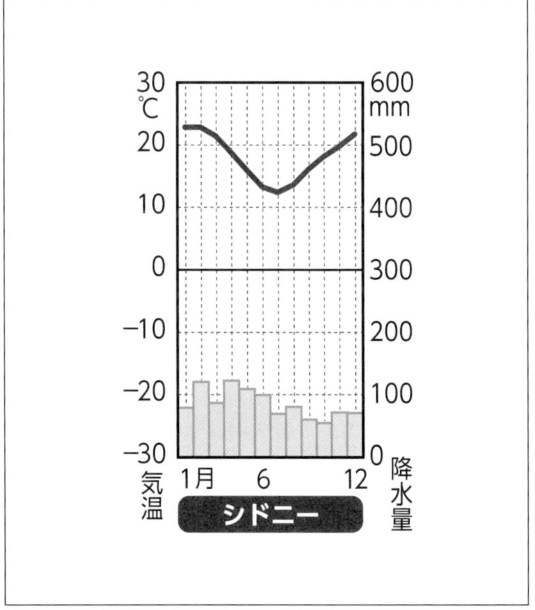

・夏と冬が反対になっている。

・降水量が１年中ほぼ一定である。

② （例）〈1970年代ごろまで〉貿易…羊毛や肉類を中心に，イギリスやヨーロッパ諸国へ輸出していた。　人々の移動…白豪政策により，アジアからの移民を抑制し，主にヨーロッパからの移民を受け入れていた。

〈それ以降〉貿易…鉄鉱石や石炭を，日本などのアジアの工業国に向けて輸出するようになり，鉱産資源が主要輸出品となった。　人々の移動…アジアや近隣のオセアニアからの移民を多く受け入れるようになった。

❹意見を交換しよう。

（省略）

第1章　地域調査の方法を学ぼう

1　地域をながめて　調査テーマを決める　(教p.134〜135)

地域調査の手引き①

【調査の見通しを立てる】

①野外を観察して，地域の情報を集める。

…地形図から地域の様子を読み取り，野外観察のルートを決める。野外観察では，地形の様子や土地利用の様子を記録する。

②調査テーマを決める。

…野外観察での発見や疑問のメモをもとにカードに書き出し，カードを分類して調査テーマを決める。

③テーマごとに調べる。

…調査テーマに対して仮説を立てる。仮説に沿って調べ方を決め，調査計画書を作成し，調査を実施する。

④考察してまとめる。

…調査で収集した情報をもとに，文献や統計，インターネットなどの資料を用いて，調査テーマと仮説を検証する。

⑤資料をつくる。

…調査で収集した情報を資料として，地図や表，グラフや模式図にまとめる。

⑥調査結果を伝える。

…発表会を開いたり，調査レポートを作成したりする。取材先に報告するものもある。

■野外観察に出かけよう

●調査テーマを決めるため野外観察を行う。

…野外観察と観察したことのメモの例（➡教p.135）

川と自然
（自然・環境）
発見したことや疑問
………

住宅の開発
（人口・都市）
発見したことや疑問
………

農業や工業
（産業）
発見したことや疑問
………

ショッピングモール
（商業）
発見したことや疑問
………

石碑や記念碑
（歴史・文化）
発見したことや疑問
………

鉄道や道路
（交通）
発見したことや疑問
………

➡これらのメモをカードに書き出し，調査テーマを決める。

2 調査の計画を立てる 調査活動の進め方

（教p.136〜137）

地域調査の手引き2

【調査計画書をまとめる】（自然・環境班の例）

◆**調査テーマ**：地域の自然災害について

◆**調査で確かめたいこと：**

1．水害が起こりやすい理由
2．堰がつくられた歴史
3．なぜ，堤防が低くなっているところがあるのか
4．過去の水害の歴史
5．水害時の人々の活動

◆**調査方法：**

1．堰のつくりを調べる。
2．川の流域の古い地図から様子を比べる。
3．地域の防災について，地域の人に聞く。
4．過去の地域の災害について，文献を調べる。

地域調査の手引き3

【気づいたことや疑問を分類する】

野外観察で発見したこと，疑問に思ったことを1項目につき1枚のカードに書き出す。内容の似ているカードを集め，分類しグループ分けすることで，みんなの情報が整理できる。

■テーマごとの調査班をつくる

●野外観察のメモをカードに書き出し，それを分類して，分類ごとにグループ分けする。
➡グループごとに班をつくって，調査を進める。

（調査班と調査テーマ，調査方法の例）

班の名前	調査テーマ	調査方法
人口・都市班	都市の開発	新旧の地形図比較，文献・統計を調べる。
産業班	都市の中の農業	文献・統計を調べる。聞き取り。
商業・交通班	モールの立地	今と昔の風景の比較。聞き取り。
歴史・文化班	地域の治水の歴史	文献を調べる。博物館や資料館の利用。聞き取り。

■調査計画を立てるポイント

●調べたい課題（調査テーマ）と目的をはっきりさせる。
…調査テーマを解決するための仮説を考え，確かめたいことを書き出す。
（仮説が正しいかどうかわかるためには，どのようなことを調べればよいか。）
➡必要な資料や情報，調査方法を考え，調査計画書にまとめる。
…取材の場所を地図に示したり，聞き取りをする人をリストにすることで調査がイメージできる。

3　地形図を使って調べる(1)　地図記号と縮尺　(教p.138～139)

■地形図を利用する

●身近な地域の調査には，大縮尺の地図が役立つ。
…国土地理院が発行する２万５千分の１地形図と５万分の１地形図，ウェブサイト『地理院地図』を使用する。

■縮尺による違い

●地図で実際の距離を縮めて表現する際，縮める割合を縮尺という。
…縮尺が異なると，表される範囲や情報も異なる。

地域調査の手引き4

【地形図の読み取り方】

1．場所と範囲，縮尺，発行年を確認。
2．おおまかな地形の様子を確認。
3．土地利用を見て，目だつものを確認。

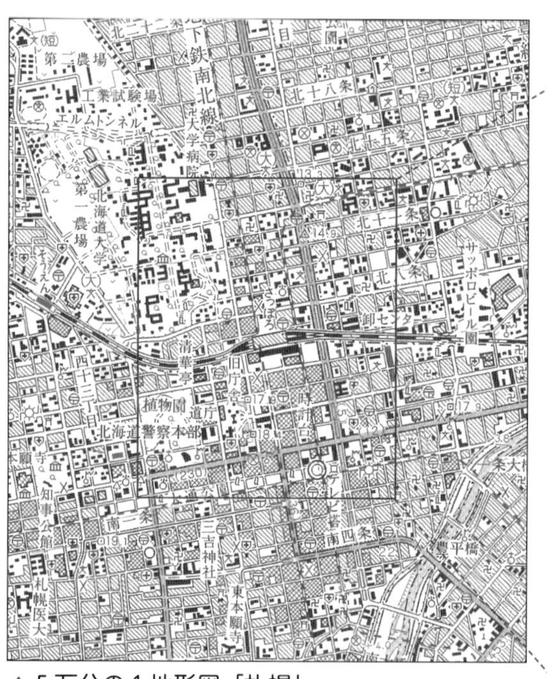

▲５万分の１地形図「札幌」

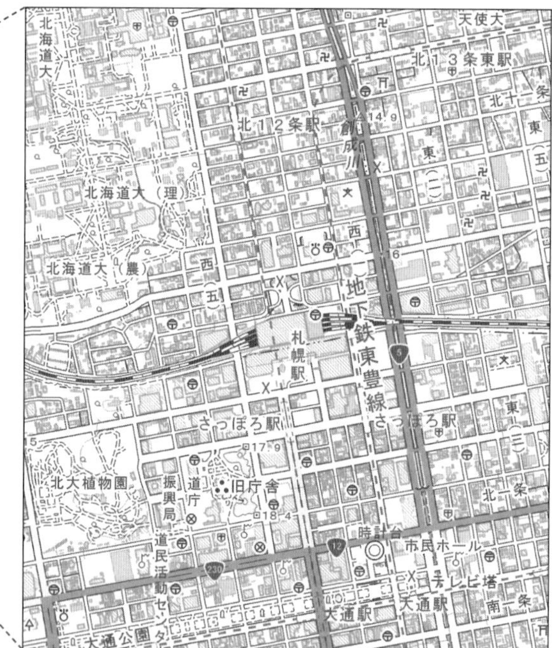

▲２万５千分の１地形図「札幌」

読み解こう　教p.139

❶５cm×50000＝250000cm　なので2500m。
❷１辺は２cm×10000＝20000cm　なので200m。　200m×200m＝40000m²
❸針葉樹林，広葉樹林などの地図記号で表されている。

4 地形図を使って調べる(2) 等高線と新旧の地形図の比較 (教p.140〜141)

■等高線を読み取る

●等高線を読み取ることで地形の様子がわかる。
…縮尺によって線の種類と間隔が異なる。線の本数や線上の数字で標高がわかる。線の間隔が狭ければ傾斜が急で，広ければ傾斜はゆるやか。

等高線		2万5千分の1地形図	5万分の1地形図
計曲線	━━	50mごと	100mごと
主曲線	──	10mごと	20mごと
補助曲線	‐‐‐	5mごと，2.5mごと	10mごと
	‥‥	—	5mごと

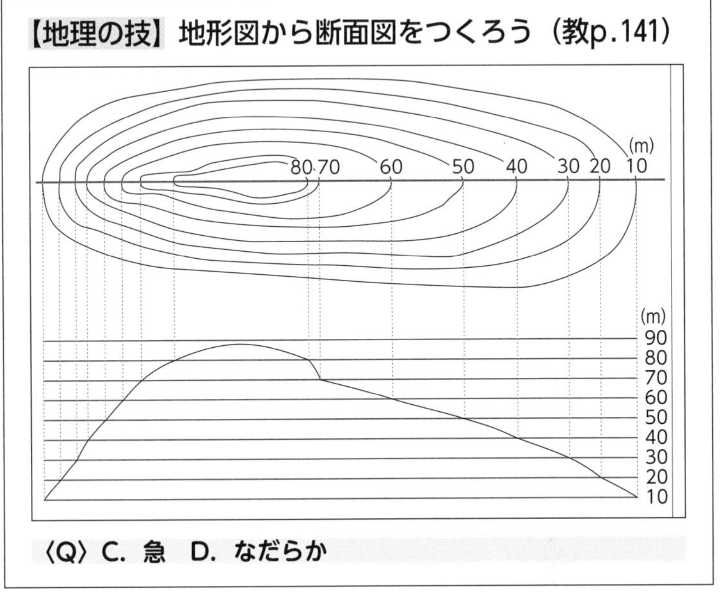

教p.140資料3〈Q〉C

■新旧の地形図を比べる

●新旧の地形図を比べることで地域の様子の移り変わりがわかる。

【地理の技】新旧の地形図を比べよう（教p.141）

❶（例）建物は地図の南部と北西部に集中し，他の住宅は田や畑の中に点在している。

❷（例）建物は地図全体に偏りなく見られ，田や畑はほとんど見られない。地図の北部に第二環状自動車道が東西方向に通り，南部の庄内緑地にはグラウンドや散策路などが整備されていることが読み取れる。

❸（例）変化したこと…田や畑はほとんど住宅地に変化し，特に畑に利用されていた南部の河川敷は大規模な庄内緑地に整備された。また，第二環状自動車道のような大きな自動車道が整備された。

　変化していないこと…細い道路網にはあまり変化は見られない。寺院や神社の位置も変化がない。

5 地域の防災について調べる 現地での調査 (教p.142〜143)

■現地を訪ねて

●事前にまとめた調査内容と調査方法に沿って観察や聞き取りを行う。仮説が大切。

■仮説を検証し，地域を見つめ直す

●調査で得た資料をもとに，仮説を検証する。

➡地域の課題が明らかになったら，解決のための取り組みを話し合う。

地域調査の手引き5

【聞き取り調査】

①質問内容を整理して，調査票をつくる

…「いつ，どこで，だれが，何を，なぜ，どのように」

②聞き取り先を探して，連絡を取る

…聞き取り先は，市役所や観光協会，同業者組合など。聞き取りの事前に電子メールや手紙で連絡。

③聞き取りを行う

…話の内容を記録。写真や動画の撮影は許可を得てから。

④調査の結果を報告する

…聞き取りをどのようにまとめたか，お礼の手紙と一緒に報告。

6 調査の結果をまとめる 主題図やグラフに表現する (教p.144〜145)

教p.144資料3

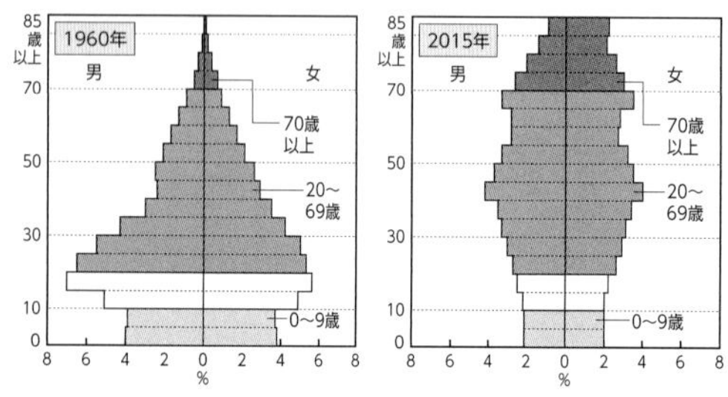

■調査をまとめて，発表しよう

●調査で集めた資料や情報を図やグラフなどに表現し，調査活動の過程を文章にまとめる。

➡発表会を開いて，他の班と比較したり，関連付けたりする。

地域調査の手引き6

【調査結果をまとめる】

①資料の整理

②資料の加工：調べたことを地図やグラフ，図表などにする。

③資料の読み取りと分析：作成したものを他の資料と組み合わせたり，比較したりして分析する。

④結果のまとめ：仮説を検証して，わかった結果をまとめる。

7 他の地域と比べる 防災のまちづくり (教p.146)

■地域の特色に応じた取り組み

●他の地域の地域調査と比べることで，地域の特色がさらにとらえやすくなる。

第2章　日本の特色と地域区分

地域区分をしてみよう　第2章を始める前に　(教p.148～149)

〈地域区分〉

●**地域区分**…共通点や関連性に注目して地域をあるまとまりで分けること。

●地域区分で，人口が集中する地域，工業が盛んな地域など共通性があるところを区分したり，**通勤・通学圏**や**買い物圏**など同じような影響が及ぶ範囲で区分したりする。

➡地域の特色が明確化。

■生活・文化からみる地域区分

●雑煮に入れる餅の形は，東日本で四角く，西日本で丸い。

…伝統的な文化による地域区分。

●気温・降水量などの自然による地域区分，業務や目的に応じた地域区分もある。

■地域の結びつきによる区分

●**都市圏**…仕事や買い物などで，都市を中心に道路や鉄道を使って人々が移動し，つながりや結びつきが深い地域のこと。

…東京都の結びつきが強い地域は**首都圏**（山梨県も含む）

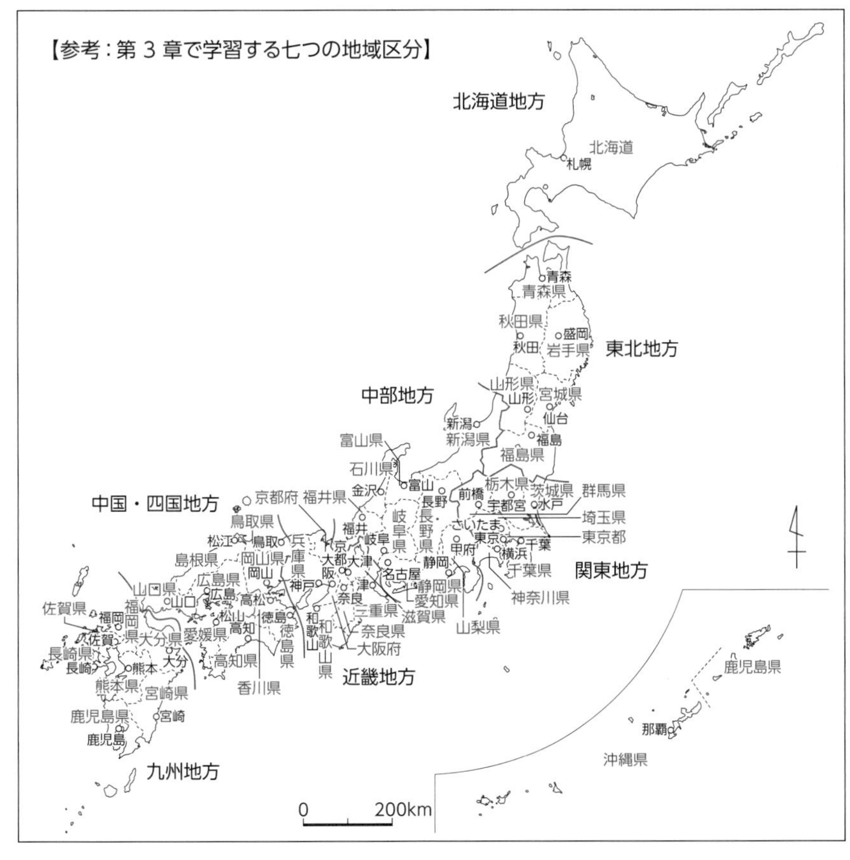

1 変動する大地，安定した大地 日本の地形と世界の地形 (教p.150～151)

■地震と火山活動が活発な日本

●日本は，世界の中でも地震や火山が集中する大地の動きが活発な地域に位置。

■大地の動きが活発な地域

●世界の中で地震や火山活動が活発なところは，帯のように続く**造山帯**。

●**環太平洋造山帯**…日本が含まれる。太平洋を取り巻くように連なり，ロッキー山脈やアンデス山脈なども含まれる。

●**アルプス・ヒマラヤ造山帯**…アルプス山脈からヒマラヤ山脈を通り，インドネシアへ。

●造山帯の周辺では大地震が発生。山の浸食も盛んで，川によって運ばれた土砂がつくる**平野**がみられる。➡日本の大都市は平野に位置。

■造山帯に含まれない安定した地域

●造山帯に含まれない地域は，地震や火山活動が活発でない安定な大陸。

➡平地や低い山地が広がる。

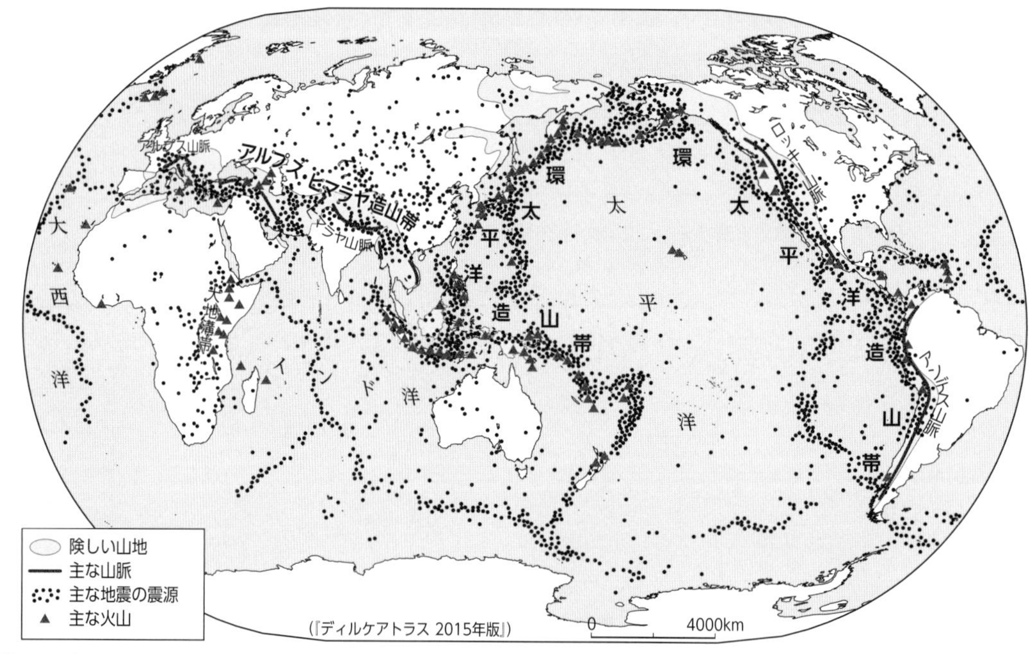

▲世界で起こった主な地震の震源と火山の分布

教科書 p.151

確認 造山帯と安定した大陸の地形の違いをまとめよう。

➡（例）造山帯は大地の動きが活発で，火山や浸食によってできた平野がみられる。一方，安定した大陸には火山などはあまりみられず，平地や低い山地が広がる。

表現 日本で地震や火山活動が活発な理由について説明しよう。

➡（例）環太平洋造山帯に位置するため。また，プレートの境目が集中する場所に位置するため。

2 変化に富む日本列島の地形(1) 山地・海岸と日本をとりまく海 (教p.152〜153)

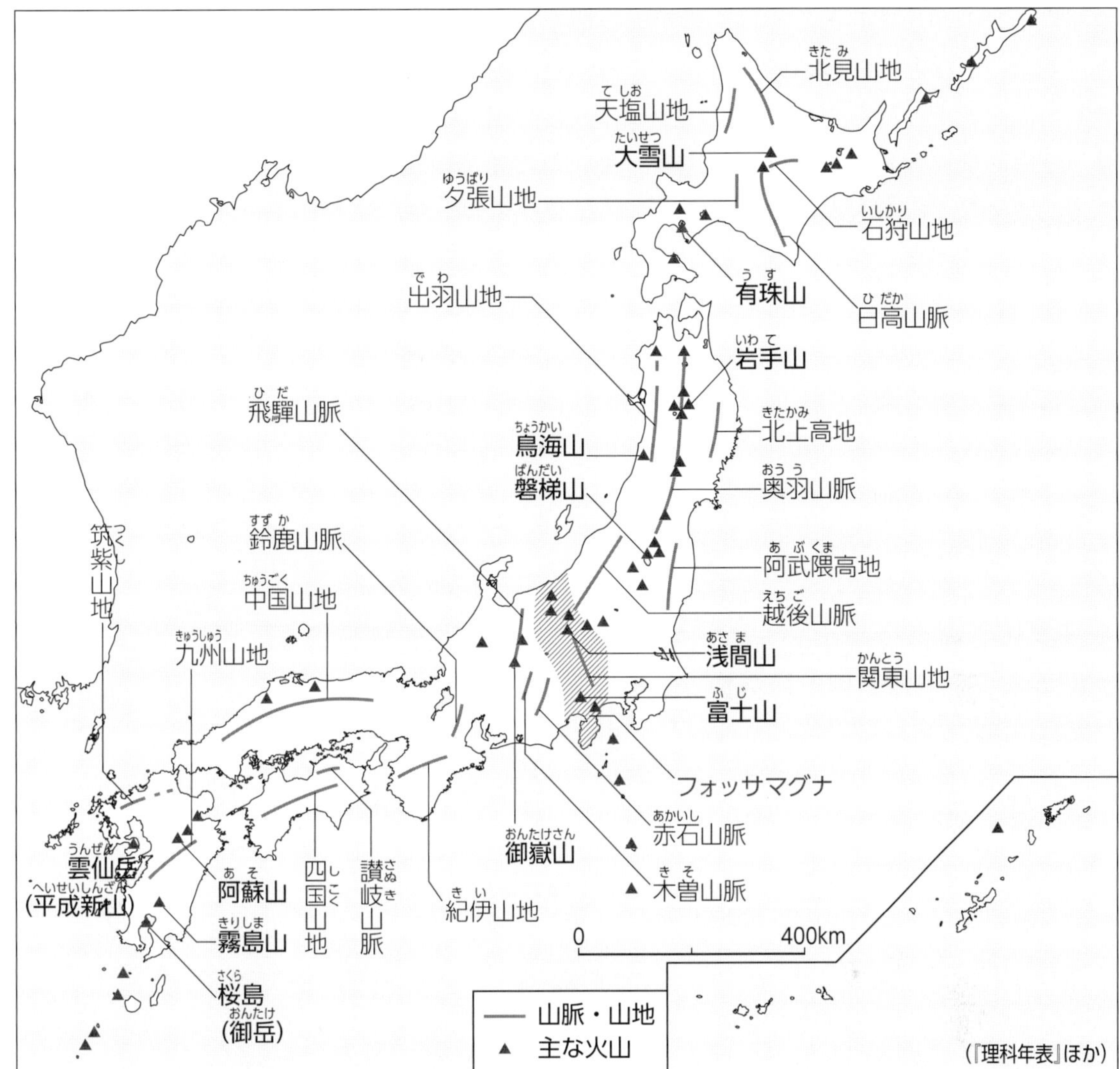

▲日本の主な山脈・山地と，火山の分布

■日本の山地・山脈の特色

- 日本は国土の 4 分の 3 が山地や丘陵で，山がちな地形。
- 標高3000mほどの山々が連なる木曽，飛驒，赤石山脈は**日本アルプス**とよばれる。
- 折れ曲がった日本列島の中央部に，**フォッサマグナ**がある。

…フォッサマグナを境に，東側は南北，西側は東西に，山地・山脈が連なる。

- 四国・九州山地は険しいが，中国山地はなだらか。
- 日本は富士山や阿蘇山などの**火山**が多い。

■変化に富む海岸線

- 日本の海岸線は長く，すべて合わせると地球１周の８割の距離。
- 海岸まで山がせまるところは，岩が多い切り立った崖が続く**岩石海岸**。
- 平野沿いには**砂浜海岸**や砂丘。
- 有明海など潮の満ち引きが大きい湾では，砂や泥でできた**干潟**がみられる。
- 三陸海岸や志摩半島など，切り込みの深い湾と岬が繰り返す海岸は**リアス海岸**。
- 南西諸島などの水温が高い地域の浅瀬にはマングローブ林，島の周りには**さんご礁**。
- 現在，日本の海岸線の約半分は，埋め立て地や防波堤などの人工的な海岸。ダムなどで海への土砂流出が減ったため，砂丘や砂浜も波に削られて小さくなる傾向。

■日本をとりまく海

- 日本列島は，太平洋，東シナ海，日本海，オホーツク海に囲まれる。
- 本州と四国・九州の間にある**瀬戸内海**は，古くから東西を結ぶ交通路。
- 日本列島の海岸線沿いには，水深200mくらいの**大陸棚**が広がり，その先は水深約8000mの**海溝**となる。
- 太平洋では，東北地方の沖合いで，寒流の**親潮（千島海流）**と暖流の**黒潮（日本海流）**がぶつかる。
- 日本海では，寒流のリマン海流と西から流れ込む暖流の対馬海流がぶつかる。
- 暖流と寒流がぶつかり混じり合うところは，潮目（潮境）といい，プランクトンが豊富で，魚が集まる漁場となる。

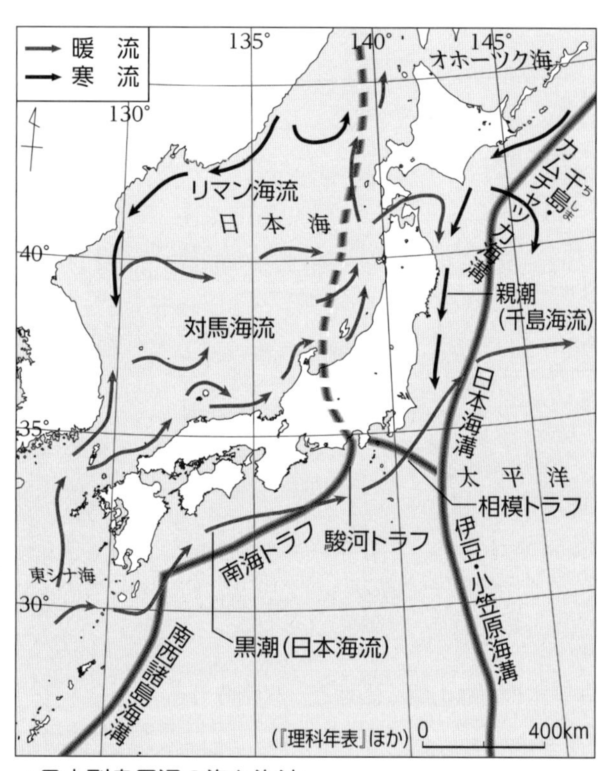

▲日本列島周辺の海と海流

教科書 p.153

確認 日本の東西で，山の並ぶ方向がどのように違うのか，地図帳で確かめよう。

➡フォッサマグナを境に，東側は南北，西側は東西に，山地・山脈が連なる。

表現 日本が海に囲まれていることは，私たちの生活とどのように関わっているか，話し合おう。

➡（例）昔から魚介類を食べる機会が多い。海のレジャーが一般的である。夏の降雨や冬の降雪に，海からの季節風が関係している。など

3 変化に富む日本列島の地形(2) 川のはたらきと平野の形成 (教p.154～155)

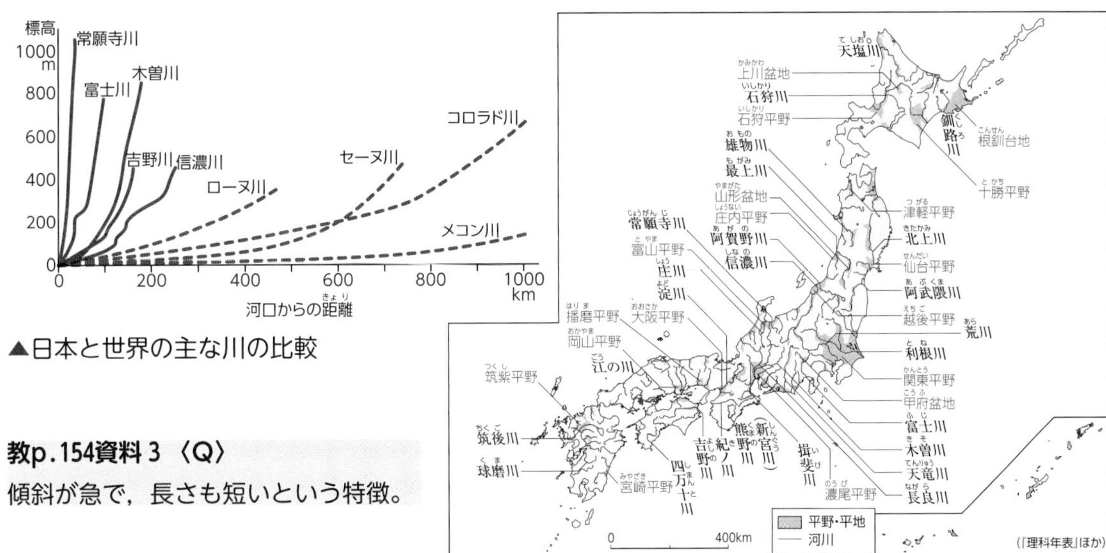

▲日本と世界の主な川の比較

▲日本の主な平野と川の分布

教p.154資料3〈Q〉
傾斜が急で，長さも短いという特徴。

■日本の川

●日本の川は，世界に比べて短くて傾斜が急。
●川は土砂を運び，運ばれた土砂は中流から下流に堆積。
●日本の川は，雨の多い季節に増水し，氾濫をくり返してきた。
➡堤防や遊水池の整備，ダムの建設。
●日本では，海岸沿いの**平野**，山に囲まれた**盆地**に都市ができた。

■平野の地形

●川が盆地や平野に流れ出るところでは，速さが急に遅くなるので，土砂が堆積しやすい。
➡**扇状地**がつくられる。
●扇状地は水はけがよいので，かつては桑畑（蚕が食べる桑を栽培），現在は果樹園や土地改良を行って水田に利用。
●扇状地より下流は傾斜が緩やかで，川は**蛇行**しながら流れる。
…蛇行した川は，水量が増えると氾濫しやすい。
➡川を直線化する工事が全国で進む。
●川が海や湖に出るところは，低い土地に土砂が積もって**三角州**が発達。
…水が得やすいので水田に利用。都市も発達。
●海岸沿いの低い土地より一段高い平地は**台地**。
…水が得にくいので住宅地や畑に利用。周辺の低地は水田が多い。

教科書 p.155

確認 川がつくる地形の特徴について，教科書からまとめよう。
➡（例）川は土砂を運び，堆積した土砂は平らな土地となり，平地や盆地をつくる。山地から平地や盆地に出るところでは特に土砂が積もり，扇状地となる。川の河口では低い土地に土砂が平たく積もり，三角州となる。

表現 地形によって，土地の利用の仕方はなぜ違うのか，地形の特徴と農業を関連付けてまとめよう。
➡（例）扇状地のように傾斜があり水はけがよい土地では，湿気に弱い果樹の栽培が適し，低地のように水は得やすいが水はけが悪い土地では，水もちが大事な水田が適しているから。

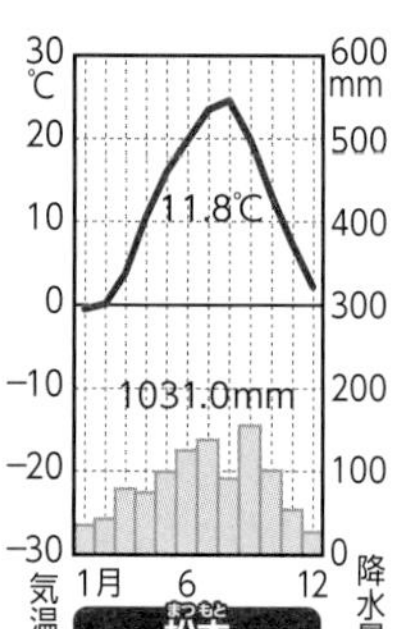
11.8℃
1031.0mm
松本

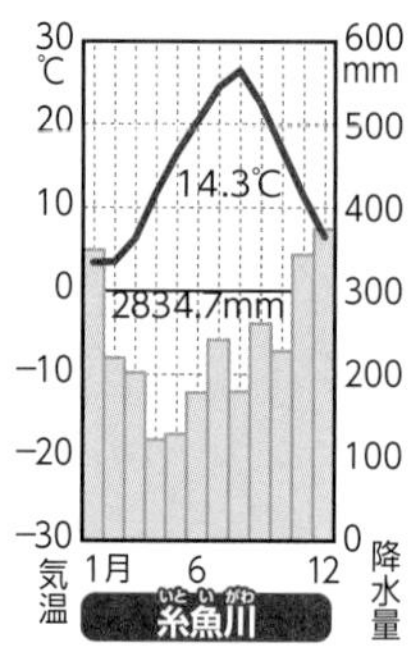
14.3℃
2834.7mm
糸魚川

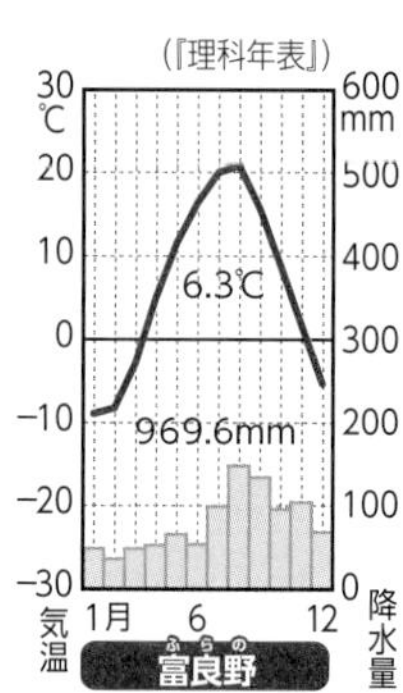
(『理科年表』)
6.3℃
969.6mm
富良野

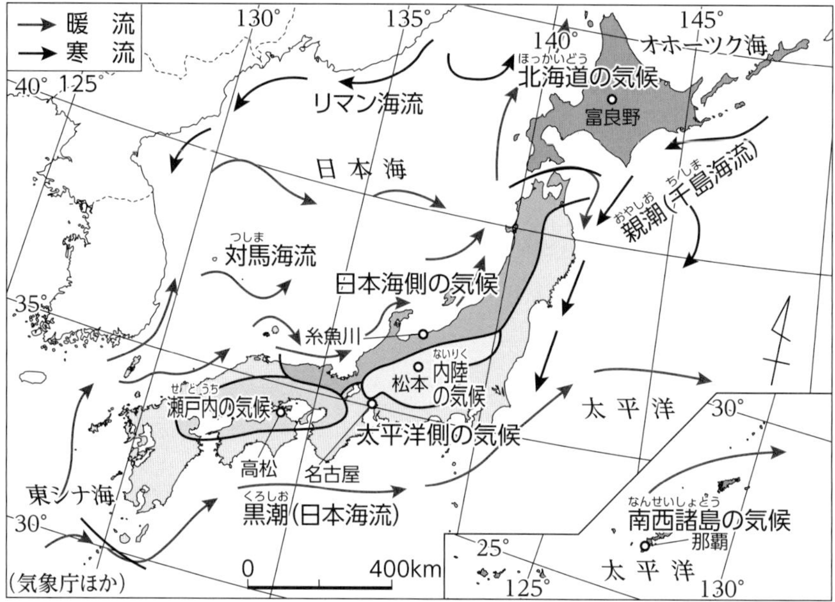
暖流
寒流
リマン海流
日本海
対馬海流
日本海側の気候
北海道の気候
富良野
オホーツク海
親潮(千島海流)
糸魚川
松本
内陸の気候
瀬戸内の気候
太平洋側の気候
高松
名古屋
東シナ海
黒潮(日本海流)
太平洋
南西諸島の気候
那覇
0 400km
(気象庁ほか)

▲日本の気候区分と海流

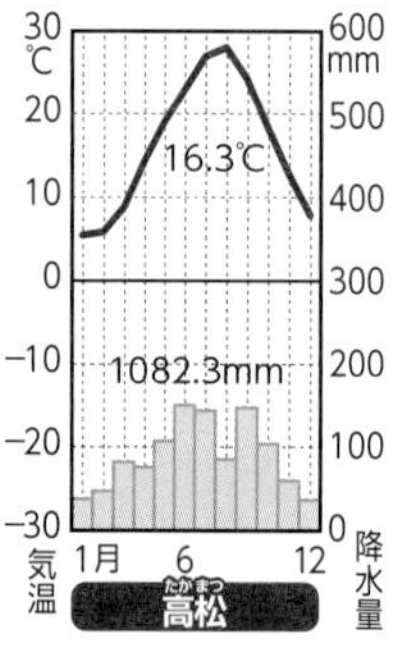
16.3℃
1082.3mm
高松

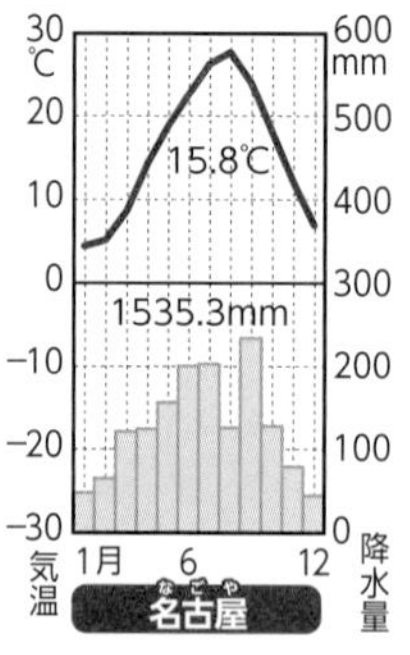
15.8℃
1535.3mm
名古屋

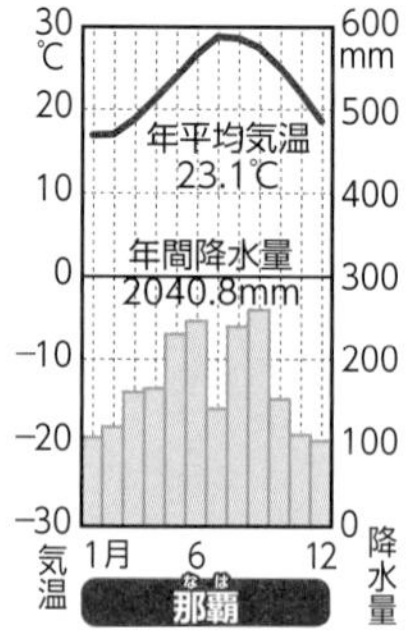
年平均気温
23.1℃
年間降水量
2040.8mm
那覇

季節風と日本の気候

- 日本列島は南北に長く，**季節風**（モンスーン）の影響で，多様な気候がみられる。
- 日本の大部分は温帯，南西諸島は熱帯に近く，東北地方と北海道地方は冷帯（亜寒帯）。
- 季節風…夏は南東（太平洋）から暖かく湿った風，冬は北西（日本海）から冷たく乾燥した風。
- 冬の季節風は，暖流が流れる日本海上で水分を含み，北海道地方と日本海側に雪をもたらす。

➡雪を降らせた後は，乾燥した風（からっ風）になり，太平洋側は乾いた晴天が続く。

- 以上より，日本の気候は，冬に雨や雪が多い**日本海側の気候**，冬に乾燥して晴れが多い**太平洋側の気候**に大別される。

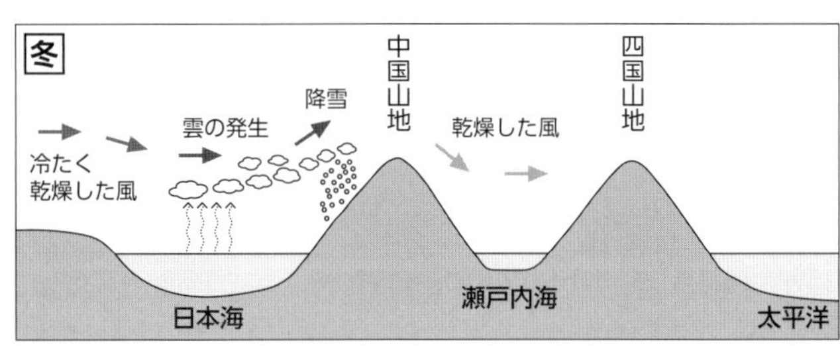

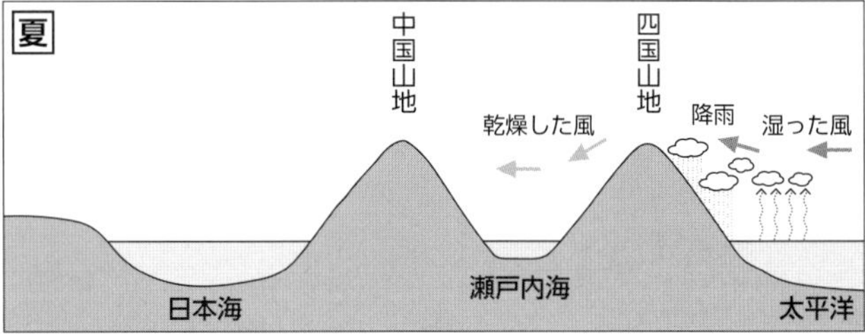

▲冬と夏の季節風

- さらに，年間を通じて雨が少ない瀬戸内海沿岸の**瀬戸内の気候**，内陸部の雨が少なく冬は冷え込む**内陸の気候**，冷帯の**北海道の気候**，熱帯に近い**南西諸島の気候**に区分される。

梅雨前線と台風

- 日本列島の大部分は，四季のある温帯に属し，世界の中でも降水量が多い。
- **梅雨**は，特に降水量が多い季節。

…南の温かい気団（小笠原高気圧）と北の冷たい気団（オホーツク海高気圧）がぶつかる境界に雨雲が生じて始まる。

- 梅雨前線は，まず５月ごろ南西諸島にかかり，北上して本州に停滞，７月下旬に弱まる。
- 夏から秋にかけて，日本は**台風**の進路になる。
- 台風は，日本の南方の熱帯地方で発生した低気圧が発達したもの。

…通常は，北海道付近で勢力が弱まるが，近年は北海道地方にも被害をもたらす。

教科書 p.157

確認 日本の六つの気候の特色について，気温に着目してまとめよう。

➡（例）太平洋側の気候を基準にすると，およそ次のことがいえる。北海道の気候は，冬の冷え込みが厳しく，夏はすずしい。日本海側の気候は，ほぼ同じだが，春ごろの気温は少し低めである。内陸の気候は，冬の気温が低い。瀬戸内の気候は，ほぼ同じだが，冬の気温が少し高い。南西諸島の気候は，冬も温かく，年間の温度差が少ない。

表現 夏と冬の季節風は，日本海側と太平洋側の気候にどのような違いをもたらすか，説明しよう。

➡（例）夏の季節風は，太平洋側に多くの降雨をもたらす。冬の季節風は，日本海側に降雪をもたらすが，一方で太平洋側に晴天と乾燥をもたらす。

5　自然災害に向き合う　さまざまな自然災害　(教p.158～159)

■地震と火山

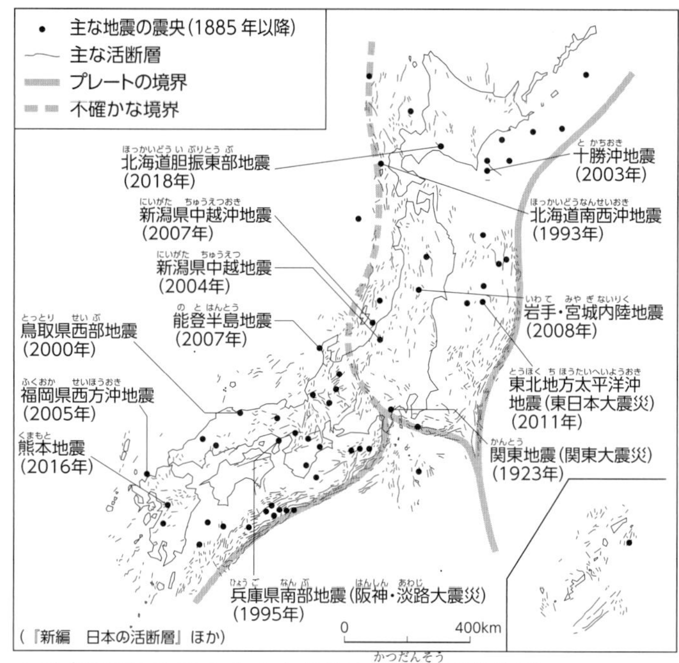

▲日本周辺で発生した主な地震と活断層の分布図

- 日本列島では**地震**と**火山**の活動で，大きな災害が起こる。
- 大きな地震が海底で起こると，**津波**が発生する。

…2011年3月の**東北地方太平洋沖地震**では，津波で大きな被害（**東日本大震災**）。

- 日本各地にある**活断層**

…1995年の**兵庫県南部地震**では大きな被害（**阪神・淡路大震災**）。

- 火山災害では，**噴火**による**溶岩**や火山灰の噴出のほか，熱いガスと火山灰などが流れる**火砕流**が生じる。

…1990年代の**雲仙岳**（**平成新山**）の噴火では火砕流による大きな被害。

■気象災害

- 大雨が多い日本では，**土砂災害**や水害が発生する。
- 山沿いでは，**崖崩れ**や，石や土砂が水と混ざって流れる土石流の被害。
- 川の中流や下流では，**洪水**による**浸水**被害。
- 雨や風などによる災害を気象災害という。

…気象災害にはそのほか，西日本では干ばつや水不足，**降雪量**が多い地域では**雪崩**や**吹雪**による災害（雪害）などがある。

➡干ばつや水不足に対しては，ため池をつくり，雪害に対しては消雪パイプや，ロードヒーティングで対応してきた。

教科書 p.159

確認　地震，火山，気象による自然災害の特色をまとめよう。

➡（例）地震…住宅の倒壊や火災を伴う。海底で起きれば津波が発生することがある。火山…溶岩や火山灰の噴出がある。火山灰や火山ガスが流れ下る火砕流が生じることがある。気象…大雨があると崖崩れや土石流，洪水などが起こる。降水がないと，干ばつや水不足が起こる。降雪が多いと，雪害が起こる。

表現　学校のある地域で，災害が発生した時にしなければならないことについて確かめよう。

➡（例）自分の身の安全を守る。不確かな情報（デマなど）に惑わされない。など

6 災害から身を守るために 防災から減災へ (教p.160〜161)

■災害予測の大切さ

●ハザードマップ…災害時の被害予測を示した地図。現在多くの県や市町村が作成。

●自然災害への対策は，人の力では完全におさえることはできず，できる限り被害を減らす**減災**の考え方が重要。

…東日本大震災の津波は，過去のものよりも大きかった。予測以上の被害が生じることがあることを考えておく必要。

■災害への支援と復興

●熊本地震（2016年４月）や西日本豪雨（2018年７月）では，被災者を支援するために全国から消防，警察，自衛隊が集まった。国内外のNPO団体やボランティアも支援活動を行った。

●自然災害時には，国や都道府県の取り組み（**公助**）だけでなく，同じ地域に暮らす人々による助け合い（**共助**）や，自分の身を自分で守ること（**自助**）も大切。

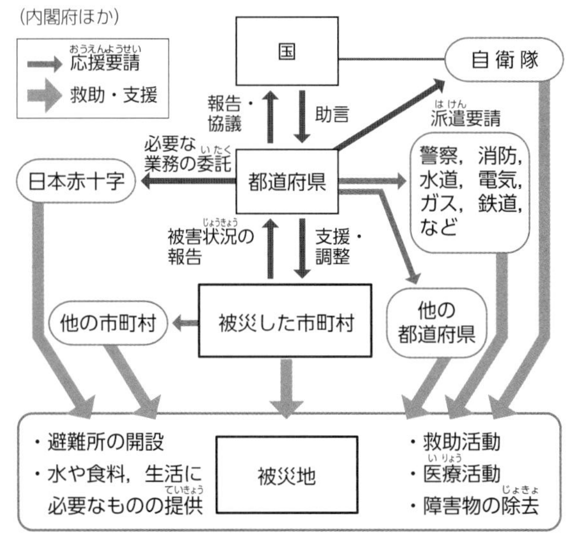

▲被災した地域を支援する公的なしくみ

読み解こう 教p.160

❶ランク３　❷川や海

教科書 p.161

確認 身近な地域のハザードマップを入手して，どんな災害を予測したものか確かめよう。

➡（省略）

表現 身近な地域で起きた災害を一つ選び，その記録を参考にして今後必要な対策をまとめよう。

➡（省略）

7 変化する人口 世界人口の増加と日本の少子高齢化 (教p.162〜163)

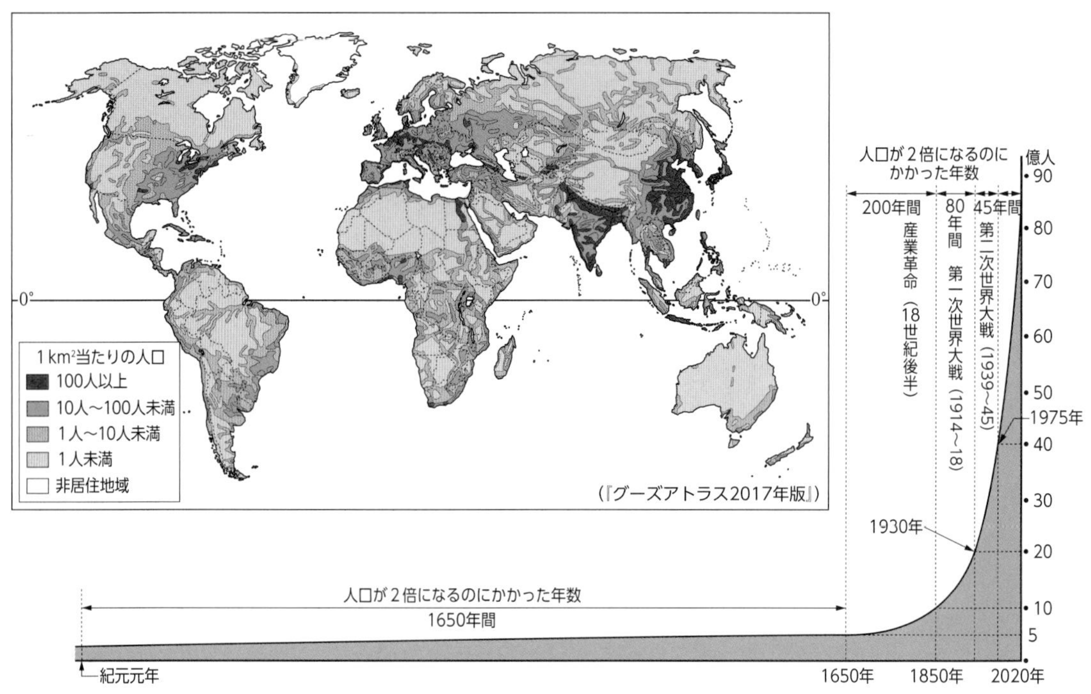

▲世界の人口密度と人口変化

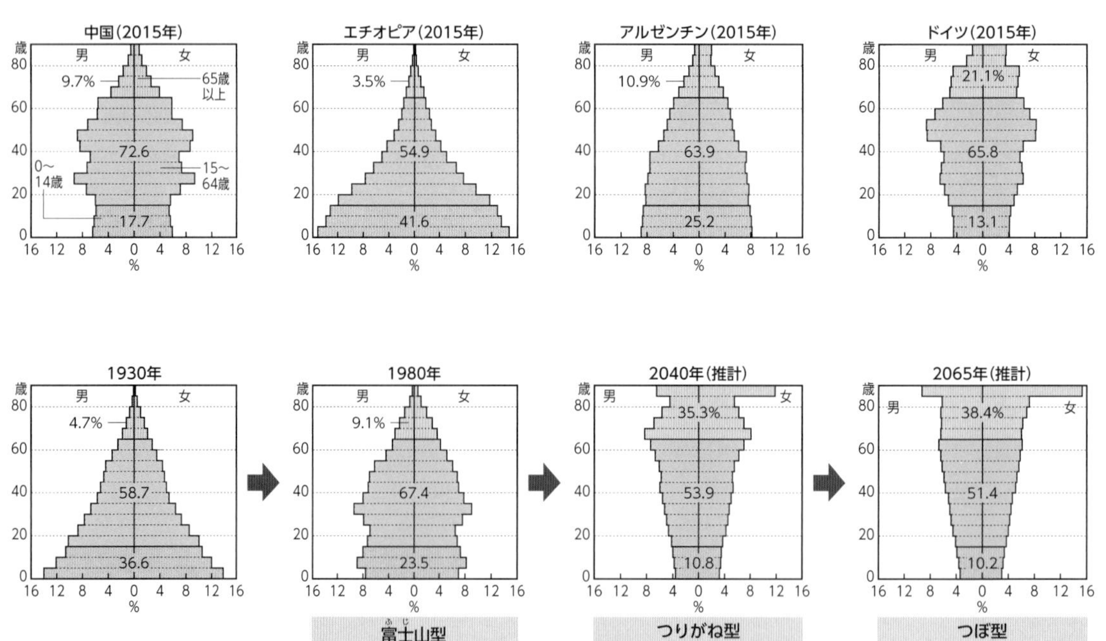

▲国別の人口構成（人口ピラミッド）の例（上）と日本の人口構成の変化（下）

■日本の人口

- 現在の日本の人口は，１億2600万人ほど（2019年）。

…2004年までは増加を続けた。

- 出生数は，二度の「ベビーブーム」の時期に増加した後，減少傾向にある。

■世界の人口の増加

- 現在の世界の人口は，77億1000万人（2019年）。

…20世紀後半は急速に人口増加（**人口爆発**）。

- 人口爆発は，アジアやアフリカなどの発展途上国で，医療などが改善された結果，高かった死亡率が低下した一方で，高い出生率に変化がなかったため生じた。

■日本で進む少子高齢化と人口減少

- 日本では，人口に占める高齢者の割合が増える**高齢化**が進む。

➡65歳以上の**老年人口**の割合が25％をこえている。

- 日本も含めた先進国では，出生率が死亡率を下回り，15歳未満の**年少人口**の割合が低下する**少子化**が進行している。

…日本の女性一人が生涯に産む子どもの数は，平均1.42（2018年）で，世界でも少ない。

➡日本は，世界の中でも**少子高齢化**が急速に進み，2065年には人口は9000万人を切り，老年人口の割合は40％近くになる（2017年推計）。

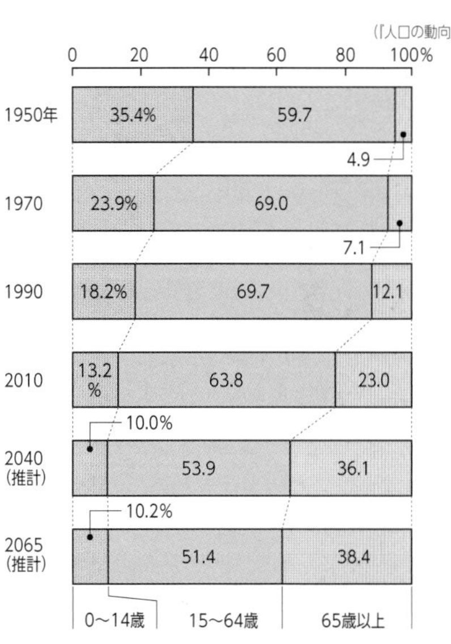

▲日本の年齢別の人口割合の変化

- 高齢化によって，医療・介護・年金などの社会保障費が増え，若い世代は負担増加。
- 少子化によって，**生産年齢人口**（15歳以上65歳未満）が減少し，経済の停滞が心配。
- 少子化への対策は，子育てしやすい社会づくり。

…女性の社会進出上の問題となっている，乳幼児の保育施設の不足解消を目ざす。

- 働き過ぎをなくし，仕事と生活の調和（**ワーク・ライフ・バランス**）を図ることも課題。

教科書 p.163

確認 人口爆発が起きた理由を説明しよう。

➡（例）もともと出生率と死亡率が高かった発展途上国において，医療などの発達により死亡率が低くなった一方で，出生率だけが高いままであったから。

表現 日本の人口は，どのように変化して，今後はどのようになると考えられるか，年少人口・老年人口の割合に着目してまとめよう。

➡（例）今後，年少人口の割合は少なくなる一方，老年人口の割合は増えるので，子どもを産む年齢の人口の割合は減っていき，そのため年少人口の割合はさらに減り，結果的に全体の人口も減っていく。

8 人口分布のかたよりがもたらす問題 過疎地域と過密地域 (教p.164～165)

■人口分布のかたより

●さまざまな条件のもと，世界の人口分布にはかたよりがある。日本は人口密度が高い。

■都市への人口移動

●日本国内でも人口分布にはかたよりがある。
…平野・盆地は人口が多い。特に東京，大阪，名古屋の**三大都市圏**で，日本の総人口の半数。
●人口分布のかたよりは，主に人口移動が原因。
…1960年代以降の高度経済成長期に，農村から大都市圏に多くの人が移り住む。
➡三大都市圏や，札幌，仙台，広島，福岡などの**地方中枢都市**の人口が大幅に増加。

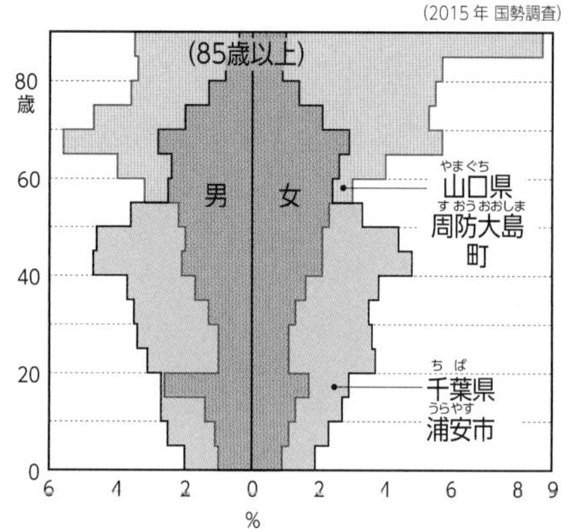

▲過疎の地域と過密の地域の年齢別人口構成

■人口が減っていく地域での問題

●人口流出した農村では，**過疎**が問題。
…学校の統廃合，商店や病院がなくなる，公共交通機関の減便・廃止。
➡人口流出。地域社会の維持に支障。
●過疎地域では，老年人口の比率が高く，子育て世帯が少ないので，今後さらに人口減。

■人口の増えた都市での問題

●都市部への人口集中で，**過密**による問題。
…住宅不足，交通渋滞，騒音，ごみ処理など。
●東京圏では，郊外の地価の高さや，暮らしやすさを考え，新幹線などで長距離を通勤・通学する人も多い。
●都心では，夜間人口が減る**ドーナツ化現象**で，商店街などの衰退が問題に。
➡近年では，都心や周辺で再開発が進み，人が戻ってくる都心回帰もみられるように。
●高度経済成長期に開発されたニュータウンは，50年たち急速に高齢化。
●今後は**人口減少**が進み，都市部でも人口減。
…市街地の郊外への拡大をおさえ，都市機能を中心部に集める，**コンパクトシティ**に注目。

教科書 p.165

確認 過疎・過密という語句について，どのような状態なのかまとめ，書き表そう。

➡〔過疎〕人口の流出が進み，生活に必要な施設や公共交通機関の便数などが減り，そのことがよりいっそうの人口流出をまねき，地域社会の維持が難しくなっている状態。〔過密〕都市部へ人口が集中し，地価の高騰や，渋滞や騒音，ごみ処理などの問題を引き起こしている状態。

表現 都市では，過密という問題に対し，どのように対応しようとしているのか，事例を調べてまとめよう。

➡（例）朝の通勤電車の混雑緩和のために，時間差で通勤することをよびかけるなどして，人の活動が一度に集中しないための努力が行われている。

9 輸入に頼る資源・エネルギー　資源やエネルギーを取り巻く問題（教p.166〜167）

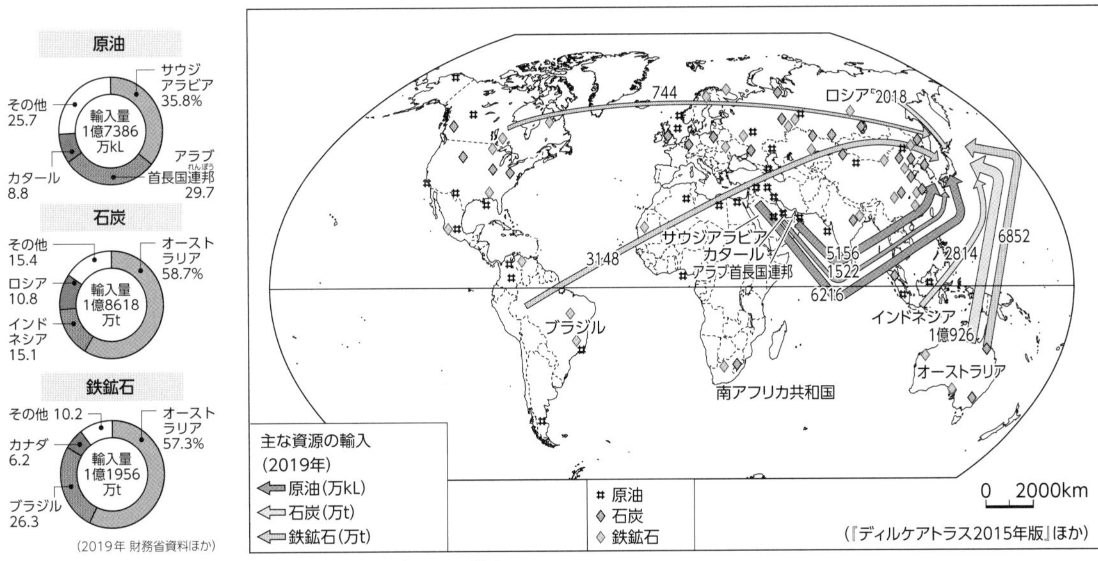

▲日本が輸入する主な資源の輸入先

▲世界の鉱産資源の分布

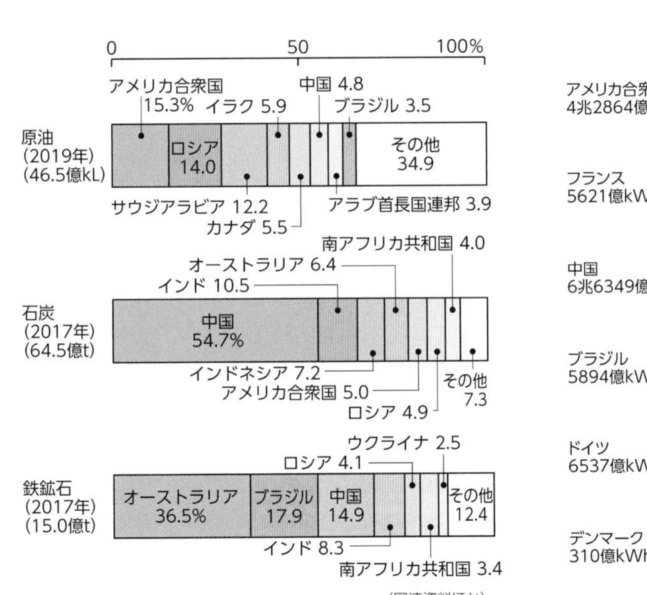

▲原油・石炭・鉄鉱石の国別生産割合

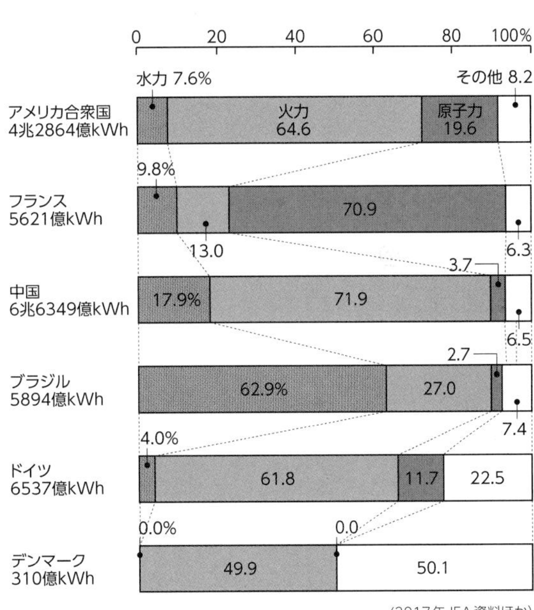

▲主な国の発電量の内訳

■利用できる資源

●資源やエネルギーを使う生活。

…日本は，原油や石炭，天然ガスなどの化石燃料のほとんどを輸入に頼る。

●鉄鉱石や金，銅などの鉱産資源も，採算の面などで操業可能な鉱山は限られている。

●シェールガス，メタンハイドレートなどの新しい鉱産資源が注目されている。

■限りある資源

●資源には限りがあるが，人口増加と経済発展にともない，消費量は増加の一途。

➡大量の二酸化炭素が発生し，**地球温暖化**なども進んでいる。

…資源の有効活用，環境保全と経済発展を両立させる**持続可能な社会**の実現が課題。

■簡単ではない電力の問題

●近年，エネルギーを**電力**にして利用することが多い。

●日本における発電方法…**水力発電**が中心だったが，電力需要の増加で**火力発電**が増加。

➡1970年代の**石油危機**をきっかけに**原子力発電**が増加。

➡2011年の**東日本大震災**で，原子力発電所が事故を起こし，一時はすべて運転中止。

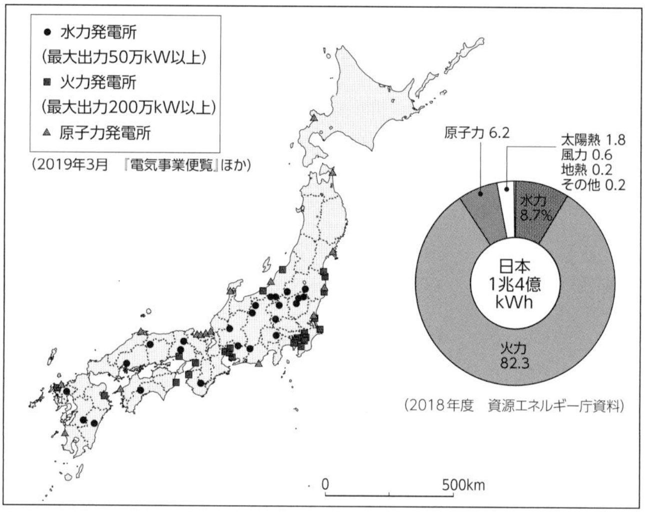

●水力発電所や原子力発電所は，電力消費が多い大都市から離れた地に立地している。

●火力発電は，地球温暖化の原因になる二酸化炭素を排出するという問題がある。

● 水力発電所（最大出力50万kW以上）
■ 火力発電所（最大出力200万kW以上）
▲ 原子力発電所
（2019年3月 『電気事業便覧』ほか）
0 500km

原子力 6.2
太陽熱 1.8
風力 0.6
地熱 0.2
その他 0.2
水力 8.7%
火力 82.3
日本 1兆4億kWh
（2018年度 資源エネルギー庁資料）

▲日本の主な発電所の分布と，日本の発電量の内訳

■電力に関する新たな動き

●**再生可能エネルギー**による発電が進められている。

…太陽光，風力，水力，地熱・太陽熱，生物資源に由来する**バイオマス**。

➡これらの発電には，発電量の安定性や費用などの問題。

教科書 p.167

確認 資源を輸入に頼るのはなぜだろうか，書き出そう。

➡（例）日本では採れる量が少なく，採掘も難しいため，採算が合わず輸入した方がよいから。

表現 今後，日本が必要とするエネルギーをどのように確保したらいいか考え，話し合おう。

➡（例）再生可能エネルギー発電の施設を増やし，電力の安定的な供給ができるようにする。

10 日本の産業活動と立地 産業ごとに異なる立地

(教p.168〜169)

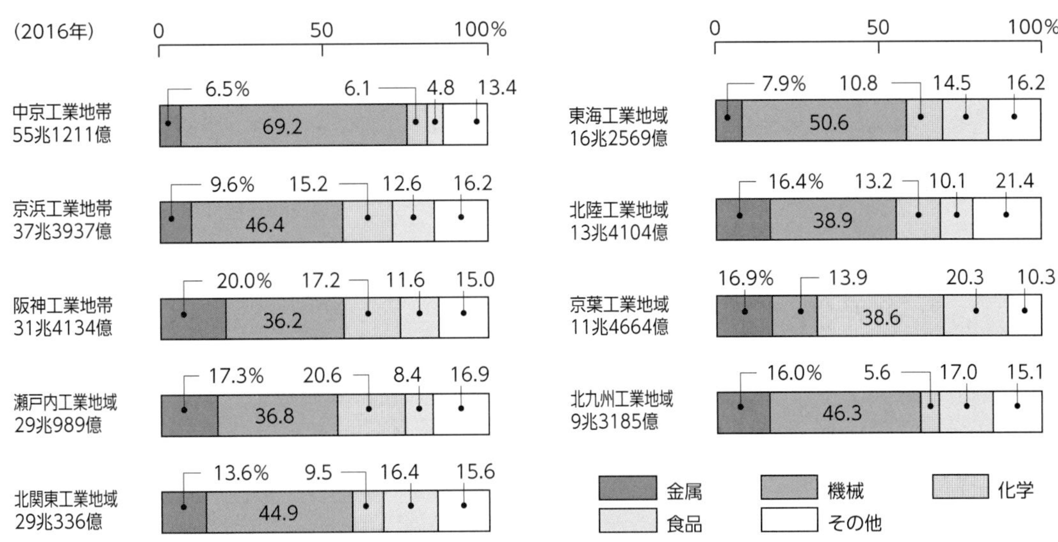

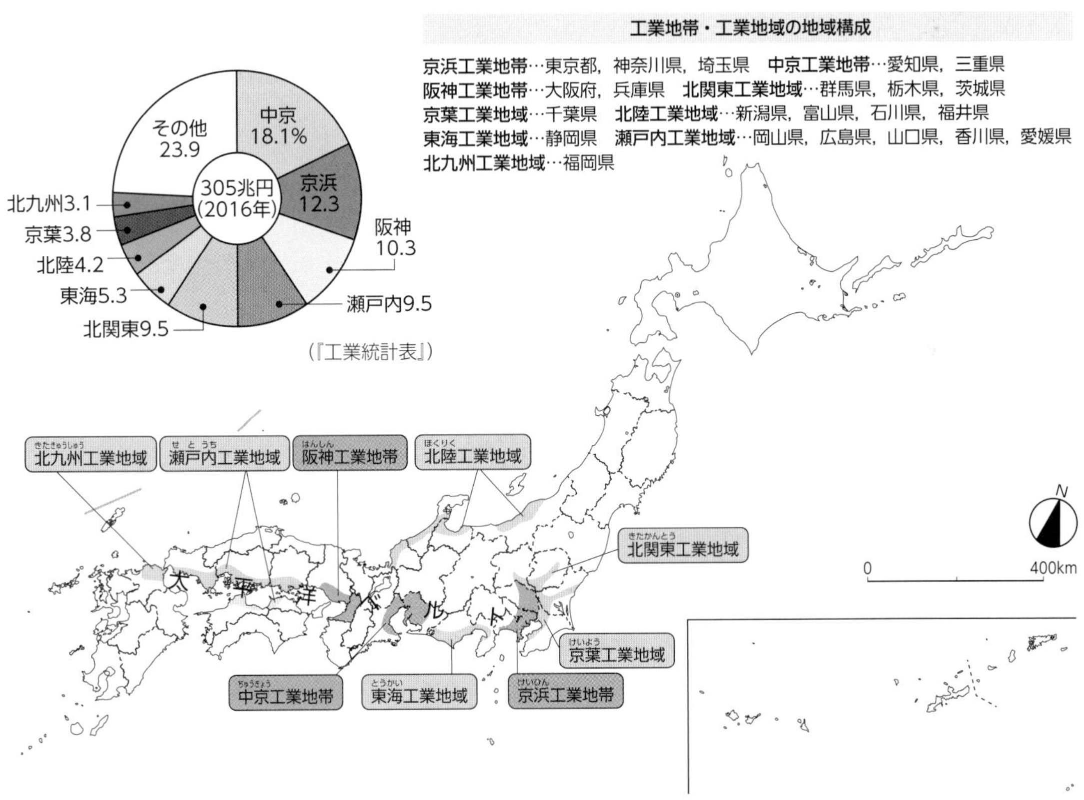

▲日本の工業地帯・工業地域と出荷額の割合

■農業とその立地

● **第一次産業**…人間が直接自然にはたらきかけて行う生産活動。農業が代表。

● 日本の農業は，家族主体の農家ごとの小規模な経営が特徴的。

➡**貿易の自由化**が進み，国内より低価格の農産物が輸入されると，経営が厳しくなる。

● 農業は，高齢化や後継者不足なども深刻な問題。

● 農業で働く人は，大都市から離れた地方に多い。

	第一次産業	第二次産業	第三次産業
1930年	49.9%	20.3	29.8
1950年	48.6%	21.8	29.6
1970年	19.3%	34.0	46.7
1990年	7.1%	33.3	59.6
2010年	4.0%	23.7	72.3
2019年	3.3%	23.2	73.5

(国勢調査ほか)

第一次産業…農業，林業，漁業
第二次産業…鉱業，建設業，製造業
第三次産業…電気・ガス・水道業，情報通信業，運輸業，卸売業，小売業，金融業，保険業，宿泊業，飲食サービス業，生活関連サービス業，教育，学習支援業，医療，福祉など

▲日本の産業別人口構成の移り変わり

■工業とその立地

● **第二次産業**…原材料を採掘したり，加工したりして製品をつくる産業。工業が代表。

● 日本の工業は，関東地方から九州地方北部にかけての**太平洋ベルト**に集中。

…太平洋ベルトは，原材料の輸入や製品の出荷に便利な場所。

➡現在では内陸部へ工場が進出し，中部地方や東北地方の南部で工業で働く人が多い。

● 工場が賃金の安い海外へ移転したり，**貿易摩擦**を避けるために海外での生産が増える。

➡国内の工場数や工業で働く人が減少（**産業の空洞化**）。

■第三次産業とその立地

● **第三次産業**…輸送業，商業，情報通信業，サービス業，学校や病院など，直接生産活動を行わない産業。

● 映像・音楽・ゲーム・漫画などに関わる産業は，コンテンツ産業とよばれる。

…海外からも注目，産業の規模も成長している。

● コンテンツ産業は大都市圏に集中する。

…アイデアや技術は多くの人が関わることで生まれ，制作には多くの労働者が必要。

● コンテンツ産業などが集中すると，そこで働く人々のための飲食店なども集中する。

➡第三次産業で働く人は全体の７割。東京に産業と人口が集中する**一極集中**が進んでいる。

教科書 p. 169

確認 第一次産業・第二次産業で働く人が減少した理由について，まとめよう。

➡(例)農業をはじめとする第一次産業においては，貿易の自由化によって安い海外の農産物が輸入され，国内の農産物が売れなくなったため　など。工業をはじめとする第二次産業においては，安い賃金や貿易摩擦などの理由で海外に多くの工場が移転し，産業の空洞化が進行したため　など。

表現 第三次産業の発達と，労働人口が増える関係について話し合い，まとめよう。

➡（例）第三次産業は人口が多い大都市を中心に発達し，そこで働く人々も地方から集まってくるため，労働人口がふえる。

11 交通・通信による結びつき 結びつきを強める世界と日本 (教p.170~171)

■国境を越えて行き来する人やもの

●日本と世界は，航空交通と海上交通で結びつく。

…新鮮さが大事な食品や，軽くて高価なものは航空輸送。重いものは海上輸送。

●日本は世界の国々と貿易を行う。

…身の回りには海外から輸入されたものがたくさんあり，日本は自動車などの工業製品を多く輸出。

●海外との間で人々の移動も増えている。

…近年，東アジアからの観光客が増加し，外国へ行く日本人よりも日本を訪れる外国人の方が増えた。

●羽田空港や成田空港は，韓国の仁川空港とともに，乗り継ぎの拠点（ハブ空港）の地位を競っている。

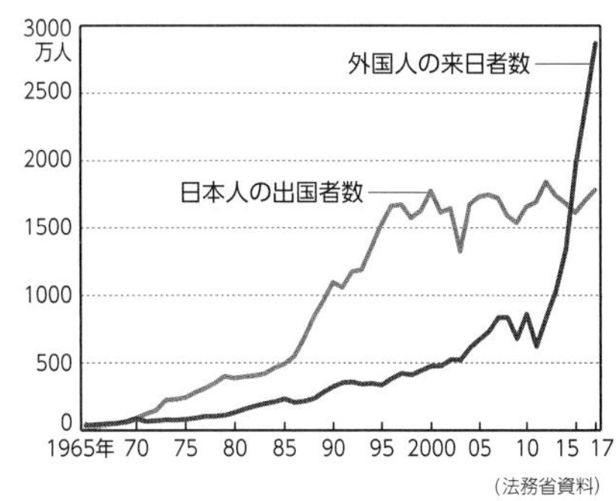

▲日本人の出国者数と外国人の来日者数の移り変わり

■日本国内の交通

●高度経済成長期以降，新幹線・高速道路・空港などの高速交通網が整備された。

…太平洋ベルトでは早い時期から高速交通網が産業の発展を支えた。

➡全国的に高速交通網が整備され，東北地方や九州地方では高速道路のインターチェンジや空港の近くに工業団地がつくられている。

●大都市圏では鉄道や公共交通機関が発達。大都市圏以外では高度経済成長期以降に普及した自家用車が主な移動手段。

…過疎地域では鉄道や路線バスの廃止や減便が進む。

●国内の貨物輸送は主にトラック。

…運転手不足や排出ガスの環境問題から，鉄道や船を見直す動きもある。

■行き交う情報

●インターネットや情報通信技術（ICT）の発達により，情報のやり取りも活発化。

…海外とは海底通信ケーブルや通信衛星を利用した通信。

●インターネットによる通信販売が一般化するなど，ICTで暮らしは大きく変化。

教科書 p.171

確認 日本と世界はどのような手段で結びついているか，人，もの，情報に分けてまとめよう。

➡人…航空交通，海上交通。　もの…航空機や船舶を使った貿易。　情報…インターネットなど。

表現 鉄道による東京・大阪間の所要時間の変化について調べて，簡単な年表にまとめよう。

➡（例）1964年　東海道新幹線開業。従来の特急で約６時間30分から約４時間に

1965年　スピードアップで，３時間10分に

1992年　「のぞみ」の導入などで，２時間30分に

2007年　N700系の導入で，２時間25分に　（科学技術館webサイトより）

学習のまとめと表現（教p.172）

第2章の学習を振り返って整理しよう

❶ワードチェック

□**環太平洋造山帯**（→教p.150）…大地の活動が活発な造山帯のうち，太平洋を取り巻くように連なる部分。

□**アルプス・ヒマラヤ造山帯**（→教p.150）…大地の活動が活発な造山帯のうち，アルプス山脈からヒマラヤ山脈を通り，インドネシアに連なる部分。

□**フォッサマグナ**（→教p.152）…日本の本州中央部の糸魚川市－松本市－静岡市を結ぶ線（糸魚川－静岡構造線）を西の縁として，地面が大きく落ち込んだところ。大きな溝という意味。

□**平野**（→教p.154）…地面が広範囲に低く平らになっているところ。川の流れによって削られてできた浸食平野と，川や海からの土砂が積もってできた堆積平野に分かれる。

□**扇状地**（→教p.155）…川が山地から平地に流れ出るところ（谷口）に，川によって運ばれた岩や石などが積もってできた扇の形をした地形。

□**三角州**（→教p.155）…川が海や湖などに流れ込むところ（河口）に，砂や粘土が積もってできた地形。

□**季節風（モンスーン）**（→教p.156）…地球的な規模で吹く風の一つ。季節によって風向きが逆になる風で，夏は海洋から大陸へ，冬は大陸から海洋へ吹く。

□**日本海側の気候**（→教p.156）…日本の気候区分の一つ。冬に雨や雪が多いのが特徴。

□**太平洋側の気候**（→教p.156）…日本の気候区分の一つ。冬は乾燥し，夏は雨が多いのが特徴。

□**瀬戸内の気候**（→教p.157）…日本の気候区分の一つ。雨が少なく乾燥し，温暖なのが特徴。

□**内陸の気候**（→教p.157）…日本の気候区分の一つ。雨が少なく，冬の冷え込みが厳しいのが特徴。

□**北海道の気候**（→教p.157）…日本の気候区分の一つ。冷帯に属する北海道で見られ，冬の冷え込みが大変厳しい。

□**南西諸島の気候**（→教p.157）…日本の気候区分の一つ。熱帯に近い南西諸島でみられ，年中高温で，夏から秋の降水量が多い。

□**台風**（→教p.157）…日本・フィリピンをはじめとする，東アジア・東南アジアなどに暴風雨をもたらす熱帯低気圧。

□**地震**（→教p.158）…地中の岩石が急にずれ動き，地面に振動をもたらす現象。

□**火山**（→教p.158）…地中のマグマが地表に出ることで生じる盛り上がった地形。

□**津波**（→教p.158）…海底や海岸地形の急激な変化によって発生する波。

□**減災**（→教p.160）…災害への対策として，ある程度の被害は見こしたうえで，できる限り被害を減らすように取り組むこと。

□**公助・共助・自助**（→教p.161）…災害時の取り組みとして，国や都道府県の支援は公助，同じ地域に暮らす人々による助け合いは共助，自分の身を自分で守ることは自助という。

□**人口爆発**（→教p.162）…人口が短期間で急激に増加すること。

□**高齢化，少子化**（→教p.162）…総人口のうち，65歳以上の老年人口の割合が増えることを高齢化，15歳未満の年少人口の割合が減ることを少子化という。

□**三大都市圏**（→教p.164）…東京，大阪，名古屋の三大都市と，それらの都市に日常的に仕事や買い物に行ける範囲の周辺地域を合わせたもの。

□**地方中枢都市**（→教p.164）…日本の各地方において，人口が多くその地方の中心的な役割を果たしている都市。

□**過疎，過密**（→教p.164）…人口が著しく減少し生活が維持できなくなるほど衰退することを過疎，人口が集中しすぎて人口密度が高くことを過密という。

□**資源**（→教p.166）…生活や産業活動のために使われる材料のこと。特に，石油や石炭など，発電や重工業に必要なものを指すことが多い。

□**地球温暖化**（→教p.166）…地球上で発生した二酸化炭素などの温室効果ガスにより，気温が上がるなどの気候変化が起きること。

□**持続可能な社会**（→教p.166）…環境破壊をともなう開発が行われると，今の子どもたちの世代が大人になった時に困るため，そうならない範囲で環境を利用する社会。

□**電力**（→教p.167）…電気によるエネルギー。

□**再生可能エネルギー**（→教p.167）…なくなる心配がなく，永続的に使うことができるエネルギー。

□**第一次産業**（→教p.168）…自然にはたらきかけて富を得る産業で，農業，林業，牧畜業，水産業など。

□**第二次産業**（→教p.168）…原材料を採掘したり，第一次産業で得られた原材料から製品を生み出す産業で，製造業，建設業，鉱業など。

□**太平洋ベルト**（→教p.168）…日本の工業が早くから発達した，関東から九州北部にかけての帯状の地帯。

□**第三次産業**（→教p.169）…第一次産業，第二次産業に入らない金融業，小売業，サービス業など。

□**貿易**（→教p.170）…国（地域）と別の国（地域）とで行われる商品の売買。

□**情報通信技術（ICT）**（→教p.171）…インターネットなどを使った情報と通信に関する技術の総称。

❷地図を使って確かめよう。

① ①アルプス・ヒマラヤ　②環太平洋

② a．環太平洋　b．地震　c．気象災害

③ d．1億2600万　e．少子　f．高齢　g．第三

❸表現しよう。

① （例）夏は，季節風が南東から暖かく湿った風として吹くので，北海道以南の日本は蒸し暑くなる。特に太平洋側は，雨が多い。冬は，季節風が北西から冷たく乾燥した風として吹くが，暖流が流れる日本海上で水分を含むため，北海道地方と日本海側に雪をもたらす。雪を降らせた後は，乾燥した風（からっ風）になり，太平洋側は乾いた晴天になる。

② （例）新幹線や高速道路は，まずは高度経済成長期に当時重工業が盛んであった東京や大阪などの大都市を通り，その後地方中枢都市を通るように整備された。

❹意見を交換しよう。

（省略）

第３章　日本の諸地域　①　九州地方

1　多様な自然がみられる地域　九州地方をながめて

（教p.176～177）

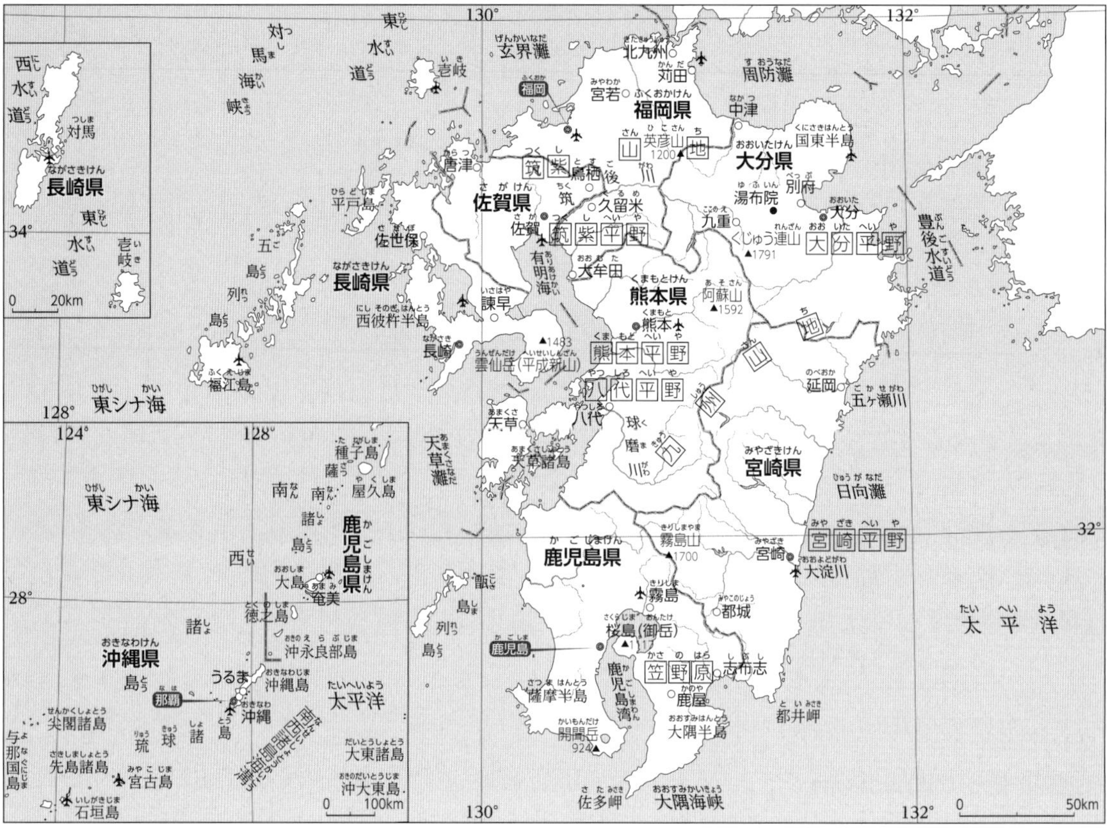

▲九州地方の各県

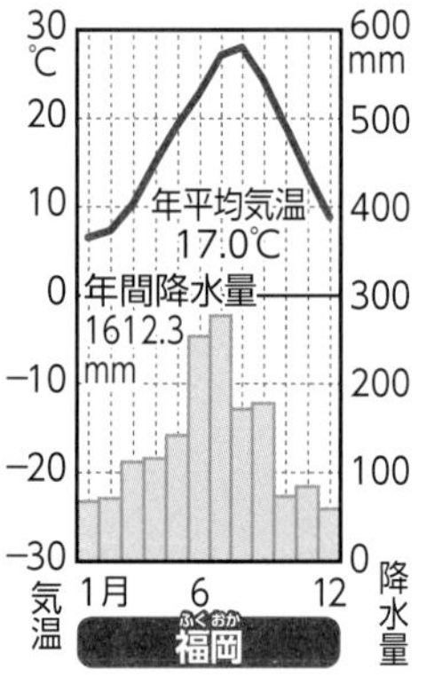

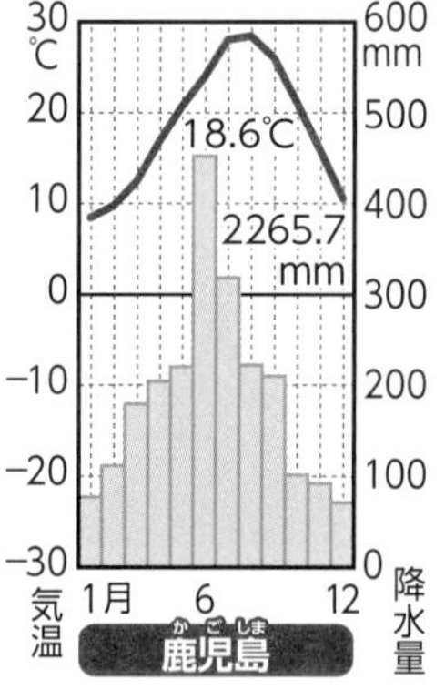

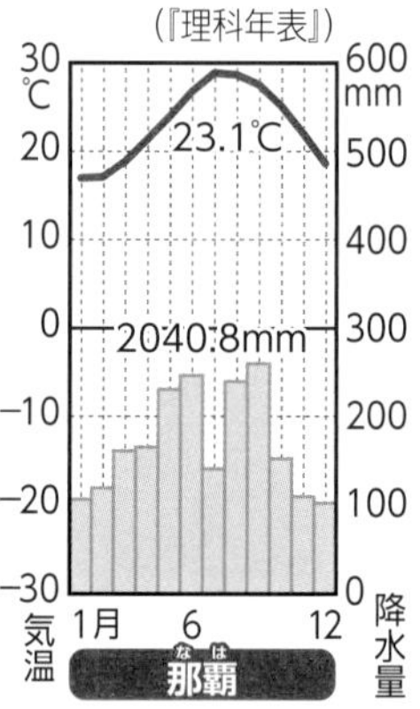

■九州地方の位置と外国との関係

●長崎県対馬は朝鮮半島に近く，沖縄県与那国島は台湾に近い。

…九州地方は，外国に近いため古代から外国との交流の窓口。

●福岡市…九州地方の中心都市。韓国のプサン（釜山）と高速船で結ばれ，クルーズ船の寄港も増加。福岡空港には東・東南アジアの主な都市と定期路線があり，多くの観光客が訪れる。

▲九州地方の位置

■特色ある地形

●九州中央部には巨大な**カルデラ**をもつ阿蘇山。その北側に筑紫山地，南側に九州山地。

●阿蘇山からは筑後川，白川が流れ，下流には筑紫平野，熊本平野が広がる。これらの川が注ぐ有明海には砂や泥できた干潟が広がる。

●九州北西部や対馬にはリアス海岸。

●九州南部から連なる南西諸島には，さんご礁が発達。

■温暖な気候と台風の通り道

●温暖な気候…暖流の黒潮（日本海流）と対馬海流の影響。

●九州北部…冬は日本海からの季節風を受け，雪が降ることがある。

…春先にはユーラシア大陸からの風で多くの黄砂がもたらされる。

●九州南部や南西諸島…多くの台風が接近し，夏から秋にかけて雨が多いので災害になることがある。

●屋久島は，特に降水量が多く，また高低差が大きいので自然が多様で豊か。

➡1993年**世界遺産**に登録。

教p.176資料１〈Q〉

大阪まで500km，東京まで900km，ソウルまで500km，シャンハイまで900km，ペキンまで1400km。
福岡市から対馬間…120km，対馬から朝鮮半島間…60km

教科書 p.177

確認　教科書p.176資料１から，福岡市とソウル，シャンハイ，ペキンの各都市との距離に近い，日本の各都市を書き出そう。

➡（例）福岡市とソウル間の距離に近い…大阪　福岡市とシャンハイ間の距離に近い…東京　福岡市とペキン間の距離に近い…札幌

表現　九州地方の気候に影響を与えるものについて本文から書き出そう。

➡火山，黒潮，対馬海流，季節風，黄砂，梅雨，台風など

2 火山とともに暮らす 自然を利用する暮らしの工夫 (教p.178～179)

■火山が集中する九州地方

●雲仙岳…1990年に噴火。火砕流により多くの犠牲者。溶岩によって平成新山が誕生。

●霧島山の新燃岳…2011年の噴火で，窓ガラスが割れるなどの被害。

➡火山の噴石，ガス，地震は大きな災害の原因となる。

●しかし，カルデラなどの地形は国立公園や観光地にもなり，九州に温泉が多いのは火山のおかげ。

➡大分県の別府温泉や由布院温泉は国際的な観光地。温泉水や地熱を発電にも利用。

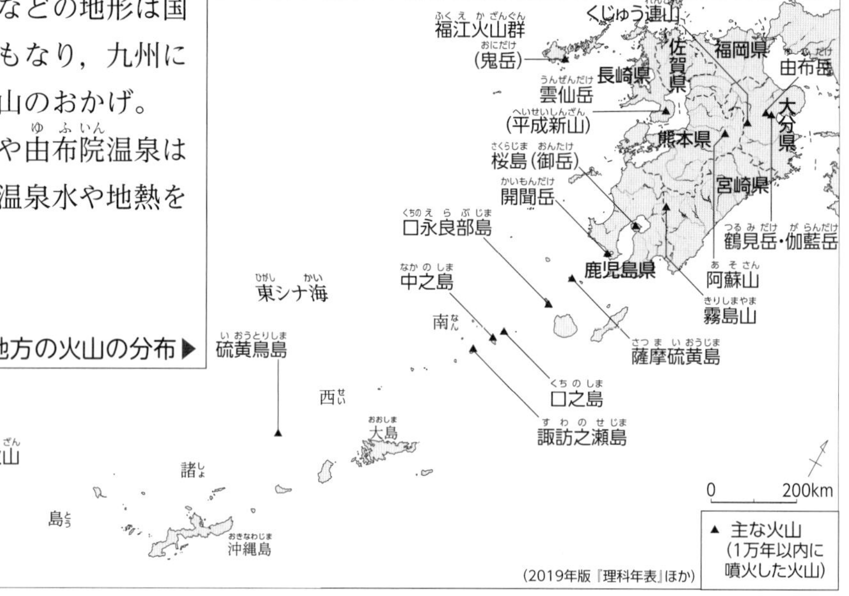

九州地方の火山の分布▶

■シラス台地と人々の暮らし

●シラス台地…九州南部に広がる火山灰が堆積した台地。

…水を確保しにくく，農地が開発できなかった。

●鹿児島市…古くからの市街地は台地に囲まれた低地にあったが，台地上で宅地開発が進むと，崖ぎわや傾斜地にも住宅を建てた。

➡シラス台地の崖は，雨が降ると崩れやすいので，県や市は，崖ぎわの建築について規制したり，移転を支援。

●地域の災害危険度を住民に知らせる**ハザードマップ**や防災ガイドブックも作成。

読み解こう 教p.179

❶（例）南西諸島から島伝いに連なって分布している。

❷（例）プレートの境目である南西諸島海溝に沿って火山活動が活発であるため。

教科書 p.179

確 認 九州地方の火山に関連する観光地を調べて，特色をまとめよう。

➡（例）阿蘇山の草千里ヶ浜…火山の火口跡が広大な草原となっている。

表 現 「災害」と「活用」の２つの語句を使って，九州地方の人々の生活と火山活動との関わりについて説明してみよう。

➡（例）九州地方には多くの活火山があり，火山活動による災害も他地域に比べて多く見られるが，人々は温泉や地熱発電など，火山のエネルギーを有効に活用して生活や産業に役立てている。

3 特色ある自然と多様な農業 気候を生かした農業 （教p.180〜181）

■気候を農業に生かす工夫

- 九州北部（筑紫平野）の稲作…冬でも暖かいので，冬に小麦や大麦などを栽培し，その収穫後の６月に田植え（二毛作）。
- 沖縄県（石垣島）の稲作…２月に田植えをして６月に収穫，その後また田植え（二期作）。その他，さとうきびやパイナップル栽培も盛ん。
- 九州南部（宮崎平野）の稲作…二期作がみられたが，1960年代より裏作で野菜を栽培するように。

➡現在は**施設園芸**が盛んで，冬に都市部へきゅうりやピーマン，温室マンゴーなどを出荷。温暖なので温室を暖める燃料費が安くすみ，生産費を低くおさえられる。

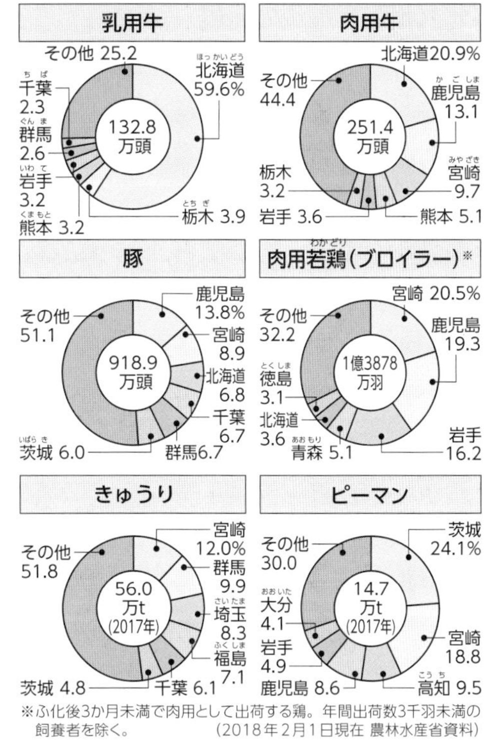

▲家畜・野菜の都道府県別の生産割合

■畜産の盛んな九州南部

- 九州地方の農業…（かつて）米の生産が中心

➡（現在）**畜産**の割合が高い。

- 鹿児島県や宮崎県，熊本県…肉用牛，豚，肉用若鶏の飼育が盛ん。
- 鹿児島県…戦後，笠野原などでかんがい設備。畑作と畜産が発展。

➡高度経済成長期以降，肉類の消費量が増え，家畜の飼育が普及。同時に，アメリカ合衆国からの飼料用のとうもろこしの輸入増加。

- 志布志港は穀物輸入が多く，埠頭の周りに保管用の施設や飼料工場が集まる。
- 近年，肉質重視の飼育に注目

➡伝統的な地鶏をもとに開発された肉用若鶏は広々とした環境で通常より長い４～５か月かけて飼育。

…**地域ブランド**商品にして，商品をより高い価格にするため。

教科書 p.181

確認 九州地方の農業の特色について，気候と関連付けてまとめよう。

➡（例）温暖なので昔から二毛作や二期作が盛んだった。現在では，裏作として野菜を栽培したり，熱帯地方の果実の施設園芸などが盛んである。

表現 九州地方の農畜産物について地域ブランドを調べ，県ごとにまとめよう。

➡（省略）

4 工業の移り変わりと環境保全 変化する九州地方の工業 (教p.182～183)

■北九州工業地域の発展

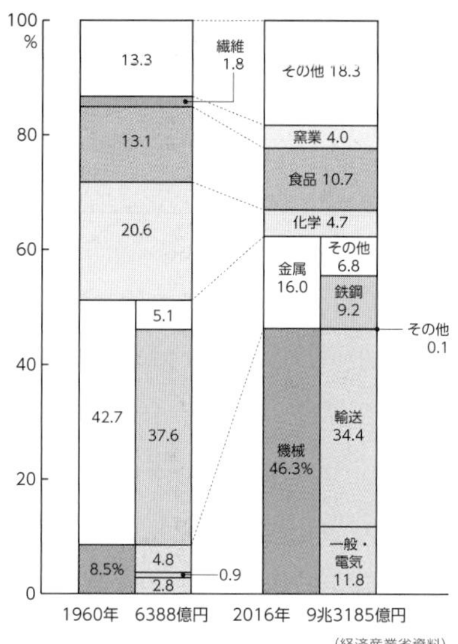

▲福岡県の工業生産の変化

●官営八幡製鉄所…1901年，洞海湾に面した官営八幡製鉄所が鉄鋼の生産を開始。筑豊炭田の石炭，中国からの鉄鉱石を用いて，戦前は日本の鉄鋼の半分以上を生産。

➡製鉄所を中心に，福岡県北部では鉄鋼業，セメント工業が発達。

●1960年代，高度経済成長を背景に鉄鋼生産は伸びたが，大気汚染や洞海湾の水質悪化などの公害。

➡市民による環境改善運動で，北九州市や企業は公害対策。公害対策や省エネルギーの技術開発が進む。

●1960年代，主要エネルギーが石炭から石油に変わる**エネルギー革命**が進み，他地域での製鉄におされたため，**北九州工業地域**の全国の工業生産における地位は低下。

➡現在の北九州市は，「環境未来都市」に選ばれ，公害対策の技術に基づいて，エネルギーや資源，廃棄物を循環させて利用する環境関連産業の発展を目ざす。響灘の埋め立て地には，家電部品から銅やアルミなどを回収する工場，リサイクル工場などが集まる。

…「廃棄物ゼロ」を目ざして，リサイクル工場から出された廃棄物を使った発電も行う。

■変わる九州の工業都市

●九州地方の工業都市…戦前より発展してきた。

…大牟田市や水俣市，延岡市（化学工業），久留米市（ゴム工業），長崎市や佐世保市（造船業）。

●1960年代，熊本市に**集積回路（IC）**工場が進出し，その後，新たな電子部品工業が発展。

●自動車工場…1970年代，石炭の積み出し港だった苅田港近くに進出。宮若市（福岡県），中津市（大分県）にも進出。九州は「カーアイランド」ともよばれ，アジアへの輸出も盛ん。

➡電気自動車の開発にともなって，自動車産業と半導体産業の関係を強める動き。

教科書 p.183

確認 九州地方で工業が盛んな都市と，そこで盛んな工業をまとめよう。

➡（例）北九州市…鉄鋼　久留米市…ゴム工業　長崎市や佐世保市…造船　熊本市…集積回路　苅田町，宮若市，中津市…自動車工業　など

表現 北九州市の主な工業はどのように変わってきているかまとめよう。

➡（例）かつては八幡製鉄所における製鉄が主な産業だったが，近くの炭田の閉鎖や他地域との競合のため全国的な地位は低下し，現在ではリサイクルをはじめとする環境関連産業に力が入れられている。

5 さんご礁の海を守る 沖縄県の観光開発と環境保全 （教p.184〜185）

■さんご礁が広がる沖縄の海

●さんご礁…海にすむ生物のさんごが集まってつくる地形。水温が高くきれいな海の浅瀬にみられる。沖縄県の観光資源。

…多くの生物のすみかになって豊かな漁場をつくるとともに，激しい波から海辺を守る。

■沖縄の歩みと産業

●琉球王国…現在の沖縄県と鹿児島県の奄美群島からなる。中国や朝鮮半島，東南アジアなどと貿易を行い，独自の文化を築く。

➡江戸時代に薩摩藩の支配を受け，明治時代に日本に編入。

●第二次世界大戦末期…住民を巻き込んだ激しい地上戦。

➡戦後はアメリカ軍（米軍）の軍政が続くが，1972年に日本に復帰。しかし，今でも日本にある米軍基地の面積の４分の３が沖縄県に集中。

●観光開発…日本への復帰後，国や県が力を注ぐ。沖縄県は観光産業や米軍基地に関連する産業，その他のサービス業など第三次産業に従事する人の割合が高い。

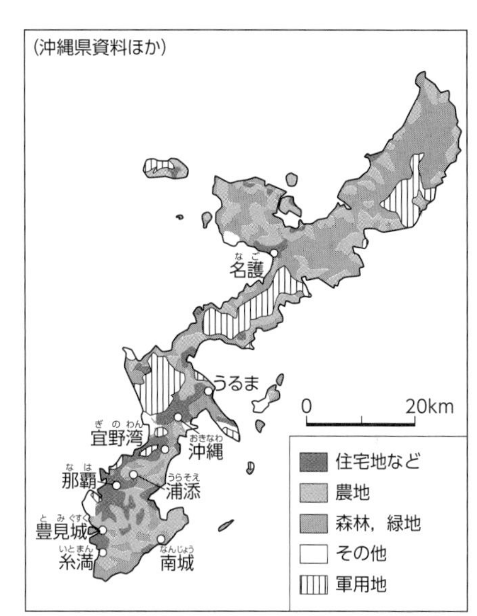

▲沖縄島の土地利用

■増える観光客

●沖縄県の観光資源…暖かい気候とさんご礁の海，ヤンバルクイナなどの沖縄固有の動物，琉球王国時代から続く伝統芸能や工芸，食文化など。

●赤土の流出…大型ホテルやゴルフ場，道路や空港，港湾が建設・整備された結果。

➡さんごに被害。1994年に県が赤土流出を防止する条例を制定。

…農地からも赤土の流出が深刻なため，農地の周囲に植物でグリーンベルトをつくる。

●エコツアー…ホームステイで島の暮らしを体験。沖縄の自然について学習し，海岸の清掃にも参加。

教科書 p.185

確認 沖縄県の観光地としての魅力や見どころを調べて，書き出そう。

➡（例）美しい海，食べ物，独自の歴史と文化　など

表現 沖縄の自然環境とその保全についてまとめよう。

➡（例）さんご礁に被害をおよぼす赤土の流出が問題となっており，1994年に赤土流出を防止する条例を制定した。現在では農地からの赤土流出を防ぐため，農地の周囲に植物を植えるなどの対策が採られている。

学習のまとめと表現（教p.187）

九州地方の学習を振り返って整理しよう

❶ワードチェック

□**カルデラ**（→教p.176）…火山の火口が落ちくぼんでできた地形。

□**世界遺産**（→教p.177）…1972年にパリのユネスコ総会で採択された国際条約に基づき，人類共通の遺産として，次の世代に受け継いでいくべき文化遺産及び自然遺産のこと。世界で約1000件，日本には22件の世界遺産が登録されている（2018年）。

□**火山**（→教p.178）…地下のマグマが地表に噴出してできる盛り上がった地形。

□**地熱**（→教p.178）…地球内部がもっている熱。

□**シラス台地**（→教p.178）…南九州での火山の噴火物が積もってできた台地。

□**ハザードマップ**（→教p.179）…自然災害による被害を予測し，その範囲を地図化したもの。

□**施設園芸**（→教p.180）…温室やビニールハウスなどの施設で行われる園芸の農業のこと。

□**畜産**（→教p.180）…家畜を飼育し，その肉，乳，卵，毛などを利用する農業。

□**北九州工業地域**（→教p.183）…北九州市を中心とした工業が盛んな地域の一帯。工業統計では，福岡県のものを用いることが多い。

□**エネルギー革命**（→教p.183）…1960年代に主要エネルギー源が，石炭から石油に移り変わったこと。

□**集積回路（IC）**（→教p.183）…コンピューターなどに使用される，トランジスタやコンデンサ，ダイオードなどの素子をシリコン基板の上につけて，さまざまな機能をもたせた電子回路。

□**さんご礁**（→教p.184）…さんごが集まってつくりあげた地形。

□**琉球王国**（→教p.184）…15世紀から19世紀まで沖縄本島を中心に栄えた国。中国や日本などと貿易を行った。17世紀の初めの薩摩藩による侵攻から日本の政治介入が始まり，1879年に明治政府によって正式に沖縄県として日本に組み入れられた。

❷地図を使って確かめよう。

① ①筑紫　②筑紫　③有明　④雲仙　⑤阿蘇　⑥筑後　⑦九州　⑧熊本　⑨八代　⑩宮崎　⑪桜島　⑫種子　⑬屋久　⑭沖縄　⑮与那国

② （例）シラス台地は，火山噴出物が積もってできた台地であり，もろく水はけがよすぎる性質がある。そのため水田をつくるのには向かず，主に畑として利用されてきた。

③ a．八幡製鉄所　b．重　c．高度経済成長　d．大気汚染　e．エネルギー革命　f．省エネルギー　g．エネルギーや資源，廃棄物

❸表現しよう。

① （例）大宰府跡…現在の福岡県にあった大宰府は，古くから大陸との窓口となっていた。
山城・水城…７世紀の白村江の戦いの後，唐や新羅の侵攻に備えて大宰府を守るために，砦である山城や，堀となる水城がつくられた。
元寇防塁跡…13世紀後半に元軍が来襲した際に，防御のための石垣がつくられた。など

② （例）温暖な気候を利用した，野菜の生産や，南国の果物の施設園芸がみられる。また，畜産が盛んで，地域ブランド商品をつくることで畜産物の価格向上を工夫している。

❹意見を交換しよう。

（省略）

第3章　日本の諸地域　②中国・四国地方

1　人口分布のかたよる地域　中国・四国地方をながめて　(教p.190〜191)

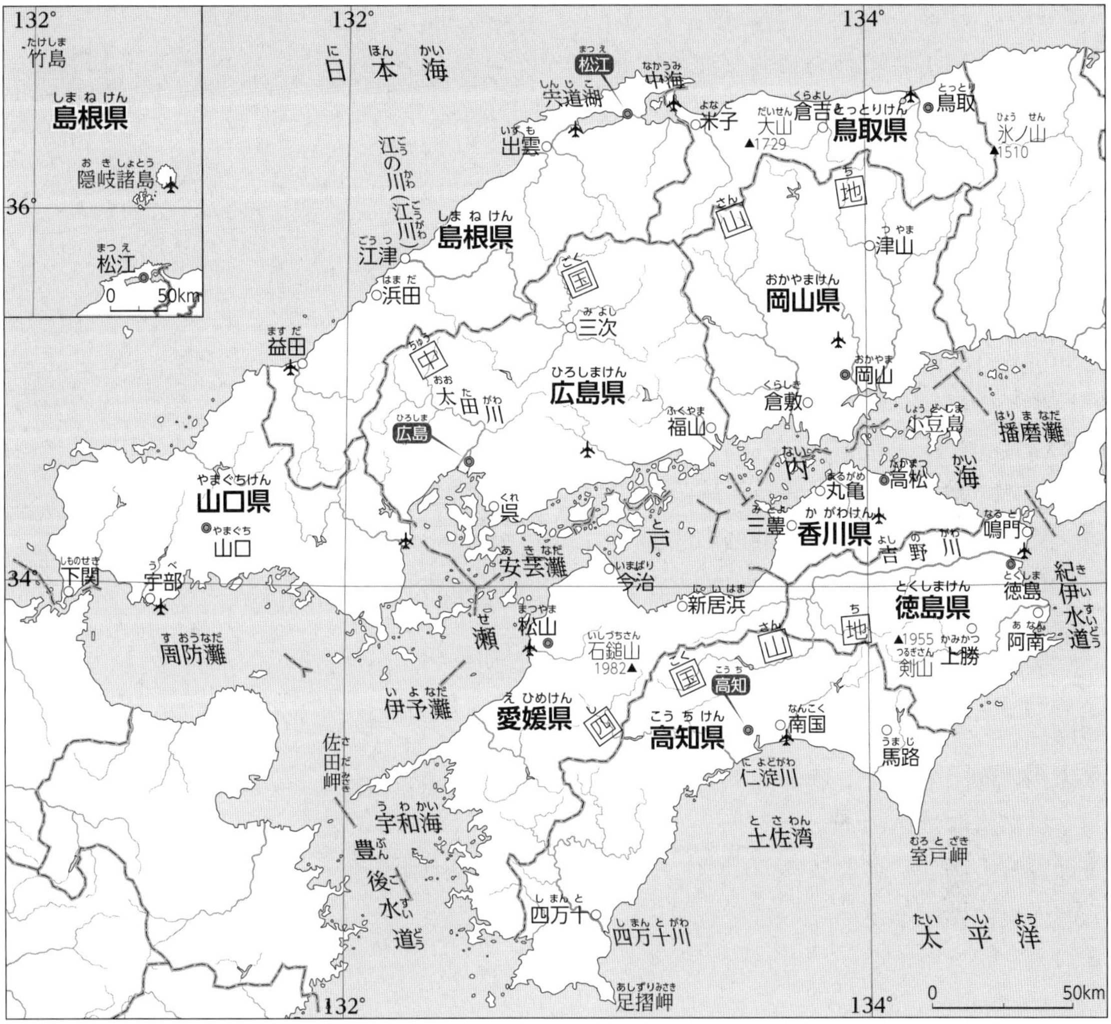

▲中国・四国地方の各県

(『理科年表』)

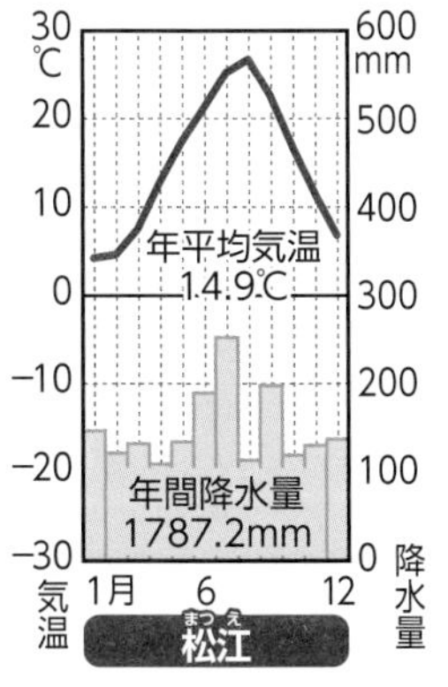

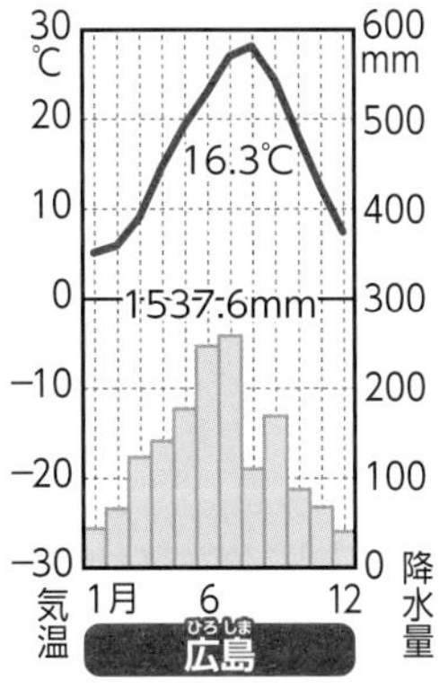

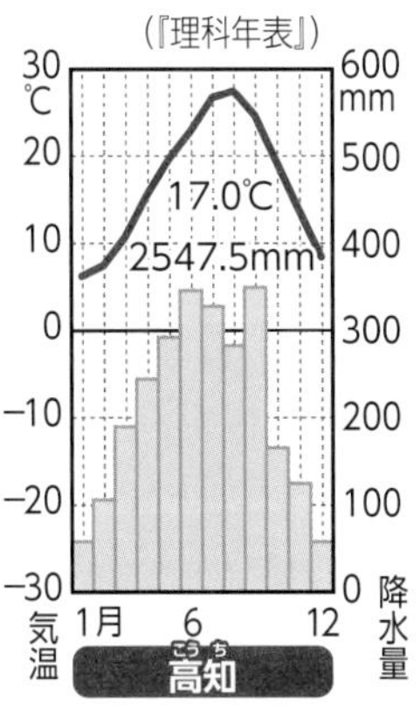

■瀬戸内に集中する都市と人口

- 中国・四国地方は，瀬戸内海を間に挟んで，南側に**四国地方**，北側に**中国地方**。
- 三つの地域…日本海側の**山陰地方**，**瀬戸内地方**，太平洋側の**南四国地方**。
- **瀬戸内海**は，古くから重要な海路。**港町**が発達。干潟や砂浜では，干満差と晴天が多い気候を生かした塩の生産が盛んだった。
- 明治時代に鉄道ができると，大陸への玄関口となる九州地方への交通路に沿って都市が発達。
- 戦後，高度経済成長期には，鉄鋼や石油化学などの工業が発達。

➡瀬戸内海沿岸の都市が大きく成長。

➡一方，中国山地や四国山地の山間部，山陰地方，南四国地方からは，人々が労働力として地方に流出。人口減少でさまざまな問題。

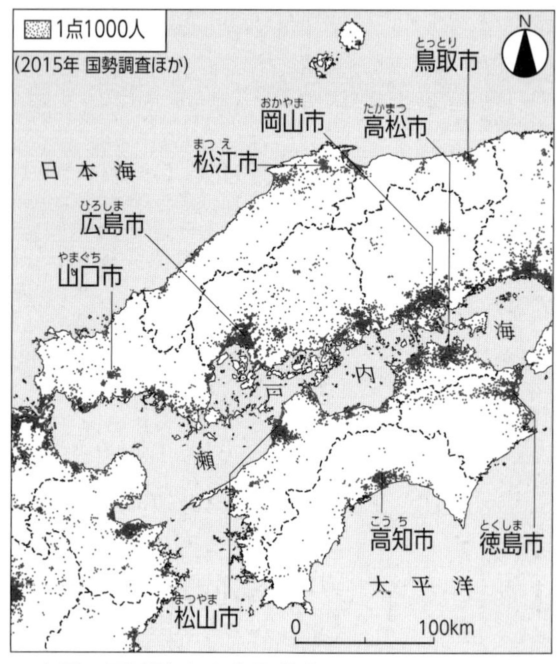

▲中国・四国地方の人口分布

■山と海に挟まれた気候

- 太平洋側…一年中温暖で，夏の季節風の影響で降水量が多い。夏から秋にかけて，しばしば台風が通過。
- 瀬戸内…南北にある二つの山地に季節風がさえぎられるので，一年中降水量が少なく温暖。夏には水不足になることも。
- 日本海側…東部では，季節風の影響で冬は雪が多く気温も低い。

教科書 p. 191

確認 中国・四国地方を，日本海側，瀬戸内，太平洋側の三つに分けている山地を二つ書き表そう。

➡中国山地，四国山地

表現 中国・四国地方の自然と人口の特色を三つの地域ごとにまとめよう。

➡（例）〔山陰地方〕自然…冬は季節風の影響で雨や雪が多い。　人口…人口が集中している地域は日本海沿いにみられるが，範囲はあまり大きくない。

〔瀬戸内地方〕自然…一年中降水量が少なく温暖。夏には水不足になることもある。　人口…瀬戸内海に面している地域に人口が集中。

〔南四国地方〕自然…一年中温暖で，季節風の影響で夏の降水量が多い。　人口…高知市に人口が集中しているが，そのほかは人口集中している地域はみられない。

2　中国・四国地方の中心　広島市　地方中枢都市の発達　（教p.192〜193）

■城下町から発達した街

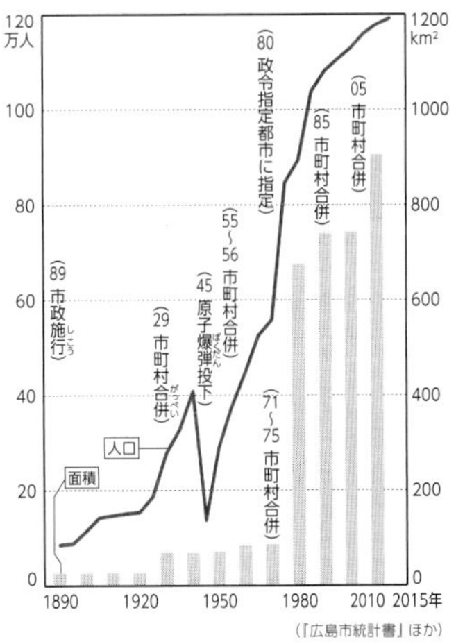

▲広島市の人口･面積の変化

●広島市…大名の毛利輝元が，太田川下流の三角州を干拓して広島城を築く。江戸時代には浅野氏の城下町。

➡明治時代に広島県がおかれて，埋め立てが進み，港も整備。

➡日清戦争の時期，大本営や帝国議会が一時おかれた。

…しだいに軍事都市としての性格をもつようになった。

■軍都と原爆，そして復興

●**原子爆弾**（原爆）…1945年８月６日に投下。爆心地から半径約２kmの地域は建物がほぼ全壊し，その後数年で約20万人が死亡。

●第二次世界大戦後の復興…道路や橋の整備から始まる。

➡市内中心部を東西に走る「平和大通」を整備。

●1970 年代，周辺の町村を合併。1980年に**政令指定都市**。

➡東京や大阪に本社をおく企業が，中国・四国地方での仕事のために必要な支店や支社を広島におくように。

➡**地方中枢都市**としての性格がますます強まる。

■進む都市化と課題

●広島市の市街地…市内の三角州から周辺の丘陵地，太田川などの川沿いに拡大。

➡**都市化**が進むと，ごみ処理場や水の確保，交通渋滞などの問題。

●三角州は地盤が弱く，地下鉄に適さないため今も路面電車が走る。

●2014年８月の集中豪雨…近年宅地化の進んだ北部の山間部で土砂災害。

●2018年７月の西日本豪雨…川の流域や海岸部で浸水や土砂災害。

●平和記念公園…原爆ドームは1996年に世界文化遺産に登録。

➡広島市は，世界中の人々が訪れる国際平和都市として核兵器の廃絶を発信している。

教p.192資料２〈Q〉
1940年から50年にかけて人口が大きく減ったのは原子爆弾で町が破壊されてしまったため。1980年に面積が大きく増えたのは，その前に大規模な市町村合併が行われたため。

教科書 p.193

確認　広島市の人口と面積が大きく変わったきっかけを書き表そう。

➡（例）人口が大きく減ったきっかけは，原子爆弾で町が破壊されてしまったこと。面積が大きく増えたきっかけは，市町村合併が行われたこと。

表現　第二次世界大戦の前後で，広島市の都市の性格がどのように変化したのかをまとめよう。

➡第二次世界大戦終結の前までは，軍事的に重要な施設がおかれたりしたが，第二次世界大戦終結後は，復興の結果，中国地方の中枢都市となった。

3 人口減少と地域の悩み 過疎による地域の課題 (教p.194～195)

■人口減少による地域の変化

● 中国山地の農家…盆地や谷間の水田は狭く，副業として牛を飼い，山林で炭を焼くなどして暮らしてきた。

● 1960年代からの高度経済成長期…瀬戸内海沿岸の工業地域や近畿地方へ若い世代が流出。

➡ その後も農村では若い世代が減って，人口に占める高齢者の割合が高まり（**高齢化**），深刻な社会問題に。

■過疎問題とは

● **過疎化**…地域の人口が著しく減少。学校の統廃合，バスの便数が減少。

➡ 高齢者の多い山間部では，商店や医療機関が減るなど，生活するための条件が整わなくなる。

● 農林業で働く人が減ると，森林や水田の維持・管理ができない。

➡ **耕作放棄地**が拡大。

● 中国自動車道の開通…中国地方の山間部は都市との交通の便が改善。工場や流通センターなどが進出。

➡ 人々の都市での買い物が増え，地域の商業活動は衰退。

■平成の大合併と地域社会

● 山間部の市町村…著しい人口減少。人口の半数以上が，65歳以上の高齢者が占める集落も。

● 地方議会の議員に立候補する人がおらず，議会の維持が困難に。

● **平成の大合併**…1999年から始まる。人口の減少している市町村を合併，財政の負担を減らすことが目的。

…2015年までに，全国の市町村数は約3230➡約1720へと減少。

➡ 公共施設が統廃合された結果，住民の負担が増加したり，中心部への距離が遠くなるなどの問題。

読み解こう 教p.195

❶（例）瀬戸内地方の県庁所在地やその周辺，松江市の周辺。

❷（例）どちらも内陸や都市部から離れた海岸部の地域で人口の減少がみられ，地形としては平地が少ない地域である。

教科書 p.195

確認 市町村合併の目的と問題点をまとめよう。

➡（例）目的…自治体の財政負担を減らす。 問題点…住民の負担の増加や，中心部への距離が遠くなるなど，行政サービスの質の低下が挙げられる。

表現 過疎化や高齢化の進行で，何が問題となるのか，まとめよう。

➡（例）過疎化が進行すると，交通機関の便数が減り，商店や医療機関がなくなるなど，生活が困難になる。また，高齢化が進行すると，地域活動の維持が困難になる。

4 地域おこしの知恵 過疎対策と地域おこしの工夫や努力 (教p.196〜197)

■地産地消の地域おこし

●新たな産業…特産品や温泉の開発で産業をおこし，地域の雇用や，観光に役立てる過疎地域もある。

●**地産地消**…地域で生産したものをその地域で消費すること。

●**六次産業化**…生産から加工，販売までを地域で行う考え方。

■馬路村のゆず栽培

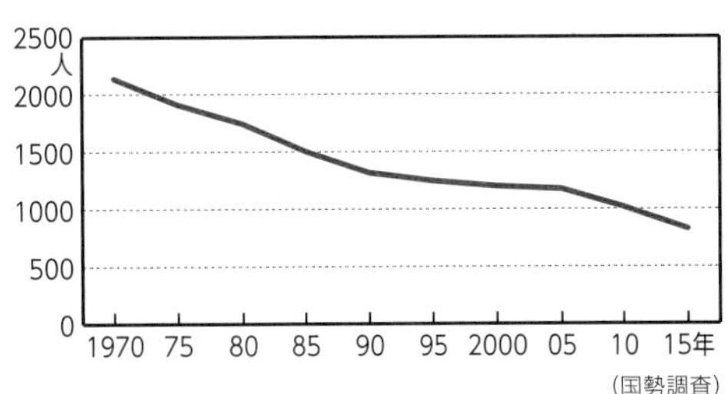

▲馬路村の人口の変化

●高知県馬路村…高知県東部に位置，森林が村の面積のほとんど。古くから林業が中心的な産業。

➡1960年代以降，輸入材で林業は衰退，村は過疎化。

➡地元の農業協同組合（JA）は，ゆずの販売について研究。1988年にゆずジュースを発売。

➡村の名前をアピールでき，「安心・安全」といった商品イメージを広めることに成功。

➡独自のキャラクターの製作，インターネット販売を中心にするなどして，ゆずジュースは村の特産品に。**地域おこし**の成功例。

■上勝町の「つまもの」ビジネス

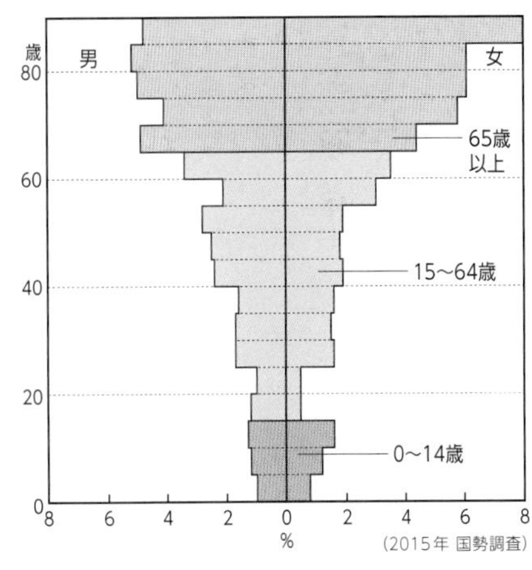

▲上勝町の人口構成

●徳島県上勝町…標高1000m以上の山々に囲まれた山間部に位置。林業とみかん栽培が主産業。

➡1981年の冷害でみかんに打撃。

➡1986年，JA元職員が日本料理にそえる木の葉や野草の「つまもの」の商品開発に着目，地域の野山に生えている野草を全国の料亭や旅館に売り始める。

➡やがて注文が来はじめ，現在では会社をつくって，300種類をこえる「つまもの」を生産販売。高齢者も参加し，収入を得る。

●生産者の顔が見えるような地元の産物や，地域にある資源を見つめ直すことが地域おこしの出発点。

教科書 p.197

確認 馬路村や上勝町では，どのような地域活性化の取り組みが行われているか，書き表そう。

➡馬路村では，ゆずジュースを製造・販売している。上勝町では，「つまもの」を生産・販売している。

表現 馬路村と上勝町が特産品を開発できた理由をまとめよう。

➡（例）地場産で良質なものにこだわり，産地としてアピールすることを重視したため。

5 人口の変化と交通網の発達 交通網の整備と地域の変化 (教p.198～199)

■進む交通網の整備

●東西方向の交通路は，整備が早くから進んだ。

…山陽新幹線は1975年に全線開業，高速道路は1983年に中国自動車道，1997年に山陽自動車道が開通。

●中国地方と四国地方とは，フェリーや高速船で結ばれていた。

➡**本州四国連絡橋**の三つのルートが整備。

●児島－坂出ルート…1988年の**瀬戸大橋**の完成によって開通。本州と四国が鉄道・道路で初めて結ばれる。

●神戸－鳴門ルート…1985年の淡路島と四国を結ぶ大鳴門橋，1998年の本州と淡路島を結ぶ明石海峡大橋の完成によって開通。

●尾道－今治ルート…1999年に開通。

➡三つのルートがすべて完成。

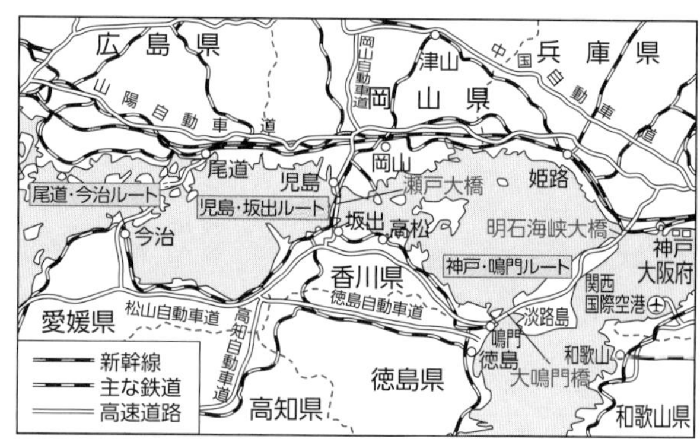

▲本州四国連絡橋のルート

■人々の生活や地域の変化

●交通が発達して，人やものの流れが活発化。地域に大きな変化。

…四国からの輸送が容易に。通勤や通学，買い物などで四国から本州に出かける人も増加。

●大都市と地方を結ぶ交通の整備で，さらに人口の流出が進む現象もみられる。

●本州四国連絡橋の通行量が増えた結果，フェリー便の利用客が減少，廃止もみられる。

■移動手段の多様化

●移動手段…（過去）鉄道や自動車。

➡（現在）新幹線や航空機などの高速交通が発達，高速バスの利用も増加。

●航空機の利用の増加…日本中で**地方空港**が整備。特に山陰地方。

●1993年に石見空港（島根県益田市）が開港。

➡しかし，利用客数が増えず，客数に合わせて行先や便数・機体を変更。自治体からの補助によって路線と空港を維持。

教科書 p.199

確認 中国・四国地方の交通網について交通機関ごとにまとめよう。

➡（例）鉄道…新幹線は中国地方に山陽新幹線が東西に走る。瀬戸大橋にはJRが通り，鉄道で本州と四国がつながっている。　道路…高速道路は，中国・四国ともに整備が進んでいる。本州四国連絡橋は，すべて高速道路を備えている。　船…かつては中国と四国を結ぶ主な交通手段であったが，現在は減便・廃止が進んでいる。　空港…利用客が増えず，自治体の補助を得ている。

表現 交通網の発達と人口の変化について，関連づけてまとめよう。

➡（例）交通網が発達し，人々の移動は活発になったが，地方から都市部への人口流出が一段と進んだ。

学習のまとめと表現（教p.201）

中国・四国地方の学習を振り返って整理しよう

❶ワードチェック

□**瀬戸内海**（せとないかい）（→教p.190）…中国地方と四国地方の間にある海。

□**山陰地方**（さんいん）（→教p.190）…鳥取県と島根県がある地方を指す。中国山地の北側（日陰の側）という意味。

□**南四国地方**（→教p.190）…徳島県と高知県のある地方を指す。

□**原子爆弾**（ばくだん）（→教p.192）…第二次世界大戦末期の1945年８月に，アメリカ軍によって広島と長崎に投下された爆弾。

□**政令指定都市**（→教p.193）…政令によって定められた人口50万人以上の市のこと。指定されると，区を設置することができ，道府県が行っている業務の一部を市で行うことができるようになる。

□**地方中枢都市**（ちゅうすう）（→教p.193）…日本の各地方において，人口が多くその地方の中心的な役割を果たしている都市を指す。

□**都市化**（→教p.193）…都市に住む人々が増えて，都市の周辺の農村部に工場や住宅・学校・商店などが進出していくこと。

□**地産地消**（→教p.196）…農産物などを，収穫した地域で消費すること。

□**六次産業化**（→教p.196）…農村において，従来は農産物を生産するだけだったものを，生産，加工，販売まで行うようにすること。「六次」とは，生産は第一次産業，加工は第二次産業，販売は第三次産業であるため，それらの一から三を足した数（あるいは掛けた数）が６になることに由来する。

□**地域おこし**（ちいき）（→教p.197）…地域経済の向上や，地域住民の連帯のために，地域をあげて取り組む活動のこと。

□**本州四国連絡橋**（れんらくきょう）（→教p.198）…本州と四国を結ぶ道路・鉄道を備えた橋。

□**瀬戸大橋**（せと）（→教p.198）…岡山県と香川県を結ぶ本州四国連絡橋。

□**地方空港**（→教p.199）…日本の空港のうち，成田国際空港や東京国際空港などの拠点空港を除いた，全国に54か所ある地方管理空港のこと。

❷地図を使って確かめよう。

① ①宍道　②中国　③瀬戸内　④吉野　⑤四国　⑥室戸　⑦四万十　⑧土佐　⑨讃岐　⑩高知　⑪竹

② （例）松江は日本海側の気候に属し，冬の降水量が多い。広島は瀬戸内の気候に属し，１年を通じて降水量が少ない。高知は太平洋側の気候に属し，夏から秋にかけての降水量が多い。

③ 教科書p.198参照

❸表現しよう。

① （例）本州へ自動車で移動するときにかかる時間が大幅に短縮された。

②

1889年	市制施行により広島市誕生。
1929年	市町村合併により人口・面積が増加。
1945年	原子爆弾投下により，人口大幅減。
1955年～56年	市町村合併により人口・面積が増加。
1971年～75年	市町村合併により人口・面積が増加。面積は大幅に増加。
1980年	政令指定都市に指定。
1985年	市町村合併により人口・面積が増加。
2005年	市町村合併により人口・面積が増加。

③ （例）馬路町では，ゆずジュースに村の名前を付け，産地として村のアピールを行い，「安心・安全」の商品イメージが定着できた。また，独自のキャラクターの開発や，インターネットに販売の軸を移すなど，時流をとらえた販売方法が消費者に注目された。

上勝町では，「つまもの」というあまり一般的ではなく流通が限定的な商品に着目することで，地域と商品をブランド化することに成功した。

❹意見を交換しよう。

（省略）

第3章　日本の諸地域　③ 近畿地方

1 歴史に育まれた地域　近畿地方をながめて

(教p.204～205)

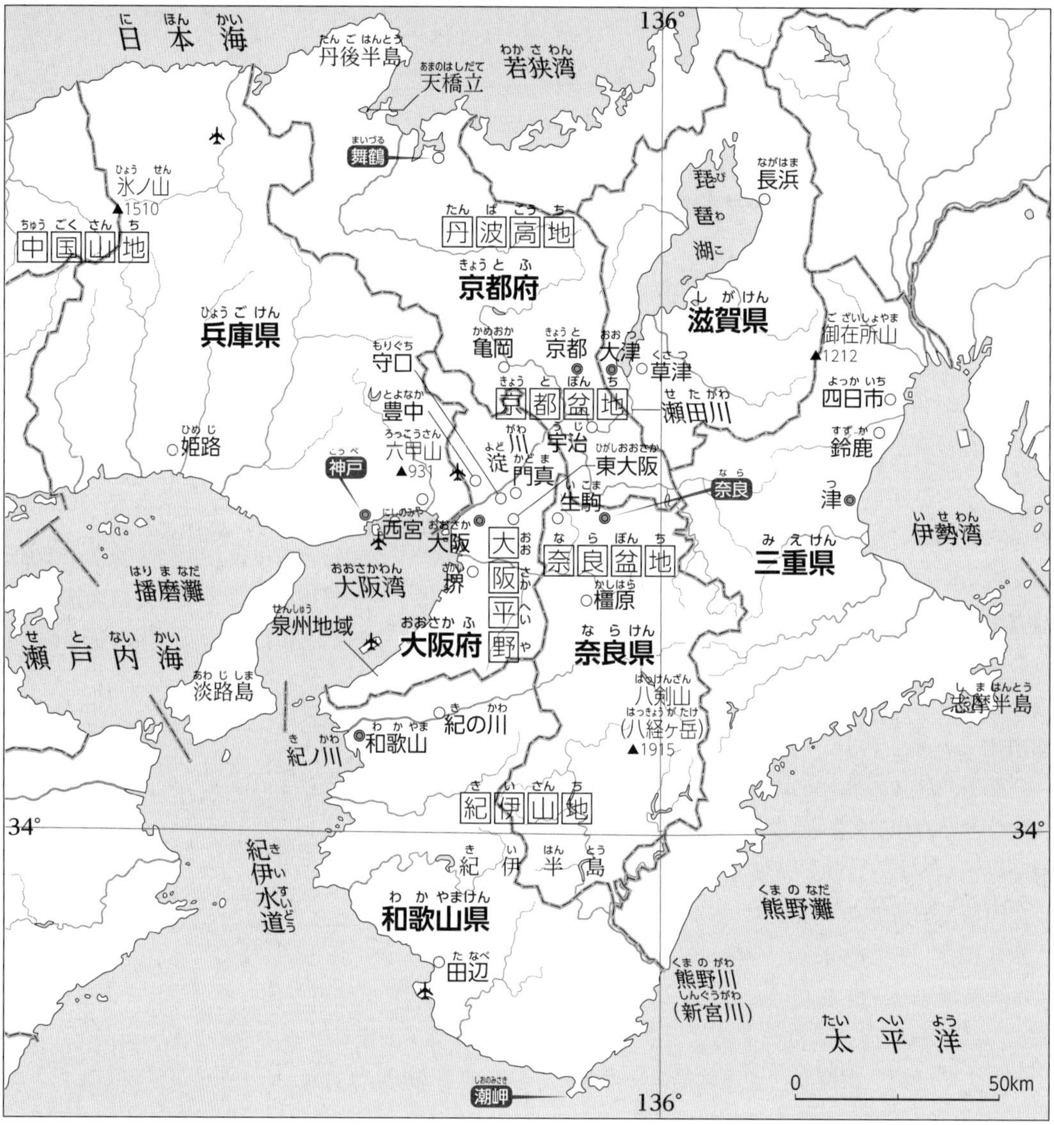

日本海
丹後半島
若狭湾
天橋立
舞鶴
氷ノ山
▲1510
中国山地
丹波高地
京都府
琵琶湖
長浜
滋賀県
兵庫県
亀岡
京都
大津
草津
御在所山
▲1212
守口
京都盆地
瀬田川
四日市
豊中
宇治
鈴鹿
姫路
六甲山
▲931
淀川
門真
東大阪
神戸
生駒
奈良
津
西宮
大阪
大阪平野
奈良盆地
伊勢湾
播磨灘
大阪湾
堺
橿原
三重県
泉州地域
大阪府
奈良県
瀬戸内海
淡路島
八剣山
(八経ヶ岳)
▲1915
志摩半島
紀の川
紀ノ川
和歌山
紀伊山地
34°
34°
紀伊水道
紀伊半島
和歌山県
熊野灘
田辺
熊野川
(新宮川)
太平洋
潮岬
0
50km
136°
136°

▲近畿地方の各府県

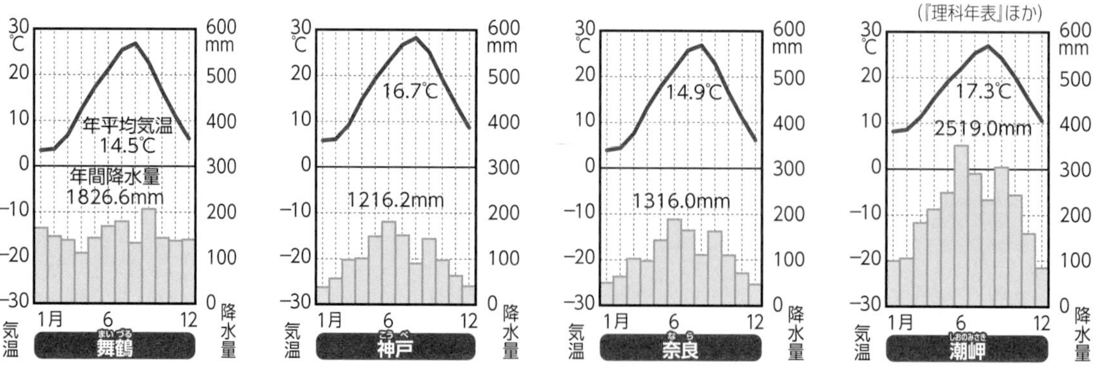

■都としての長い歴史

●畿内…近畿地方の一部を指し，古代から奈良や京都などが都として栄えた。歴史ある寺社，街並みや伝統産業が受け継がれる。

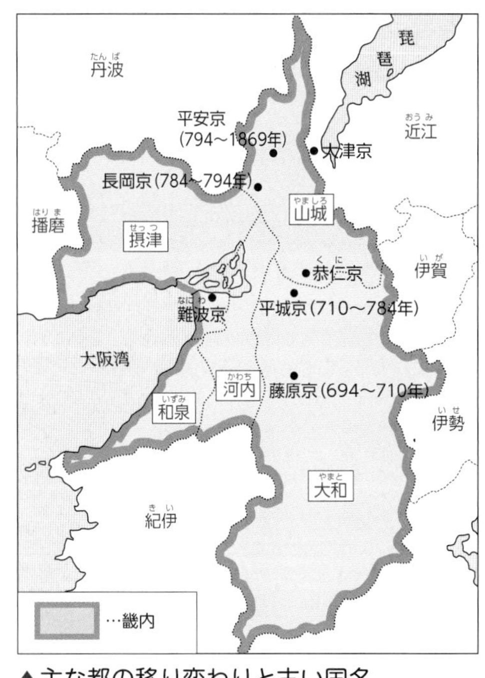

▲主な都の移り変わりと古い国名

■豊かな歴史を育んだ条件

●水上交通の要所…北に日本海，南に太平洋，西は瀬戸内海を経て九州・四国地方，東は琵琶湖を経て中部地方に接する。

➡大陸と接するのに有利な条件。大陸から進んだ政治制度・文化を導入。

●近世には，西まわり，東まわりの航路で全国各地と結ばれ，大阪は日本経済の中心となる。

●近代には，アジアや世界各国との貿易の拠点。

➡その後，阪神工業地帯の発展へとつながる。

■多様な自然環境

●地形…北部（中国山地・丹波高地），南部（紀伊山地），中央部（大阪平野や京都盆地，奈良盆地）。関東平野や濃尾平野のような大きな平野はない。

●気候

〔日本海に面した北部〕

…冬には大陸からの季節風の影響で雪。

〔瀬戸内海に面した中央部〕

…瀬戸内の気候で，年中降水量が少ない。

〔太平洋に面した南部〕

…暖流（黒潮）の影響で温暖，夏に降水量が多い。紀伊半島は険しい山に南東からの季節風が吹きつけるため，非常に雨が多い。

➡豊かな森林資源，林業が盛ん。

教p.205資料6〈Q〉

（例）大阪市を中心とした沿岸部，大阪市のベッドタウンである奈良市，京都市や大津市など歴史の古い都市。

教科書 p.205

確認 近畿地方にある世界文化遺産を教科書132ページの資料から探そう。

➡古都京都の文化財，古都奈良の文化財，法隆寺地域の仏教建造物，紀伊山地の霊場と参詣道，姫路城

表現 近畿地方が発展してきた理由をあげてみよう。

➡（例）日本国内各地と大陸を結びつける水上交通の要衝だったため。

2 京都の街並みと伝統文化 古都の景観保全 (教p.206～207)

■碁盤の目のような街並み

- 京都…平安時代に都がおかれ，中国の都にならった東西・南北の道路が直角に交わる街割り（**条坊制**）。
- 西陣織などの**伝統的工芸品**の生産をはじめ，都の歴史を背景とした商工業が発達。
- 明治時代，東京への遷都直後には人口が減少したが，1932年には人口が100万人をこえた。
- 第二次世界大戦後，観光産業や伝統産業に加えて，電子・精密機械工業など新しい産業が発達。現在は人口約147万人（2019年）。

■歴史的街並みの変化

- 人口の増加➡街並みの変化

…木造の低層住宅の京町家が改装（不釣り合いな広告・看板を掲げる，木や土以外で壁をおおうなど）。高層の集合住宅の建設。

- 京町家には，耐震・防火に対する不安や，維持・修理の費用の問題もある。

■歴史的景観を守る

- 市街地景観整備条例…1972年，伝統的な景観を守るため制定。

…その他，建物の高さやデザイン，屋外広告の制限，歴史的風土保全地区を指定するための法律や条例がある。

➡景観に配慮した建物が増加。しかし，住民の生活や企業活動と街並みの調和は難しい。

▲京町家

教科書 p.207

確認 京都の街並みの特色について書き表そう。

➡（例）京都独特の調和のとれた伝統的な街並みをつくっているのは，主に京町家とよばれる木造の低層住宅で，通りに沿った間口はせまい一方，住居空間としては深い奥行きをもっているのが特色である。

表現 あなたの住んでいる市町村で行っている，「景観を守る」など地域の特色を生かす取り組みを調べよう。

➡省略

3 阪神工業地帯の発展と今後 特色ある工業の歩み (教p.208〜209)

■かつての日本最大の工業地帯

- **阪神工業地帯**…大阪湾岸と淀川流域から大阪市の東側に広がる工場の集中地域。
- 江戸時代から大阪は商業の中心。明治時代には，大阪市から神戸市にかけて，繊維や日用雑貨，食品などの**軽工業**が発達。

➡阪神工業地帯の形成。第二次世界大戦前までは日本最大の工業地帯。

- 第二次世界大戦後は，大阪市から大阪府内陸部にかけて電気製品を中心とする機械工業が発展。
- 臨海部…海を埋め立て鉄鋼や石油化学などの**重化学工業**を中心とした堺・泉北臨海工業地域や播磨臨海工業地域がつくられる。

➡しかし，多くの部品が必要となる自動車工業が少ない，臨海部の重化学工業の設備が老朽化したことなどで，工場は閉鎖や移転。…全国に占める地位が低下。

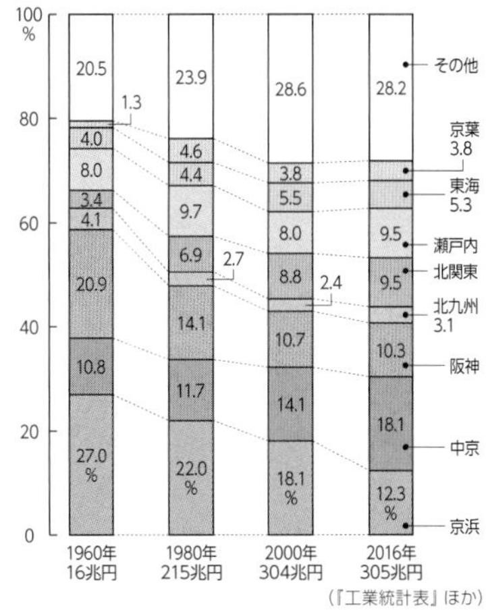

▲日本の工業地帯・地域の生産割合の変化

教p.208資料3〈Q〉

京浜…一貫して減少　中京…一貫して増加　阪神…一貫して減少　北九州…2000年まで減少しその後微増　北関東…一貫して増加　瀬戸内…1980年まで増加し，その後減少してまた増加　東海…2000年まで増加しその後微減　京葉…1980年まで増加し，その後減少

■地域に集まる中小企業

- **中小工場**が集まる…神戸市から大阪市・東大阪市・堺市にかけて（ケミカルシューズや歯ブラシ・自転車・刃物など），南部の泉州地域（毛布・タオルなどの繊維製品）。
- 中小工場の悩み…アジアの安い製品との競争，不況時の値下げや仕事の減少。
- 一方，人工衛星づくりに取り組んだ東大阪市の中小工場など，その工場にしかできない独自の技術をもつ企業もある。

■臨海部の変化

- 大阪湾の臨海部…工場や港湾，住宅団地として開発。
- 高度経済成長期後，多様な土地利用に**再開発**。

…関西国際空港・神戸空港や阪神高速湾岸線などの交通網，観光客への利便性を生かしたレジャーやコンベンション施設，物流拠点など。

➡2025年に開催の日本国際博覧会の開催場所。

教科書 p.209

確認 阪神工業地帯の移り変わりや現状についてまとめよう。

➡（例）明治時代は，繊維や日用品，食品などの軽工業が中心で，第二次世界大戦前までは日本最大の工業地帯だった。第二次世界大戦後は，内陸部で電気製品を中心とする機械工業が発展し，臨海部は鉄鋼や石油化学などの重化学工業が発展した。しかし近年は，自動車工業が少ないことや設備の老朽化などにより，阪神工業地帯が全国に占める地位が低下してきた。

表現 臨海部で再開発が進められている理由をまとめよう。

➡（例）都心部に比べ広い敷地を確保しやすく，近年は交通網の整備も充実し，不便さも解消されてきたため。

4　都市の成り立ちと広がり　京阪神大都市圏の特色　（教p.210〜211）

■三つの中心都市

- 三つの大都市…大阪・京都・神戸。中央の低地部に集中。互いに30km以内の近さ，ほぼ1時間以内で行き来ができる。
- 大阪…江戸時代に全国の物資が集まる「天下の台所」。明治時代以降も**卸売業**や工業が発展。
- 京都…都として長い歴史。大学が多く伝統工業やハイテク産業が盛ん。
- 神戸…貿易港として発展。阪神・淡路大震災で被害。
- **大都市圏**…大都市を中心として結びつく地域。大都市には，周辺の市町村から通勤や通学で人々が移動してくる。

➡**京阪神大都市圏**は三つの大都市を中心に広がる地域。人口では，**一極集中**が進む東京を中心とした大都市圏に次いで国内二位。

（%）	1958	68	79	88	99	2007	12年	16年
東京都	27.8	34.0	33.3	34.0	37.5	39.9	40.2	41.0
大阪府	27.6	21.9	17.3	15.9	13.4	12.6	12.3	11.4
愛知県	9.8	9.9	8.9	9.7	8.9	8.5	8.1	8.0

（経済センサス）

▲卸売業の年間商品販売額に占める東京都・大阪府・愛知県の割合の変化

読み解こう　教p.211

❶1958年から1968年

❷大阪市…大阪市以外の大阪府と兵庫県，奈良県が多い。　京都市…京都市以外の京都府，滋賀県，大阪府が多い。　神戸市…神戸市以外の兵庫県が多い。

■鉄道でつながる大都市圏

- 鉄道で結ばれる都市と周辺の地域。

…人々は郊外の住宅で生活し，中心部に通勤して働く。

- 鉄道会社…沿線には住宅地や余暇を楽しむ劇場や遊園地，ターミナル駅にはデパートなどを開設して，沿線を活性化。
- ターミナル駅周辺は商業施設やホテルなどが集中し，繁華街としてにぎわう。

■外国とのつながり

- 関西国際空港…1994年に開港。大阪府南部の泉州沖につくられた人工島にあり，24時間利用可能。

➡近年は，航空機の着陸料の割引，格安航空会社（LCC）の乗り入れと専用の滑走路の整備，アジア各都市との路線の増加など，国際線を強化。

- 近畿地方は外国人観光客が増加…外国人に人気の高い京都市，大型店や商店街が充実する大阪市，世界遺産に指定された紀伊山地など。案内板なども複数の言語表示。

教科書 p.211

確認　大阪，京都，神戸が発展した理由についてまとめよう。

➡（例）大阪…近世から経済都市として発展し，明治時代以降も卸売業や工業が発展したため。　京都…都として長い歴史があり，大学が多く伝統工業やハイテク産業が盛んなため。　神戸…貿易港として発展した歴史があるため。

表現　近畿地方の大都市圏にみる鉄道や空港の役割を書き表そう。

➡（例）鉄道は，都市と郊外の住宅地を結ぶだけでなく，鉄道会社によって沿線に劇場や遊園地，デパートなどがつくられ，暮らしを豊かにする役割がある。空港は，近畿地方に多い観光資源への，日本国内や海外からの玄関口としての役割がある。

5 琵琶湖の水の利用と環境 開発と環境保全の歩み

(教p.212〜213)

■日本一の湖

- **琵琶湖**…滋賀県の面積の６分の１を占める日本最大の湖。流れ込む河川は約460本。一方，琵琶湖から流れ出る自然河川は瀬田川だけ。
- 瀬田川…京都府で宇治川，大阪府で**淀川**と，名前を変えて大阪湾に注ぐ。
- 琵琶湖は，船による行き来で，かつては交通路として近畿地方の発展を支えた。

■琵琶湖の水の利用

- 琵琶湖と京都の間の水路（琵琶湖疏水）

…明治維新のころ，遷都で活気を失っていた京都府で地域の発展のために計画。

①地下水に依存していた市民の飲料水を確保。

②琵琶湖と宇治川を結ぶ舟運を開く。

③水力による動力，かんがい設備などの整備。

➡1890年に完成。翌年には日本最初の商業用水力発電所が完成。

➡現在，琵琶湖は京阪神大都市圏の飲料水や工業用水を供給。

■琵琶湖の環境汚染

- 高度経済成長期以降，周辺で工業団地や住宅地が開発。

➡産業排水や農業排水，生活排水などが琵琶湖に流れ込み，湖水の**富栄養化**が進んで，水質が悪化。

- 1977年に，プランクトンが異常に増え，大規模な淡水赤潮が発生。

…主な原因は，合成洗剤や農業肥料に含まれるリン。

■琵琶湖を守れ！

- 粉石けんを使う運動…淡水赤潮の発生がきっかけ。

➡リンを含む合成洗剤の販売・使用・贈答の禁止や工場排水規制を盛り込んだ条例の制定（1979年），市民によるヨシ群落を復元する活動につながった。

- 環境は改善されているが，完全には克服されていない。

教科書 p.213

確認 近畿地方で琵琶湖の果たす役割を三つあげよう。

➡①飲料水の確保，②舟運，③水力による動力・かんがい施設の整備

表現 琵琶湖の水質の悪化の背景や，克服への努力についてまとめよう。

➡（例）高度経済成長期に排水が流れ込み，1977年には大規模な淡水赤潮が発生するなどしたが，「合成洗剤を使わない」などの住民運動が排水規制の条例制定などにつながり，環境の改善は進んでいる。

学習のまとめと表現（教p.215）

近畿地方の学習を振り返って整理しよう

❶ワードチェック

□**伝統産業**（→教p.204）…地場産業の一部で，江戸時代，またはそれ以前からその地域に代々受け継がれてきた方法によって製品がつくられる産業。

□**条坊制**（→教p.206）…古代の都城の市街区画。日本では唐の長安にならい，朱雀大路をはさむ左右両京を南北に走る大路によって四坊に分け，東西に走る大路によって九条に分けた。

□**世界文化遺産**（→教p.207）…ユネスコによって登録される世界遺産のうち，人類の文化的活動によって生み出されたもの。

□**阪神工業地帯**（→教p.208）…大阪湾岸と淀川流域から大阪市の東側に広がる，工場が集中している地域。工業統計は，大阪府，兵庫県を合わせたものを用いることが多い。

□**軽工業**（→教p.208）…繊維・食品・雑貨など比較的重量の軽い製品をつくる工業のこと。

□**重化学工業**（→教p.208）…大きな設備や高い技術を使い，主に生産活動で利用される重量のある製品をつくる工業を重工業という。なかでも，鉄鋼，機械，化学工業などを重化学工業という。

□**中小工場**（→教p.209）…働いている人の数が300人未満の工場。

□**再開発**（→教p.209）…既成の市街地などを大規模に開発しなおすこと。

□**卸売業**（→教p.210）…市場から食材を買い付けたり，製造業者から商品を仕入れたりした後，小売業者に商品を販売する業態のこと。

□**大都市圏**（→教p.210）…大都市を中心として，通勤・通学や買い物などで多くの人が日常的に行き来する地域のこと。

□**京阪神大都市圏**（→教p.210）…近畿の三大都市（京都，大阪，神戸）を中心とした大都市圏。

□**一極集中**（→教p.210）…一つの都市に政治・経済・文化などの機能が極端に集まることを指す。人口過密や住宅問題，都市における公害，地価の高騰など，さまざまな都市問題が発生する。

□**琵琶湖**（→教p.212）…滋賀県にある，日本最大の面積と貯水量をもつ湖。

□**淀川**（→教p.212）…琵琶湖から流れ出る唯一の自然河川である瀬田川の，大阪府での名称。

□**富栄養化**（→教p.213）…環境問題の一つで，海，川，湖の水の栄養分が人間活動の影響（生活排水など）によって増加することを指す。その結果，植物プランクトンが大量に発生し，悪臭を放つなどの被害が出る。

❷地図を使って確かめよう。

① ①若狭　②琵琶　③京都　④伊勢　⑤志摩　⑥奈良　⑦淀　⑧大阪　⑨紀ノ　⑩紀伊　⑪熊野　⑫紀伊

② （例）京都らしい景観を守ろうと，市街地景観整備条例が制定されたほか，建物の高さやデザイン・屋外広告の制限や，歴史的風土保全地区を指定するなどの取り組みが行われてきた。

③ a．軽　b．日本で最大　c．機械　d．重化学

❸表現しよう。

① （例）年々低下している。その理由は，多くの部品が必要となる自動車工業が少ない，臨海部の重化学工業の設備が老朽化したことなどで，工場が閉鎖や移転したことなどである。

② （例）高度経済成長期に琵琶湖の周辺で工業団地や住宅地が開発され，産業排水や農業排水，生活排水などが琵琶湖に流れ込んだ。その結果，湖水の富栄養化が進んで，水質が悪化した。大規模な淡水赤潮が発生した際，原因を調べると，合成洗剤や農業肥料に含まれるリンであることがわかり，合成洗剤を使わないようにする住民運動が起こった。その結果，リンを含む合成洗剤の販売・使用・贈答の禁止や工場排水規制を盛り込んだ条例が制定され，さらに水質を浄化するための市民によるヨシ群落を復元する活動につながっている。

❹意見を交換しよう。

（省略）

第3章　日本の諸地域　④ 中部地方

1　多様な産業がみられる地域　中部地方をながめて

(教p.218～219)

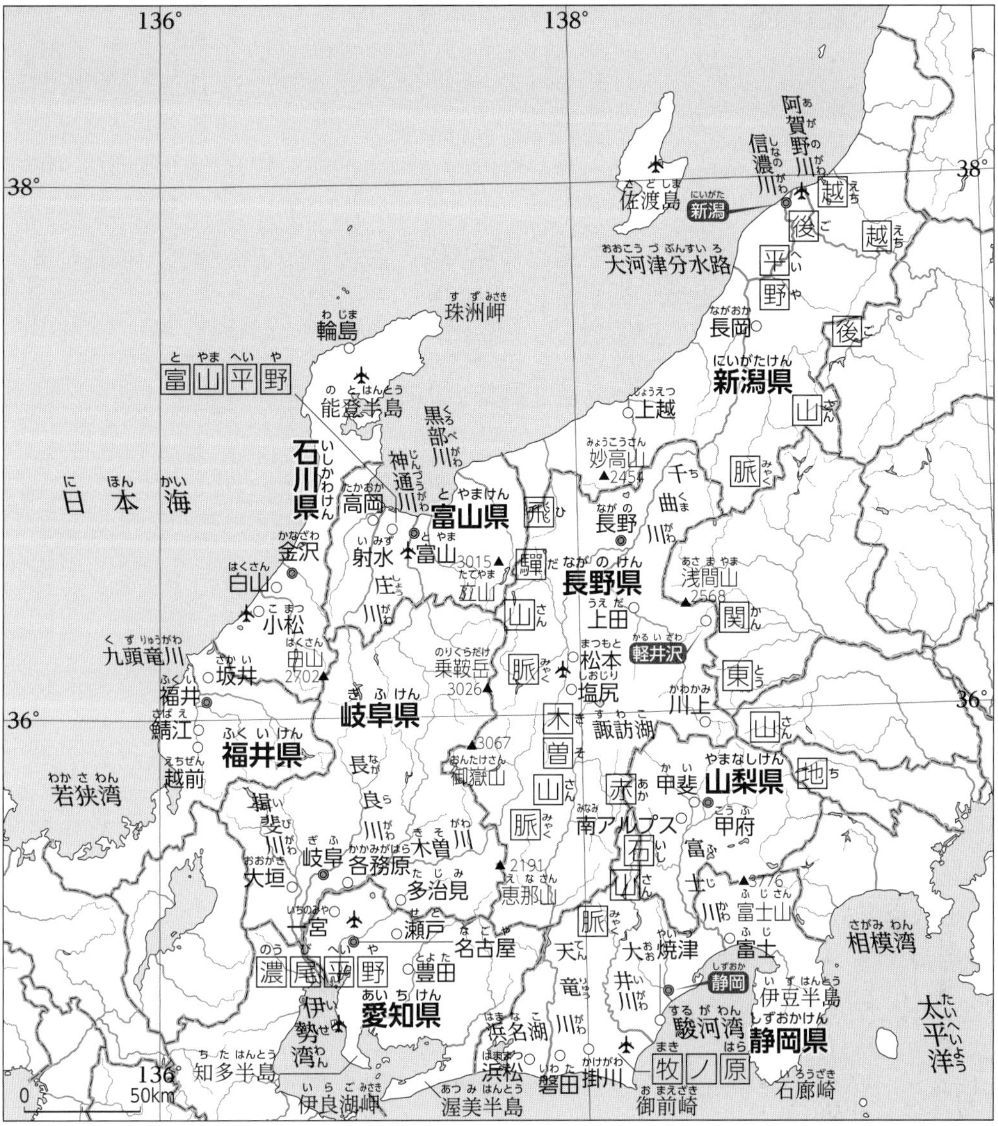

136°
138°
38°
36°
佐渡島
新潟
阿賀野川
信濃川
越後平野
越後山脈
大河津分水路
珠洲岬
輪島
長岡
新潟県
富山平野
能登半島
黒部川
上越
妙高山
▲2454
石川県
神通川
千曲川
日本海
高岡
富山県
飛驒山脈
長野
射水
富山
金沢
3015▲
立山
長野県
浅間山
白山
庄川
2568
小松
上田
関東山地
九頭竜川
白山
2702▲
乗鞍岳
3026▲
松本
軽井沢
坂井
塩尻
福井
岐阜県
木曽山脈
川上
鯖江
諏訪湖
福井県
▲3067
御嶽山
甲斐
山梨県
越前
長良川
赤石山脈
若狭湾
揖斐川
南アルプス
甲府
岐阜
各務原
木曽川
▲2191
富士川
大垣
多治見
恵那山
▲3776
富士山
一宮
瀬戸
天竜川
大井川
焼津
相模湾
名古屋
富士
濃尾平野
豊田
静岡
愛知県
伊豆半島
伊勢湾
浜名湖
駿河湾
太平洋
静岡県
136°
知多半島
浜松
磐田
掛川
牧ノ原
0　50km
伊良湖岬
渥美半島
御前崎
石廊崎

▲中部地方の各県

(『理科年表』)

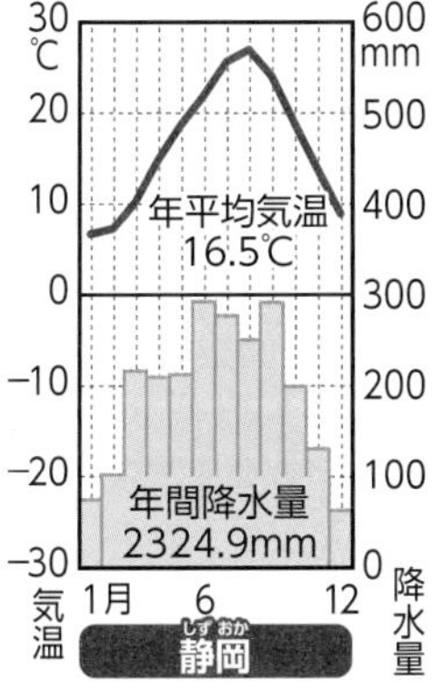

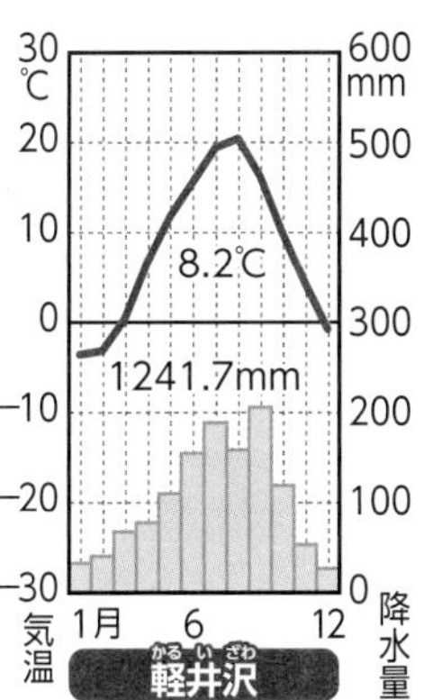

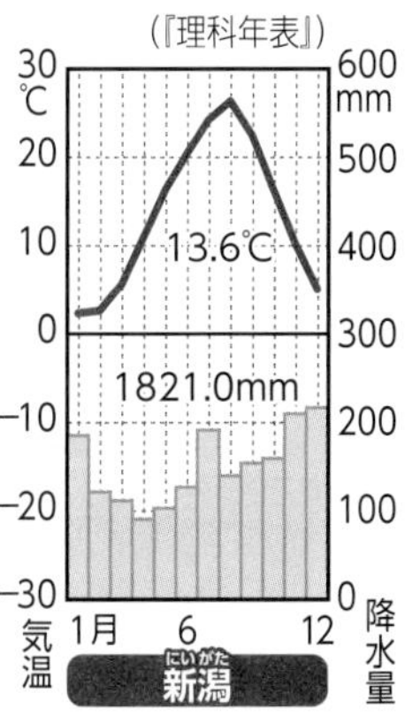

■山脈・山地と川がつくる地形

- 日本アルプス…飛驒，木曽，赤石の三つの山脈。
その周辺には富士山や白山などの火山。
- 山々に降った雨や雪は川となる。川の上流は山がちで平地が少なく，川の下流は濃尾平野や越後平野などの平野。

▲北陸地方，中央高地，東海地方の区分

■多様な自然環境

- 太平洋側の**東海地方**…夏に雨が多く暖流の**黒潮**（日本海流）の影響を受けて温暖気候。
- 日本海側の**北陸地方**…北西からの季節風の影響で，世界の中でも降雪・積雪が多い地域。
- 季節風の影響で内陸部の**中央高地**にも多くの降雪。

➡春にとけた雪が，日本最長の信濃川や，天竜川，木曽川などの水源となる。

➡豊富な水が日本有数の稲作地域である北陸地方の農業や，水力発電に使われ，産業の発展を支える。

■特徴ある三つの地域の産業

- 東海地方…交通が発達。自動車などの工業，農業や漁業が盛ん。
- 中央高地…標高が高く冷涼な気候。大都市に近いことを生かした農業や観光業が発達。
- 北陸地方…稲作が盛ん。自然や歴史を生かした工業が盛ん。

■名古屋大都市圏

- 名古屋市…中部地方最大の都市。江戸時代に尾張藩の城下町として発展。現在では名古屋市を中心として鉄道や高速道路が整備。
- 周辺に名古屋市との結びつきが強い都市。➡**名古屋大都市圏**が形成。岐阜県，三重県にまで広がる。

…特に三重県の伊勢湾沿いの地域と結びつきが強く，三重県またはその一部を東海地方に含めることがある。

教科書 p.219

確認 中部地方の三つの地域で盛んな産業を書き出そう。

➡東海地方…自動車などの工業，農業や漁業が盛ん。　中央高地…大都市に近いことを生かした農業や観光業が盛ん。　北陸地方…稲作が盛ん。自然や歴史を生かした工業が盛ん。

表現 中部地方の三つの地域の自然環境の違いについて整理し，東西方向の結びつきについてまとめよう。

➡（例）中央高地と北陸地方は北西からの季節風の影響で降雪・積雪が多く，東海地方は暖流の黒潮の影響で温暖である。川の上流にあたる地域で降雪が多いと，雪解け水で川の水量が多くなり，下流の地域での農業に都合がよく，東海地方では農業が盛んである。このような各地方の特色は県をまたいで東西に連続して見られ，各地方に共通した生活様式や言葉などの文化を形づくる要因となっている。

2 日本経済をリードする工業地域 中京工業地帯と東海工業地域 (教p.220〜221)

■進化する中京工業地帯の工業

- 中京工業地帯…名古屋市を中心に伊勢湾の臨海部から内陸部。
- 臨海部…製鉄所や石油化学コンビナート。

➡近年は輸出用の航空機部品組み立て工場，輸出・輸入する自動車の保管施設などが立地。

- 内陸部…自動車関連の工場，航空機部品の工場，液晶関連の開発拠点が立地。＝新しい工業。
- 瀬戸市や多治見市…伝統工業の陶磁器。

➡ファインセラミックスの生産へ転換が進む。

- かつて工業地帯を支えていた繊維工業，関連の問屋や商社は衰退。

➡岐阜市や名古屋市の問屋街などに影響。

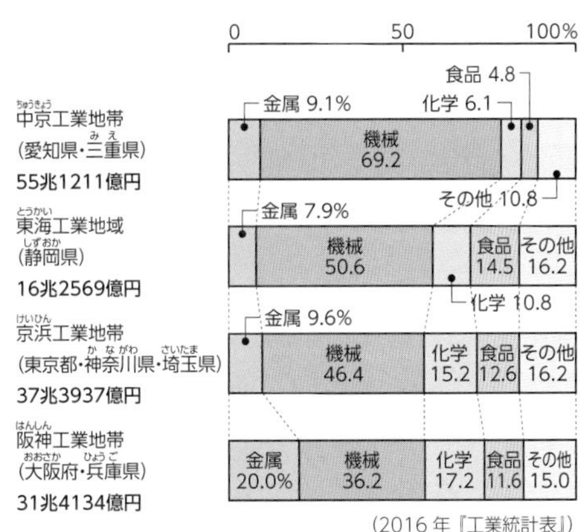

▲主な工業地帯・工業地域の生産額の割合

■世界有数の自動車生産地域

- 自動車工業…東海地方の工業発展を支える。
- 豊田市や名古屋市，鈴鹿市，浜松市やその周辺。

…自動車会社の本社や組み立て工場，部品を生産する工場が集まる。

➡自動車の組み立て工場の作業工程に合わせて部品を生産・納入するなど密接に結びついている。世界有数の自動車生産地域。

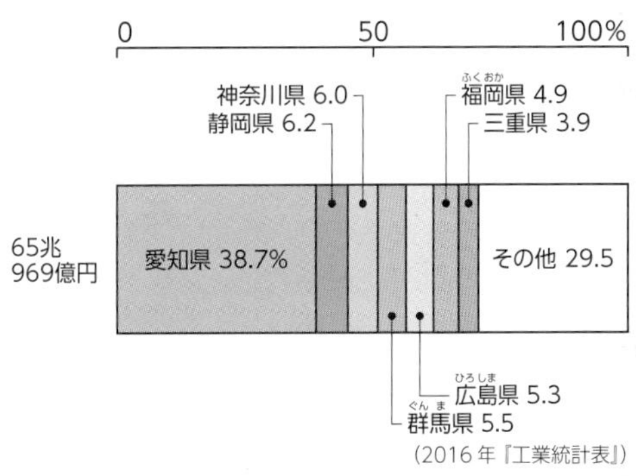

▲輸送用機械の生産額の都道府県別割合

■東海工業地域

- 東海工業地域…静岡県の太平洋岸。鉄道や東名高速道路沿いに発達。
- 浜松市とその周辺（オートバイやピアノなどの楽器），富士市（富士山のふもとの湧水を生かした製紙・パルプ工業）。

教科書 p.221

確認 東海地方の工業の特徴を書き表そう。

➡（例）中京工業地帯に属する愛知県では，石油化学，自動車工業，陶磁器やファインセラミックスの生産が盛んである。特に，自動車工業は世界有数の工場の集中がみられる。また，東海工業地域では，浜松市で楽器やオートバイ製造，富士市で製紙工業が盛んである。

表現 それぞれの工業はどのように発達してきたのか，工業ごとに整理してまとめよう。

➡（自動車工業を例に）愛知県にある自動車メーカーは，最初は機械式織機の製造から始まり，その後自動車製造を手掛け，現在は世界的な自動車会社になった。　など

3 先進的な第一次産業 東海地方の農業と水産業 (教p.222〜223)

■先進的な農業経営を支える条件

●温暖な気候のもと，施設による**園芸農業**。
…価格の高い野菜や果物などを生産。

●渥美半島…野菜や果物，花などを生産。特に温室メロンや電照栽培された菊が有名。ビニールハウスを利用したトマトやみつばなどの**促成栽培**。

●渥美半島は温暖だが，常に水不足。➡豊川用水の整備で解決。

●知多半島も愛知用水の整備によって水不足が解消。水は農業以外に製鉄所の工業用水としても利用される。

■茶の栽培とその現状

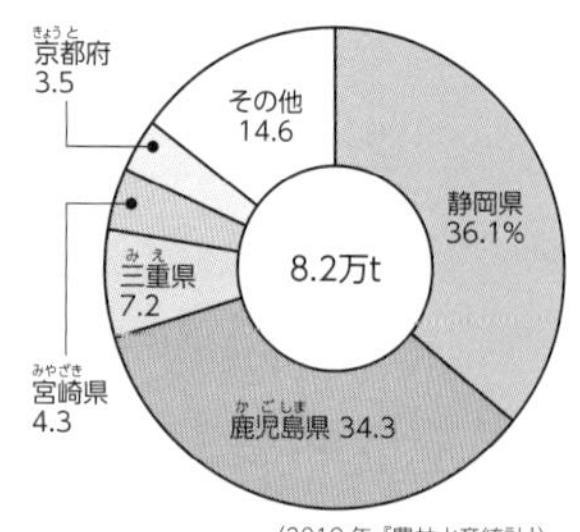

▲茶の都道府県別の生産割合

●茶の栽培…静岡県で盛ん。大井川流域では昔から盛ん。

●牧ノ原…静岡県南西部に位置。明治以降に士族が中心となり開墾。霜がおりにくく，水はけがよいので，国内有数の茶の産地。
➡静岡県は全国一の茶の生産地。

●みかんの栽培…駿河湾沿いの丘陵など。
➡国内他産地や輸入品との競争，厳しい作業などで後継者不足。

■遠洋漁業の基地・焼津港

●焼津港…**遠洋漁業**の代表的な漁港で，まぐろやかつお漁船の基地。魚市場，倉庫などが整備され，周辺には缶詰やかまぼこ工場，漁港で使う資材を扱う店が建ち並ぶ。

●魚介類はすぐに消費地に運ばれる他に，冷凍倉庫で保管され，時期をみて出荷されるものや工場で加工されるものがある。

(農林水産省統計)
▲日本の漁獲量の変化

読み解こう 教p.223

❶（例）1970年代は，排他的経済水域が設定され，自由な操業ができなくなったため減少した。1990年代は，捕鯨の中止や，牛肉の自由化などで魚の需要が縮小したため減少した。

❷輸入量が増えると，漁獲量が減っている。

❸（例）北海道，東北の太平洋沿岸，千葉県，東海地方，山陰地方，佐賀県と長崎県，宮崎県と鹿児島県　など

教科書 p.223

確認 東海地方で，施設による園芸農業が成り立つ条件を書き出そう。
➡（例）名古屋などの大都市が近くにあること。など

表現 東海地方の第一次産業の発展と課題について整理し，まとめよう。
➡（例）施設を使った園芸農業や促成栽培が行われてきた。また，温暖な気候を生かして，茶やみかんなどの特産品がつくられている。漁業では，漁港に水揚げの機能だけでなく，市場や倉庫，加工工場などの機能が付加されることで，水産品の総合的な管理が行われてきた。農業も漁業も，後継者不足や他の産地との価格競争などの課題がある。

4 自然環境を生かした産業 中央高地の独自の産業 (教p.224～225)

■扇状地と高原を利用した農業

- 中央高地の盆地…扇状地がみられる。
- 扇状地…水はけがよく稲作に向かない。

(過去) 養蚕業が盛んで桑を栽培して蚕を飼う。周辺では製糸業も発達。

➡ (現在) **果樹**の栽培が盛ん。高速道路の整備により，大都市圏への出荷も可能になった。

- 甲府盆地…日帰り観光客のための果物狩りを楽しむ観光農園や，ぶどうを原料とするワインの醸造所など。
- 野辺山など標高の高い高原地域

…夏でも冷涼な気候を利用してレタスやセロリ，キャベツなどの栽培が盛ん。

➡国内他産地からの出荷が少なくなる夏に，大都市圏に向けて出荷。

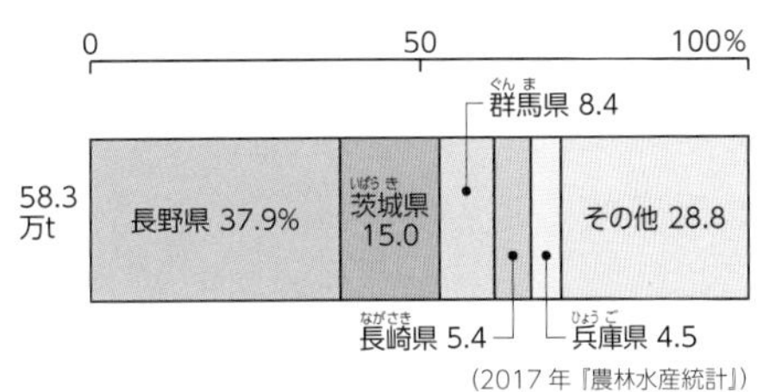

▲レタスの都道府県別の生産割合

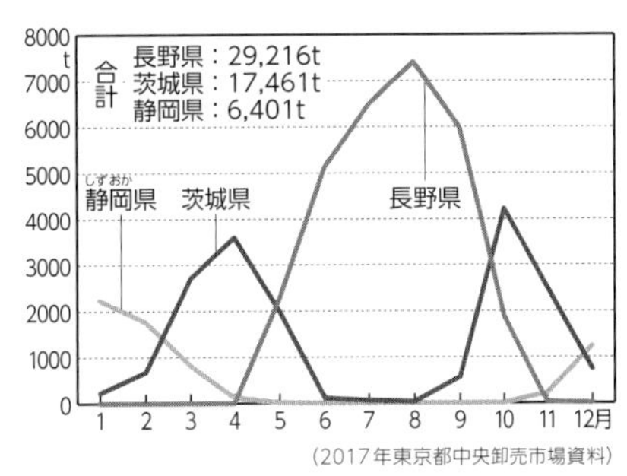

▲レタスの月別出荷量

■変化を続ける内陸の工業地域

- 諏訪湖周辺…製糸業が盛ん。➡戦争中に移転してきた工場がきっかけで，第二次世界大戦後，時計やカメラなどの**精密機械工業**が発達。

➡現在は，精密機械工業の技術を生かして，電子部品やプリンターなどを生産。

…近年は，山梨県から松本市，伊那盆地にかけての高速道路沿いの地域にも電子部品などを生産する工場が集まる。

■観光をめぐる新たな動き

- 中央高地の豊富な観光資源…高原や湖，温泉，旧街道沿いの宿場町の歴史的街並みなど。
- 軽井沢…明治時代中ごろに外国人の避暑地とされた。

➡生糸の輸送のため早い時期に鉄道が開通したため，別荘地として開発が進んだ。

教科書 p.225

確認 中央高地の主な観光地を書き出そう。

➡ (例) 軽井沢 (長野県)，高山 (岐阜県) など。

表現 冷涼な気候を利用した農業の工夫についてまとめよう。

➡ (例) 野辺山では，夏でも冷涼な気候を利用し，全国的に夏には出荷が少なくなる野菜の栽培を行って，野菜の価値を高めるなどの工夫が見られる。

5 多く降る雪を生かした産業 北陸地方の産業と水との関係 （教p.226～227）

■北陸地方の地場産業・伝統工芸

●冬の間は積雪によって農業生産ができない。…農家では副業が盛ん。産業として発達。

●地域に根づいた**地場産業**…輪島市の漆器，鯖江市の眼鏡フレームなど。

●金沢市…加賀藩の**城下町**。藩が京都との結びつきを重視したため，茶道や生け花などの伝統文化が暮らしにとけ込み，和菓子などの食品や料理の中にみられる。

…陶磁器の九谷焼，加賀友禅，金箔などの生産も盛んで，現在でも**伝統的工芸品**として受け継がれる。

➡後継者不足や海外製品との競争などの課題があるが，新しい製品の開発や産地のブランド化などで，新しい方向を探る。

■自然条件を生かす

●富山市周辺…多雪地域の豊富な水資源による発電や工業用水を利用したアルミニウム加工や化学工業，機械工業などが発達。

●新潟県…かつて盛んだった石油採掘のつながりで金属・機械工業が発展。

●金沢市周辺…繊維産業との関係から生まれた機械工業。

●福井県と石川県…織物工業が発展。現在でも化学繊維の一大産地。

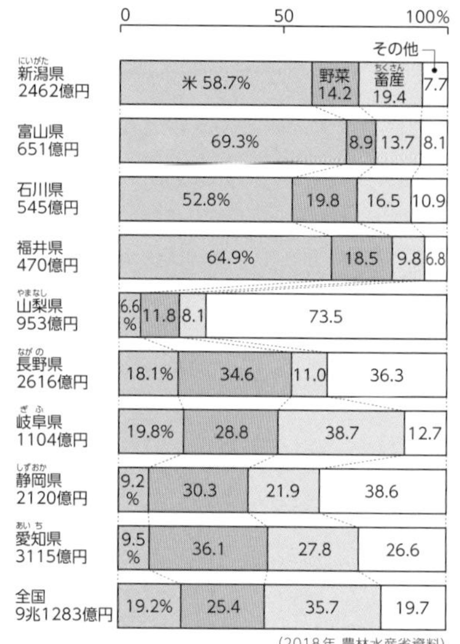

▲中部地方各県の農業生産額の割合

■米どころの努力

●沿岸部の平野…水に恵まれているが，米作りのためには水路や排水施設が必要。

➡干拓などの**土地改良**の結果，農作業の機械化が可能に。

●富山県の黒部川扇状地などでも土地改良。

●品種改良や，早い時期に田植えや収穫を行う栽培技術。

➡北陸地方は，国内有数の稲作地帯に。

➡米を原料としたせんべいなどの米菓や，餅，日本酒など。

教p.227資料〈Q〉

北陸地方…米の割合がとても多い。中央高地…県によって特色が違うが，全体的に野菜の割合が多い。東海地方…米の割合が少なく，野菜の割合が多い。

教科書 p.227

確認 北陸地方で地場産業が盛んになった理由を一つあげよう。

➡（例）冬の間は積雪によって農業生産ができないので，家の中で行える副業が盛んだったため。

表現 北陸地方では，多雪地域であることを生かして，どのような産業が発達してきたのか，まとめよう。

➡（例）豊富な水資源を用いた発電や工業用水によって，アルミニウム工業や機械工業が発達した。また，土地改良や技術革新によって，大規模な稲作が行われるようになった。

学習のまとめと表現（教p.229）

中部地方の学習を振り返って整理しよう

❶ワードチェック

□**東海地方**（→教p.218）…中部地方の太平洋側。

□**北陸地方**（→教p.218）…中部地方の日本海側。

□**中央高地**（→教p.218）…中部地方の内陸部。

□**名古屋大都市圏**（→教p.219）…名古屋市を中心とする大都市圏。

□**中京工業地帯**（→教p.220）…名古屋市を中心に伊勢湾の臨海部から内陸部に広がる工業地域。工業統計は愛知県，三重県を合わせたものを用いることが多い。

□**東海工業地域**（→教p.221）…静岡県の太平洋岸に広がる工業地域。

□**園芸農業**（→教p.222）…人口の多い都市の市場への出荷を目的として，野菜や果樹，花き（草花など），庭木などを栽培する農業。

□**促成栽培**（→教p.222）…温室やビニールハウスなどの施設を使って，普通の出荷時期よりも早めに野菜や草花などを栽培すること。

□**遠洋漁業**（→教p.223）…大型の漁船で遠くの漁場に出漁し，数か月から1年の長期にわたって操業する漁業。

□**果樹**（→教p.224）…果実を食用とする木。

□**精密機械工業**（→教p.224）…カメラや時計など精密機械を生産する工業。

□**地場産業**（→教p.226）…地域の中小資本が集まって，特定の産物をつくり，それが地域をこえて全国的あるいは国際的な広い市場をもっている産業。

□**城下町**（→教p.226）…江戸時代に藩主の居城を中心として発達した町。

□**伝統的工芸品**（→教p.226）…伝統工芸の中でも，特に経済産業省によって指定された工芸品。

□**土地改良**（→教p.227）…農地の生産性をより高めるための土木事業を総合的に表す言葉。

❷地図を使って確かめよう。

① ①能登　②神通　③新潟　④信濃　⑤阿賀野　⑥越後　⑦諏訪　⑧飛驒　⑨木曽　⑩赤石　⑪富士　⑫伊豆　⑬浜名　⑭濃尾　⑮知多　⑯伊勢　⑰木曽　⑱若狭

② （例）中央高地の気候には，軽井沢があたる。軽井沢の気温は，全体的に他と比べて低く，夏は涼しく，冬の冷え込みが厳しい。降水量は，全体的に他と比べて少なく，特に冬が少なく乾燥している。

③ （例）全体の生産額が他の工業地帯・工業地域よりも多く，機械工業の割合が特に多い。これは自動車関連産業が盛んであるためである。

❸表現しよう。

① （例）東海地方の農業は，大都市に近いこともあり，施設を用いた園芸農業や，野菜の促成栽培が盛んである。中央高地の農業は，水を得にくいことや冷涼であることから，稲作よりも果樹や畑作が盛んである。

② （例）石川県では，冬の間は積雪やしけによって農業や漁業が制限されるので，家の中で作業が行える工芸品，例えば漆器の制作（輪島塗，山中漆器など）が盛んになった。

❹意見を交換しよう。

（省略）

第3章　日本の諸地域　⑤ 関東地方

1 日本の中心的な地域　関東地方をながめて

(教p.232～233)

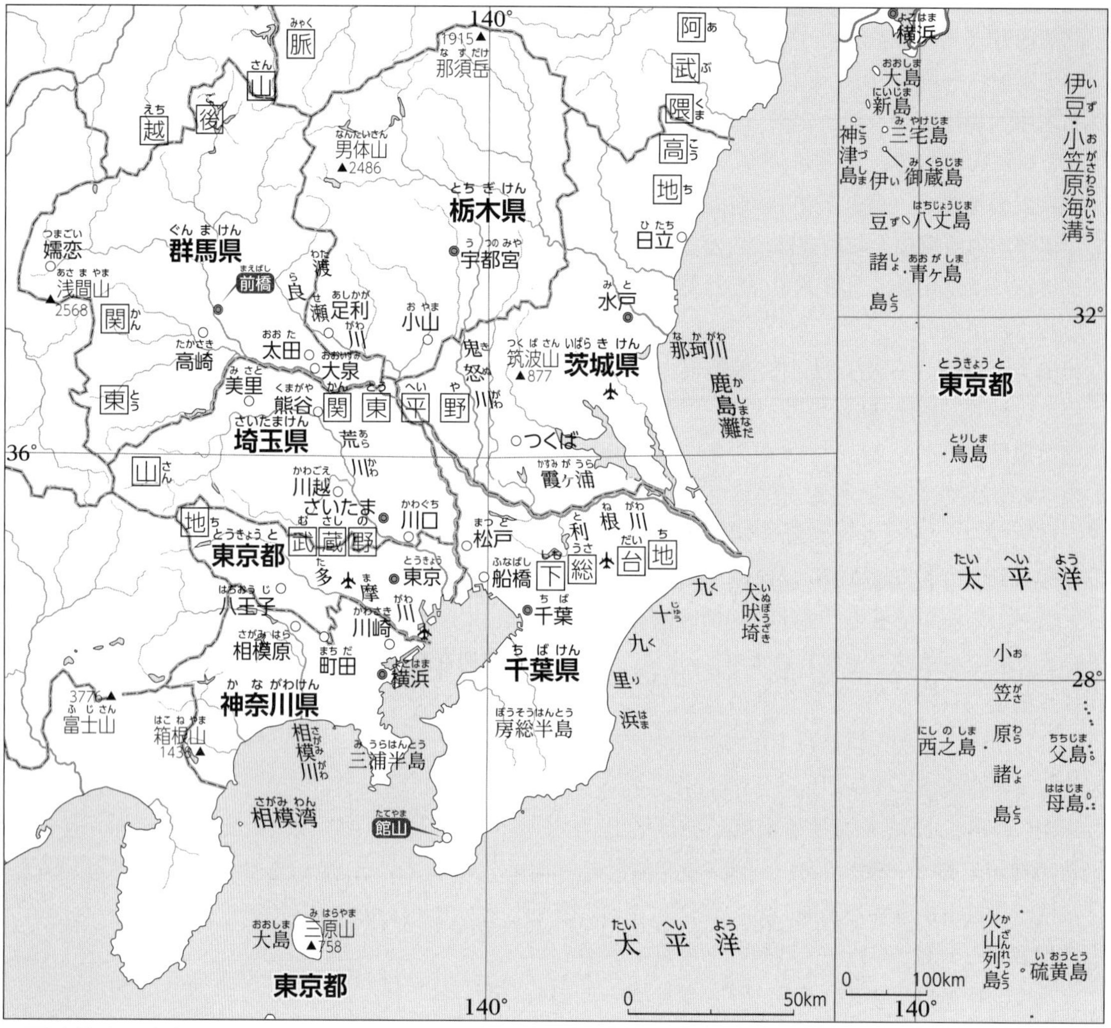

▲関東地方の各都県

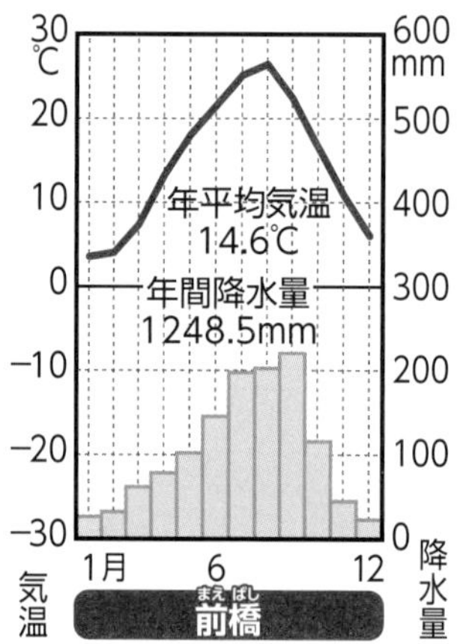

(『理科年表』ほか)

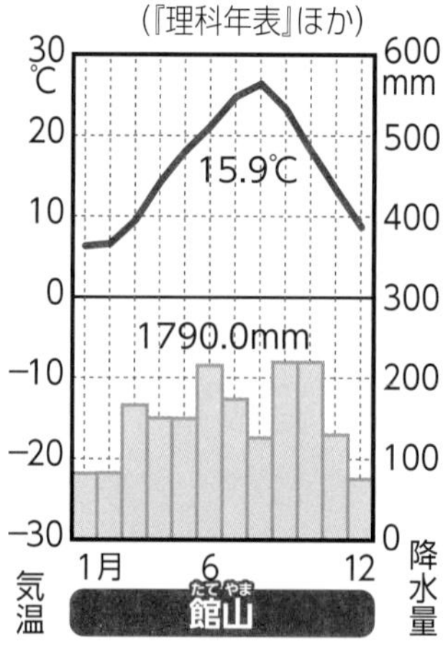

■日本の首都　東京

- 東京…日本の**首都**で，世界でも有数の大都市。
- 東京に通勤・通学する人々が住む地域は，拡大を続けている。

…現在，人口の約３分の１にあたる人々が関東地方に住む。人々は主に**関東平野**にある都市で活動。

■日本最大の平野

- 関東平野…日本最大の平野。西に関東山地，北に越後山脈があり，これらの山々から流れる利根川，荒川，多摩川などが形成された。
- 河川流域の低地は水田。武蔵野台地や下総台地などは畑や林。

…台地は，富士山や浅間山などの火山灰が積もった赤土（**関東ローム**）でおおわれ，水に乏しい。

➡人口増加のため，東京の中心部の近くの台地には，住宅地や工場用地が増えた。

■内陸と海沿いで異なる気候

- 関東地方の気候…夏は蒸し暑くて雨が多く，冬は乾燥した北西の季節風で晴天が多い。
- 沿岸部の地域…黒潮（日本海流）の影響で温暖な気候。房総半島では１月ごろから菜の花が咲く。
- 太平洋上にある小笠原諸島は一年中温暖。さんごや亜熱帯性の植物がみられ，多くの観光客が訪れる。
- 内陸部の地域…冬の気温は低く，夏は非常に気温が高い。
- 関東平野北部の山沿いでは，夏は暖められた空気が上昇気流となり雷雲をつくるため雷雨が発生しやすい。

©アフロ

▲高層ビル群と市街地（東京都新宿区）

教科書 p.233

確認　関東地方の沿岸部の気候の特徴をあげてみよう。

➡（例）黒潮の影響で温暖な気候。

表現　関東平野の形成と土地利用について書き表そう。

➡（例）関東平野は，利根川，荒川，多摩川などの河川が運んだ土砂によってできた平野で，河川の流域は水田に，火山灰が積もってできた台地は畑に利用されてきたが，近年では人口の増加とともに住宅地などが増えてきた。

2 日本の首都　東京　日本の中の東京の役割　(教p.234～235)

■首都としての役割

● 日本の政治や行政の中心地。
…東京の**都心**に，国会議事堂や最高裁判所，中央官庁などが集中。

● 日本の経済の中心地。
…大企業の本社や銀行の本店が多く集まる。

● 日本の文化の中心地。
…日本全体に情報を発信する放送局，新聞社，出版社，博物館や美術館，劇場などの文化施設や，大学などが多い。

● 全国の交通網（鉄道，航空，高速道路など）の中心。
…日本中から人やものが集まる。

● 鉄道網…東京を中心に放射状に広がり，全国各地とつながる。東京駅は新幹線などの鉄道のターミナルとして重要。

● 航空路線…東京国際（羽田）空港と日本各地が結ばれる。

■副都心の発達

● 東京と郊外を結ぶ鉄道網…通勤・通学する人々を支える。

● **副都心**…都心の機能を補う役割。鉄道の主なターミナル（新宿，池袋，渋谷）。

➡都心にあった会社や商業施設の一部が移転，デパートや映画館などが集まる繁華街が形成される。

● **臨海副都心**…都心までの距離が近い東京湾岸が**再開発**され，オフィスビルや高層マンションの建設が進む。

■昼間と夜間の人口

● 高層ビルや，地下街の建設…東京の中心部は地価が高く，土地を効率的に利用するため。

● 昼間と夜間の人口の差…都心部で働く人の多くは郊外から通勤するため，都心部の昼間人口は多くなるが，夜間人口は少ない。

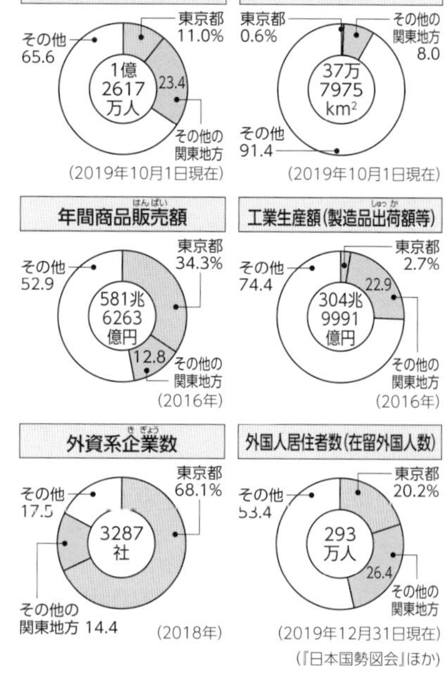

▲東京都と関東地方への集中

読み解こう　教p.235

❶（例）千代田区，中央区，港区など

❷（例）オフィスが多い都心は，昼間は大勢の人が働いているのに対し，夜はそれらの人の多くは郊外の自宅に帰るので，昼夜で人口に大きな差が生じる。

教科書 p.235

確認　都心に集中している施設を書き出してみよう。
➡（例）国会議事堂，最高裁判所，中央官庁，大企業の本社，銀行の本店，放送局，新聞社，出版社，博物館，美術館，劇場，大学　など

表現　首都が日本全体に果たす役割を説明しよう。
➡（例）政治や行政の中心として，さまざまなことが決定され，その影響が他の地方に大きな影響を与える。

3 郊外に広がる市街地 人々の移動と都市の拡大 （教p.236～237）

■郊外に広がる市街地

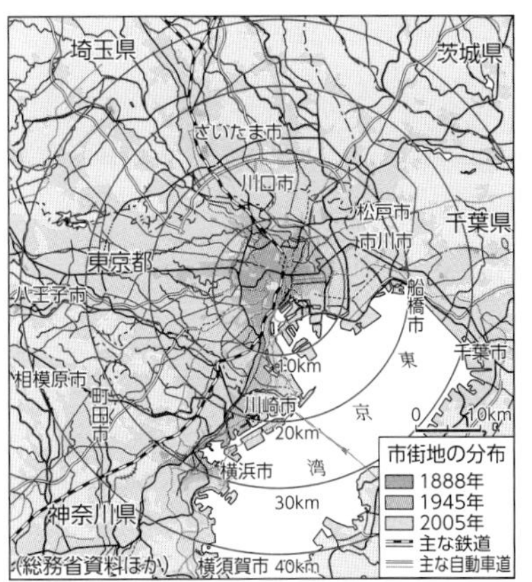

▲鉄道に沿って拡大する東京大都市圏の市街地

- 郊外の宅地化…東京の地価は高いため，地価の安い郊外が宅地化。通勤に便利な鉄道の沿線が中心。
- 1970年代…人口が急増し，郊外の台地・丘陵地や臨海部の埋め立て地に**ニュータウン**を建設。

➡さらに郊外の宅地化が進み，東京へ通勤する人の居住地は，現在では都心から半径約70kmの範囲まで拡大。＝**東京大都市圏**

- 東京大都市圏…生活上東京との結びつきが強い範囲。日本の人口の４分の１が暮らす。横浜市，川崎市，さいたま市，千葉市，相模原市の５つの**政令指定都市**をはじめ，数々の大都市が入る。

■市街地拡大にともなう問題

- 混雑…東京大都市圏の拡大によって通勤・通学時間が長くなり，朝夕の混雑がひどくなった。
- 渋滞…東京の中心部の道路は渋滞が激しく，人口が集中する**過密**の問題が深刻化。

➡東京の中心部を通らずに郊外の都市を結ぶ，東京外環自動車道や圏央道の建設が進む。

- 長時間の通勤・通学を避けて東京の中心部に住む人が増える一方，以前に開発された郊外の住宅地は高齢化や少子化が問題。

■新都心の開発

- 過密問題の解消のため，東京のもつ機能を周辺に分散させる試み。
- 1970年代，東京にあった大学や研究機関を移転させて，筑波研究学園都市（つくば市）が建設された。
- 1980年代，「幕張新都心」（千葉市・習志野市），「横浜みなとみらい21」地区（横浜市），「さいたま新都心」（さいたま市）が開発された。

➡新都心の一部に，いまだに開発が進まない土地が残るなどの問題がある。

教科書 p.237

確認 東京大都市圏は，東京から何kmくらいの範囲にまで広がっているだろうか。

➡半径70kmくらいの範囲まで。

表現 新都心が開発された理由についてまとめよう。

➡（例）過密による問題を解決する目的で，東京のもつ機能を分散させるため。

4 交通網を利用して発展する産業 工業や農業の特色 (教p.238〜239)

■沿岸部の工業地域

●東京湾岸の埋め立て地
…船による原料や製品の輸送に便利。
➡鉄鋼，石油化学，電気機械などの大工場が進出。
➡**京浜工業地帯**や**京葉工業地域**が発展。

●京浜工業地帯…電気機械などの下請け工場も多い。中小工場には世界的な技術を生かして新製品の開発を行う所もある。

●東京都区部では，多くの情報が集まるため，印刷・出版業やファッション性の高い靴や婦人服の製造などが発展。

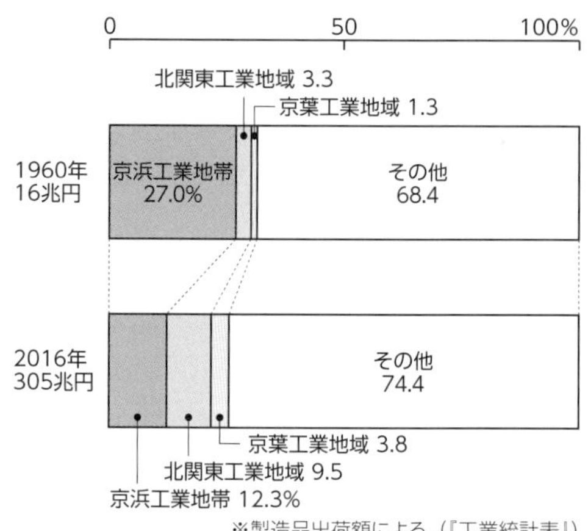

▲全国にみる関東地方の工業の割合の変化

■北関東への工場進出

●北関東の内陸部…関越自動車道や東北自動車道などが整備されると，地価が安いため工場移転が進んだ。➡**北関東工業地域**

●北関東工業地域…自動車や電気機械，食品などの工業が発展。

●**工業団地**…出荷に便利なインターチェンジの周辺に，地元自治体の支援で建設。

●2011年，北関東自動車道が開通。
➡茨城県の常陸那珂港から製品が輸送しやすくなり，今後の発展に期待。

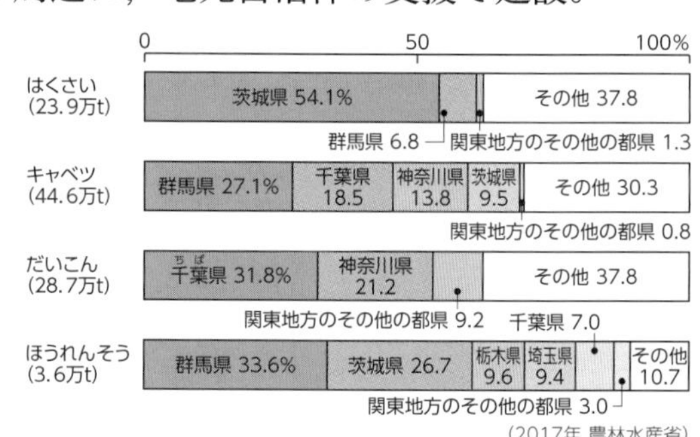

▲関東地方と周辺の主な都市で消費される野菜の生産地

■大都市と結びついた農業

●**近郊農業**…大消費地である東京の周辺で，都市住民に新鮮な野菜を供給する農業。以前から盛ん。

●高速道路網の整備…輸送時間や費用をおさえられる。

●野菜，果実，牛乳，食肉などの生産が盛ん。茨城県（はくさい），栃木県（いちご）は全国有数の生産量。

●関東地方の周辺地域…気候の特色を生かした農産物を生産。

●浅間山山麓の高原に位置する群馬県嬬恋村…夏の冷涼な気候を生かしたキャベツの生産。

●冬でも温暖な房総半島や三浦半島…生花や野菜を一年中栽培。

教科書 p.239

確認 関東地方で生産される農作物の種類を書き出そう。
➡（例）米，野菜，果実，花き　など

表現 工業や農業などの産業が交通網の整備とどのように関係しているのか説明しよう。
➡（例）輸送の便がよいと，輸送にかかる時間や費用をおさえることができるので，生産の規模や設備により多く費用をかけることができる。

5 世界と結びつく東京 国際的な結びつき (教p.240〜241)

■世界の中の東京

●外国人が多い…東京は，外国企業の支店や各国の大使館が集中し，大学に留学している人も多い。

●外国人観光客にとって東京は人気。

…外国人の宿泊者数で東京都が全国の約４分の１を占める。

➡外国語によるサービス提供，外国人を受け入れる飲食店や宿泊施設が増加。

■国際的な交通の拠点

●海上交通…**横浜港**，東京港，千葉港，川崎港などが「海の玄関口」となる。横浜港や川崎港では，自動車の輸出や石油・天然ガスなどの輸入が盛ん。

●航空交通…千葉県の**成田国際空港**や東京都の東京国際（羽田）空港。

●成田国際空港は，輸出・輸入額が国内最大の「貿易港」。東京国際空港は，国際線の発着数が増え，国際的な交通の拠点。

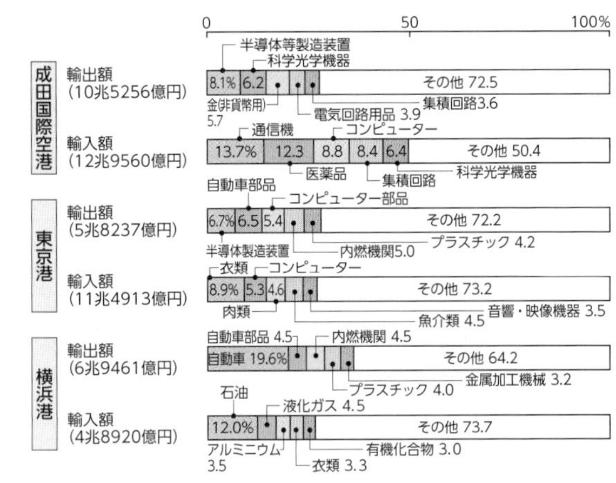

▲関東地方の主な港の貿易品目

■増加する外国人

●集中する外国人…関東地方には全国の外国人の半数近くが住み，そのうち東京都には約58万人の外国人が生活（2019年１月１日現在）。

●居住する多くの外国人…中国，韓国，ベトナム，フィリピンなどアジアの国々出身。労働者として来日した人やその家族も多い。

…新宿区大久保や豊島区池袋には外国人向けの飲食店や，各国の食品を販売する店が集中するエスニックタウンが形成される。

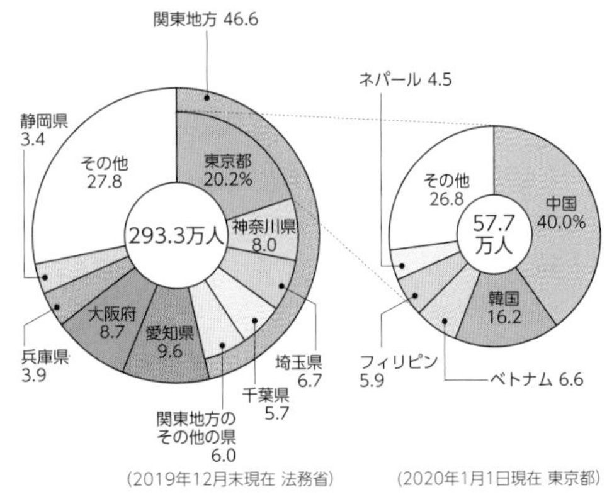

▲関東地方・東京都に暮らす外国人の割合

教科書 p.241

確認 国内で最も貿易額の多い港はどこか，調べて書き出そう。

➡成田国際空港

表現 なぜ，日本で働く外国人労働者が増えたのか，理由をまとめよう。

➡（例）外国人にとっては自分の国より給料が高いため。雇用する側にとっては人手不足の解消になるため。

学習のまとめと表現（教p.243）

関東地方の学習を振り返って整理しよう

❶ワードチェック

□**首都**（→教p.232）…国の中央政府がある都市。

□**関東平野**（→教p.232）…関東地方の大部分をなす日本最大の平野。

□**関東ローム**（→教p.232）…富士山や浅間山から噴出した火山灰が積もった赤土。

□**都心**（→教p.234）…都市の中心的機能が最も集中している地区。

□**東京国際（羽田）空港**（→教p.234）…東京湾に面した日本最大の空港。

□**副都心**（→教p.235）…都心機能の分散を目的に指定され，現在東京都によって指定されている副都心は7つある。

□**再開発**（→教p.235）…既成の市街地などを大規模に開発しなおすこと。

□**臨海副都心**（→教p.235）…7つある副都心のうち，東京湾の臨海部（お台場）のもの。

□**ニュータウン**（→教p.236）…高度経済成長期，都市部への人口集中による住宅不足を解消するためにつくられた，店舗や公共機関などの都市機能も備えた集団住宅。

□**東京大都市圏**（→教p.236）…東京都心を中心とする，ほぼ半径70kmの範囲の都市圏。

□**政令指定都市**（→教p.236）…政令によって定められた人口50万人以上の市。指定されると，区を設置することができ，道府県が行っている業務の一部を市で行うことができる。

□**過密**（→教p.236）…人口が集中しすぎて人口密度が高くなること。

□**京浜工業地帯**（→教p.238）…東京都大田区，川崎市，横浜市を中心とした工業地帯。工業統計は，東京都，神奈川県，埼玉県を合わせたものを用いることが多い。

□**京葉工業地域**（→教p.238）…千葉県の東京湾岸に広がる石油化学工業を中心とした工業地域。

□**北関東工業地域**（→教p.238）…関東北部で太平洋岸をのぞく，主に高速道路沿いに広がる工業地域。自動車や機械工業が盛ん。工業統計は，群馬県，栃木県，茨城県を合わせたものを用いることが多い。

□**工業団地**（→教p.238）…工場や倉庫を計画的に立地させた地域。

□**近郊農業**（→教p.239）…大都市に出荷するために，大都市近郊で行われる農業。

□**横浜港**（→教p.240）…横浜市の東京湾岸にある港。

□**成田国際空港**（→教p.240）…千葉県成田市にある日本を代表する国際空港。

□**外国人労働者**（→教p.241）…外国から労働することを目的として移住する人々。

❷地図を使って確かめよう。

① ①阿武隈　②利根　③霞ヶ浦　④下総　⑤房総　⑥荒　⑦東京　⑧多摩　⑨関東　⑩関東　⑪三浦　⑫相模

② （例）東京港・横浜港は，自動車や自動車部品など重量があるものが上位を占めている。成田国際空港は，科学光学機器や金など，軽量でも高額なものが上位を占めている。

③ 日本の政治・行政の中心…（例）東京都には国会議事堂があり，そこで国会が開かれ，その周辺に省庁が集中しているから。

日本の文化の中心…（例）テレビ局や出版社，その他文化を発信する企業の本社の多くが東京に集中しているから。

❸表現しよう。

① （例）長時間・長距離の通勤・通学が可能になり，朝夕の混雑や道路の渋滞がひどくなっている。

② （例）東京都大田区，川崎市，横浜市を中心とするのが京浜工業地帯。千葉県の東京湾岸に広がるのが京葉工業地域。関東北部で太平洋岸をのぞく，主に高速道路沿いに広がるのが北関東工業地域。

❹意見を交換しよう。

（省略）

第3章　日本の諸地域　⑥ 東北地方

1　豊かな風土に育まれた文化をもつ地域　東北地方をながめて　(教p.246〜247)

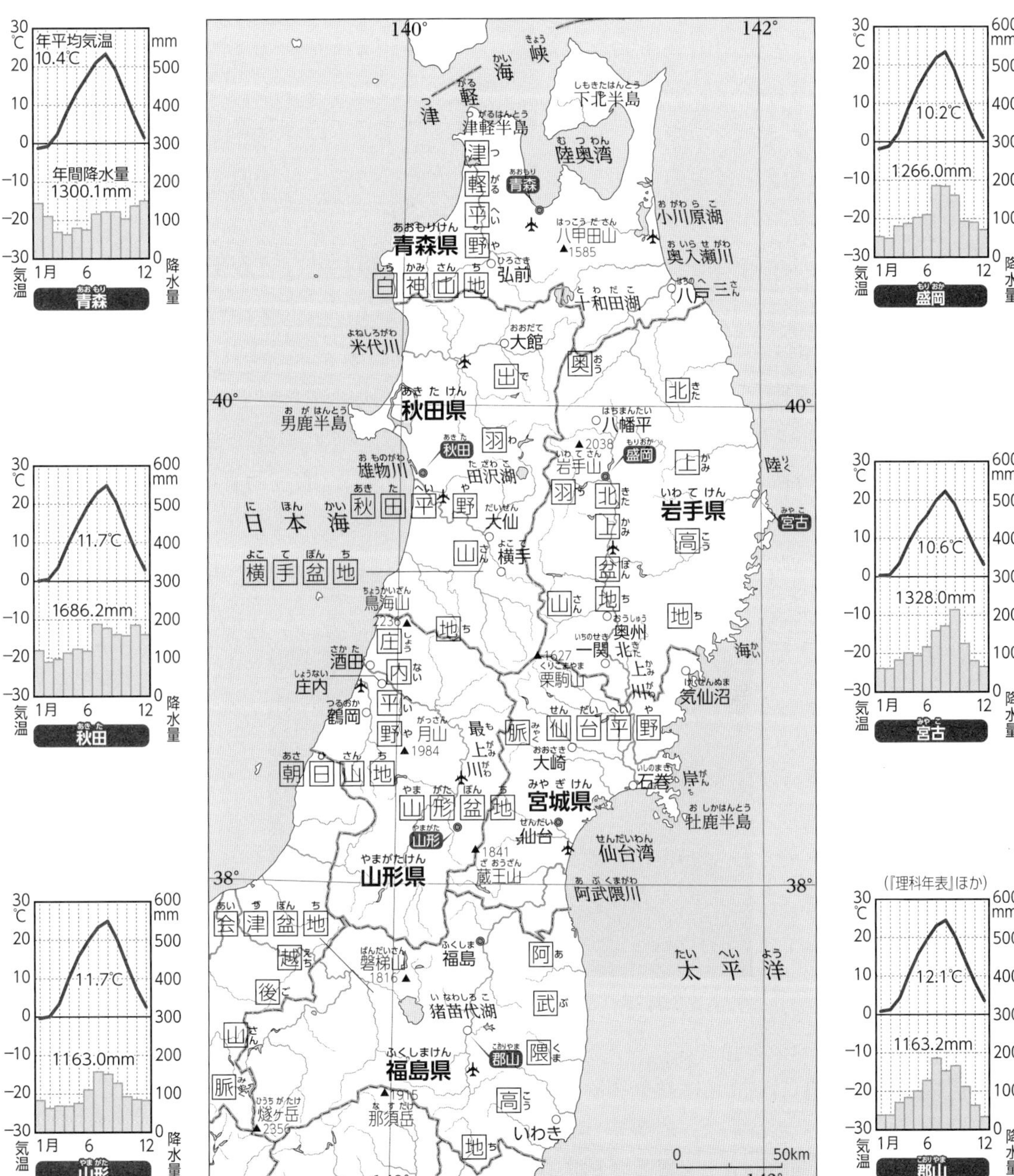

▲東北地方の各県

■東西で異なる気候

- ●冬の日本海側…北西からの季節風で多雪。
- ●冬の太平洋側…雪が少なく，日照時間が長い。
- ●**やませ**…夏に太平洋側で海から吹き込む冷たく湿った北東風。

➡長く続くと，日照不足と低温で稲に**冷害**。

- ●夏の日本海側…奥羽山脈から吹き下ろす風で高温になる日がある。
- ●東北地方の気候は，奥羽山脈が大きな影響。

■東北地方の地形

- ●火山…奥羽山脈には，岩手山，蔵王山，磐梯山などがある。秋田県・青森県の県境にある十和田湖は火山のカルデラに水がたまってできた湖。
- ●盆地…奥羽山脈の西側には，横手盆地，山形盆地，会津盆地などがある。
- ●平野…日本海側には，津軽平野，秋田平野，庄内平野など。太平洋側には，仙台平野のほかは山が海にせまっている。
- ●**三陸海岸**…青森県南部から宮城県北部まで。美しい景観で知られる。沖合いは，暖流の黒潮（日本海流）と寒流の親潮（千島海流）が出会う潮境で，世界有数の好漁場。
- ●**津波**…宮古市より南の沿岸は，半島や岬と湾が交互に入り組んだ**リアス海岸**が続き，津波が高くなりやすい。

➡これまで何度も津波による被害。近年は2011年３月11日に発生した東北地方太平洋沖地震による津波で大きな被害（**東日本大震災**）。

▲リアス海岸（岩手県大船渡市）　©時事通信フォト

読み解こう　教p.247

❶山の尾根。

❷奥羽山脈とその西側の山地。

❸岬の先端や切り込みの深い湾の奥や両岸には，周りの地域より波が集まることでより高い波となることがあるため。

教科書 p.247

確認　東北地方の太平洋側に冷害を引き起こす北東風のことを何というか，書き表そう。

➡やませ

表現　東北地方の日本海側と太平洋側の海岸地形の違いを，教科書p.247資料３を参考にして書き表そう。

➡（例）日本海側の海岸線は比較的なだらかなのに対して，太平洋側の海岸線は山がせまり入り組んでいる。

2 地域に根ざした豊かな文化 生活・文化と歴史的背景 (教p.248～249)

■多様な食文化

〔雑煮〕自然や歴史と関わりがある。

- 八戸…捕鯨が盛んだったのでくじら肉が使われた。
- 男鹿…ふぐで出汁をとる。男鹿沖では古くからはたはた漁が行われたため，はたはたを発酵させてつくる醤油（魚醤）で味つけすることもある。
- 仙台…松島湾でとれたはぜの焼き干しで出汁をとる。
- 宮古周辺…煮干しなどで出汁をとる醤油味だが，醤油がしみた餅をくるみだれにつける。
- 山形県庄内地方…東北地方を含め東日本では角餅が主流だが，西日本で主流の丸餅を使う。

➡古くから日本海を交通路として京都などとつながる。

▲東北地方の伝統的工芸品の分布

■風土と産業

〔特産品〕江戸時代に東北地方の各藩が開発を奨励。

- 秋田藩…天然スギを建築材として江戸に運び，大館では秋田スギを利用した曲げわっぱという器の生産を奨励。
- 盛岡藩…良質の鉄に恵まれ，技術者を京都から招いて茶釜・鉄瓶の生産を発展。
- 仙台藩や会津藩…温泉地では湯治客向けの土産物として，こけしを生産。

➡現代まで受け継がれた手工業製品には，国の**伝統的工芸品**に指定されているものもある。

■特色ある民家と暮らし

〔気候に合わせた暮らしの工夫〕

- 教科書p.249資料5（「こみせ」とよばれる通路）…商店の前に連続してひさしがあり，冬は雪，夏は強い日ざしを避ける通路となる。
- 教科書p.249資料6（南部曲家）…岩手県や青森県などにみられ，土間を隔てて居間と馬屋がL字型につながる。居間から馬屋を見通せ，屋根裏に保管した草の乾燥や冬に馬屋を暖めるのにも適したつくり。
- 岩手県では古くから馬の飼育が盛ん…第二次世界大戦ごろまで，馬は農耕・運搬用，軍用に飼育。馬の産地では「チャグチャグ馬コ」などの**伝統行事**や，「南部馬方節」などの民謡が受け継がれる。

教科書 p.249

確認 庄内地方の雑煮に丸餅が使われる理由を書き出そう。

➡（例）昔，日本海を交通路として京都などの西日本とつながりが深かったから。

表現 黒石市中町こみせ通りの特色とそのような特色が生まれた背景をまとめよう。

➡（例）店の前に連続したひさしがあり，雪や雨，日ざしをさける通路となっている。冬に雪が多く降るためだと思われる。

3 現代に生きる地域文化 祭りを通じた文化の継承 (教p.250〜251)

■東北の祭りと観光

〔東北三大夏まつり〕旧暦の七夕に行われた江戸時代からの伝統行事。

- 青森ねぶたまつり…古くはねぶたとよばれる灯籠を川に流した。
- 秋田竿燈まつり…火をたいて眠気を払う行事と七夕とが結びつく。五穀豊穣の願いも。
- 七夕…仙台藩では，旧暦７月６日に笹竹を飾って織姫と彦星をまつり，農家では豊作を祈り，お盆に入る準備をした。冷害や飢饉を乗りこえるため行ってきたといわれる。
- これらの祭りは，第二次世界大戦後に復活，国内外に紹介され，観光客を集める。

…現在では，開催地で一年中祭りを体験できる施設などがある。

➡祭りの観光化が進むとともに，伝統行事の再評価にもつながる。

■祈りと暮らし

〔「田の神」をまつり，豊作を祈る祭りや儀礼〕

- 福島県会津美里町…伊佐須美神社の「御田植祭」は，毎年７月に豊作を祈願して行われ，早乙女が歌に合わせて田植え。
- 会津盆地は日本有数の米の産地で，御田植祭は重要な祭り。
- 東北各地に残る農業に関する行事…道具に感謝する１月の「道具の年とり」，農作業の様子をお囃子と踊りで表現する「田植踊」など。

■伝統文化を受け継ぐ

- 宮城県仙台市秋保町の田植踊…きらびやかな衣装と風流な踊り。
- 田植踊は，かつては１月に町内の家々を回った。今では保存会が寺社の祭礼などで披露。

➡少子化や生活の変化で，踊りの後継者が少なくなった。

- 学校が伝統芸能をクラブ活動などに取り入れたり，国や県が祭りなどの無形の民俗文化財を保護する制度をつくるなどして，文化の継承を支える。

教科書 p.251

確認 東北三大夏まつりについて，祭りの名前，時期，行われる地域，開催地における変化などについてまとめよう。

祭りの名前	時期	地域	開催地における変化（例）
青森ねぶたまつり	8月上旬	青森市	古くはねぶたとよばれる灯籠を川に流した。 今では大きな山車と跳人による踊りがメイン行事に。
秋田竿燈まつり	8月上旬	秋田市	眠気を追い払う行事が七夕と結びついた。 竿灯を大きな稲穂に見立て豊作を願う意味もある。
仙台七夕まつり	8月上旬	仙台市	仙台藩が奨励した七夕まつりが， 商店街のイベントとなり，やがて大きな祭りとなった。

表現 自分が住む地域で受け継がれている伝統行事を調べよう。➡（省略）

4 人々の暮らしの変化と産業 東北地方の産業の変化 （教p.252～253）

■大きく変わる農村の風景

〔農業の近代化〕1960年代以降，全国で進展。

●耕地の区画整理，農道の整備，排水路のコンクリート化。

●農業機械，農薬，化学肥料の導入で農業の生産性が高まる。

➡農薬が多く使われると水田からドジョウやホタルなどがいなくなった。

●伝統的な茅葺き屋根は，葺き替え時の住民の協力が困難，また火災にも弱いなどの理由で，近代的な住宅にかわった。

●米の乾燥・保管・出荷を管理するカントリーエレベーターで農村の風景が大きく変化。

〔増加しない農家の収入〕農作業は効率化したが収入は増えず。

●多くの若い世代が，就職のために農村から都市へ移動。

●県や市町村は就職の機会を増やすため，工場を誘致。

➡交通網の整備，内陸部の高速道路沿いに電気機械の工場が立地。

…農業以外から収入を得る農家が増加。

●現在も若い世代の人口は流出。農村は高齢化，後継者不足が問題。

■東北地方の工業

●1960年代以降，工業が盛んな関東地方の企業によって工場が建設される。

●関東地方に近い福島県郡山市など…高速道路が整備され，安い労働力を求める電子部品，電気機械，情報通信機器などをつくる工場が増加。

➡1980年代には，さらに安い労働力を求めた日本企業が，アジア各国に工場を進出。

●東北地方の工場には生産を減らし，閉鎖されるものもある。

●岩手県，宮城県…高速道路のインターチェンジ付近を中心に，自動車工場や部品工場の進出がみられる。

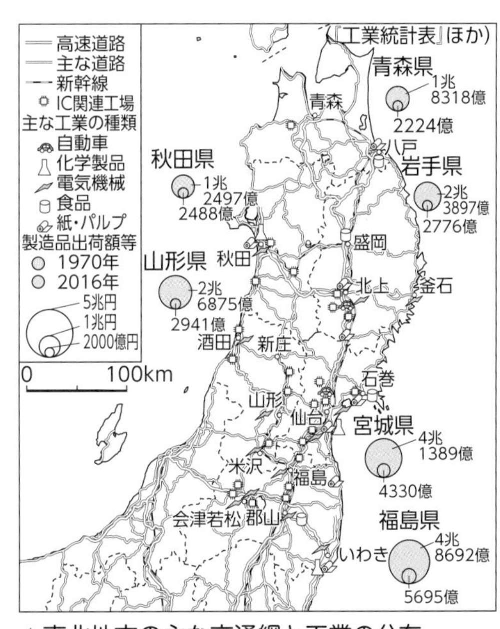

▲東北地方の主な交通網と工業の分布

教科書 p.253

確認 東北地方で深刻な問題となっていることをまとめよう。

➡（例）農村地域における人口の流出，高齢化　など

表現 東北地方には，どのような種類の工業が進出しているか，書き表そう。

➡自動車，化学製品，電気機械，食品，紙・パルプ

5 これからの農業 自然環境を生かした生産の歩み

(教p.254〜255)

■冷害を乗り越えるために

- 米の生産量が多い…東北地方は，日本の４分の１以上。
- 日本海側は，冬に雪が多く水が豊富で平野も多い**水田単作地帯**。
- 米の品種改良…明治時代に庄内平野の農民が，穂が出て実るまでの期間が短く，強風，低温に強い品種を開発。

➡さらに改良され，病気に強い品種や化学肥料によって収量を増やせる品種，より味のよい品種が誕生。現在，東北各県ではおいしい米として，さまざまな品種がある。

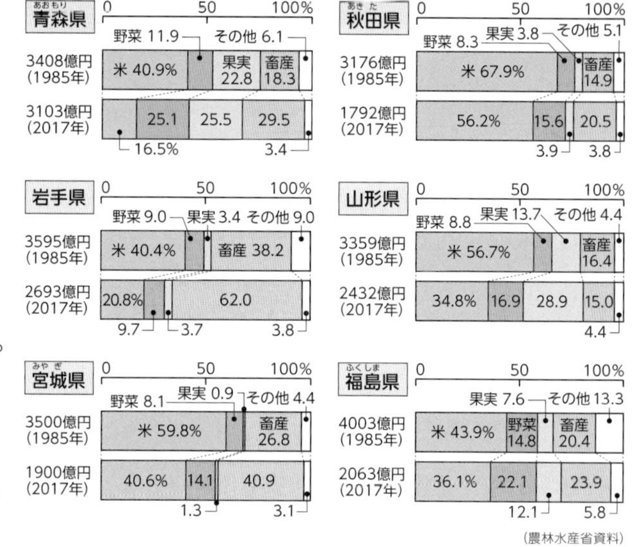

▲東北地方各県の農業生産構成の変化

■やませを利用する

- 岩手県久慈地方は，**やませ**による冷害が多い。1980年の不作を機に，ほうれん草栽培増加。

…やませによって夏に涼しい日が続くため，東京近郊とは違い，夏にほうれん草を栽培できる。雨よけのビニールハウスを設置。

- 内陸の八幡平市は，標高が高く，岩手山からの風で８月でも涼しい。

…ほうれん草のほか，りんどうの栽培が盛ん。水田の転作用の作物として導入，現在は国内だけでなく，オランダ，ホンコン，台湾などにも輸出。

■農家の経営安定の工夫

- **地域ブランド**づくり…果樹・野菜栽培・畜産で重要。
- 青森県西部の津軽平野…明治時代にアメリカからりんご栽培を導入。

➡昭和初期には，養蚕の衰退で桑畑からの転作が進む。

- りんごの栽培は，涼しい地域が適する。現在では，東北全県の生産量と作付面積は，全国の約４分の３。

➡高品質のものを安く生産する方法を導入する農家が増加。

- **貿易の自由化**や農業のグローバル化に対応して，青森県はりんごの輸出に力を入れる。

➡輸出先は主に台湾，ホンコン，タイなどのアジア。台湾では，贈答用として青森産のりんごが人気。

教科書 p.255

確認 やませが東北地方の農業に及ぼしている影響について，よい面と悪い面をまとめよう。

➡（例）よい面…暑さに弱い作物を，夏に生産・出荷できる。　悪い面…冷害に弱い農産物に大きな被害が出る。

表現 青森県でりんご栽培が盛んになった理由をまとめよう。

➡（例）気候がすずしく栽培に適しており，養蚕の衰退で桑畑からの転作が進んだから。

学習のまとめと表現（教p.257）

東北地方の学習を振り返って整理しよう

❶ワードチェック

□**やませ**（→教p.246）…東北地方の太平洋側で夏に北東から吹く冷たく湿った風。

□**冷害**（→教p.246）…気温不足や日照不足で，農作物の発育が悪く，収穫量が少なくなること。

□**三陸海岸**（→教p.247）…青森県の南東部から宮城県の北東部までの太平洋岸。リアス海岸が特徴的である。

□**リアス海岸**（→教p.247）…陸地が沈み込んだり海面が上昇したりすることにより，谷に海水が入り込んでできた海岸。入り組んだ海岸線が特徴。

□**東日本大震災**（→教p.247）…2011年３月11日に起こった東北地方太平洋沖地震による津波などの災害。

□**伝統的工芸品**（→教p.249）…伝統工芸の中でも，特に経済産業省によって指定された工芸品。

□**南部曲家**（→教p.249）…現在の青森県から岩手県にかけての，かつて馬の飼育が盛んだった地域で見られた，居間と馬屋がＬ字型につながっている民家の形式。

□**伝統行事**（→教p.249）…古くから行われている行事。毎年特定の時期に行われる年中行事に多い。

□**青森ねぶたまつり**（→教p.250）…青森市で８月上旬に行われる祭り。壮大な山車と，跳人とよばれる踊り手が見どころである。

□**秋田竿燈まつり**（→教p.250）…秋田市で８月上旬に行われる祭り。数多くの提灯を下げた竿（竿灯）を持ち上げるさまが見どころ。

□**仙台七夕まつり**（→教p.250）…仙台市で８月上旬に行われる祭り。色とりどりの吹き流しが町中を彩る。

□**少子化**（→教p.251）…生まれてくる子どもの数が減少し，人口全体に占める子どもの割合が低くなること。

□**民俗文化財**（→教p.251）…人々の生活の一部として昔から伝えられてきたもので，生活の推移を知るために重要とみなされているもの。

□**高齢化**（→教p.252）…全体の人口のうち65歳以上の人口の割合が増えること。

□**水田単作**（→教p.254）…二期作，二毛作を行わず，稲のみを年１回つくる農業のこと。

❷地図を使って確かめよう。

① ①津軽　②下北　③陸奥　④三陸　⑤白神　⑥男鹿　⑦奥羽　⑧北上　⑨北上　⑩阿武隈　⑪十和田　⑫庄内　⑬出羽　⑭山形　⑮猪苗代

② （例）リアス海岸の入り組んだ地形では，岬の先端や切り込みの深い湾の奥や両岸に，周りから波が集まることで，波がより高くなり，津波が起こることがある。

③ （例）居間と馬屋がＬ字型につながっているのが特徴であり，馬の様子をいつでも見られることや，えさの乾燥や馬屋の暖房に都合がよい。

❸表現しよう。

① （例）青森県は気候が涼しいので，りんごの栽培に適しており，盛んになった。現在では，高品質のものを安く栽培する取り組みがなされている。

② （例）秋田竿燈まつりは，七夕の祭りがもとになり，眠気を払う行事や豊作を願う行事と一体化して，現在の祭りとなった。

❹意見を交換しよう。

（省略）

第3章　日本の諸地域　⑦ 北海道地方

1 開拓の歴史が新しい地域　北海道地方をながめて

(教p.260〜261)

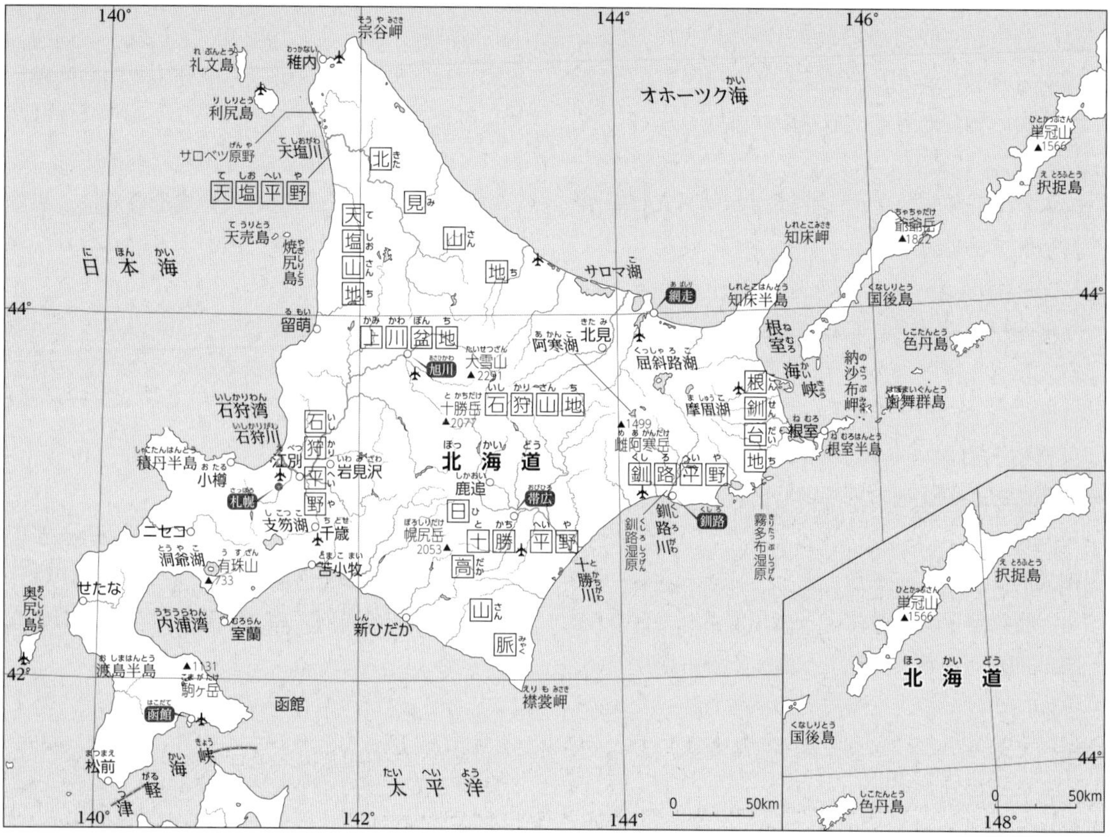

▲北海道地方

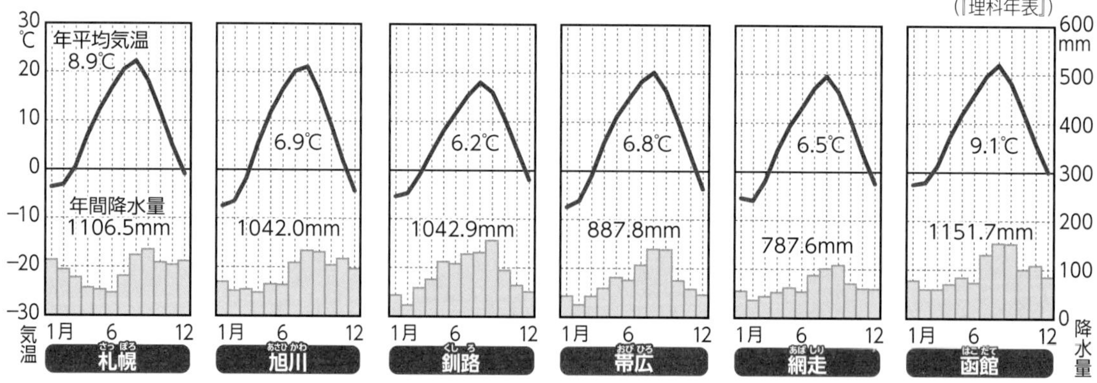

北海道の自然環境

- 中央部…石狩山地，その北側には天塩山地と北見山地，南側には日高山脈。
- 石狩山地の西側…雪が多く，稲作が盛んな石狩平野と上川盆地が広がる。
- 日高山脈の東側…雪が少なく，広大な畑作・酪農地帯である十勝平野と根釧台地，湿原のある釧路平野などが広がる。
- 北海道の東部…阿寒湖の周辺から知床半島へと火山が並び，国後島や択捉島まで続く。
- 北海道の中央部から西部…火山が並び，支笏湖や洞爺湖などのカルデラ湖から渡島半島へ続く。
- 火山は噴火して災害となるが，温泉や雄大な風景は観光の魅力。

開拓の歴史と都市の発展

- **アイヌ民族**…江戸時代まで蝦夷地とよばれた北海道の先住民族。
- 江戸時代以降，豊かな森林や漁業資源を求め，本州から和人が進出。和人は渡島半島の一部にあった松前藩や和人地に定住。

➡松前藩はアイヌ民族に対する支配を強める。

- 明治時代になり，政府は，開拓と入植を始める。

➡アイヌ民族の生活に必要な権利は制限され，狩猟，漁労の場が奪われた。

- **開拓使**…1869年に札幌におかれた官庁。
- 明治政府は，北海道の広大な土地で食料を増産し，石炭などの資源や水産資源の確保もできると考えた。当時勢力を拡大していたロシアに対抗する目的もあり，**屯田兵**を送って開拓を始めた。

➡物資の積み出し港となった小樽は，商業や漁業の中心地になった。札幌には農学校も設置され，北海道の中心都市として発展した。

- 土地を碁盤目状に分割…農地はアメリカの開拓が参考にされたため。現在でも直線によって区画された農地に残る。

▲区画された街並み（札幌市）　©時事通信フォト／朝日航洋

教科書 p.261

確認 教科書p.261資料３や地図帳を見ながら，北海道の中央部を南北に通る山脈の名前をあげよう。

➡日高山脈

表現 明治政府が北海道の開拓を始めた理由を，本文を見て文章にまとめよう。

➡（例）農地を拡大し，石炭や水産資源の確保を考えたため。

2 長く厳しい冬の暮らし 冷帯に位置する寒冷な気候 (教p.262～263)

■北海道の気候

●冷帯（亜寒帯）…温帯である本州やその南の地域とは異なり，冬が長くて寒く，夏が涼しい。

…11月ごろに初雪が降り，４月ごろまで雪が残る。

●日本海側…季節風の影響で雪が多い。１～２月は最高気温が０℃に満たない真冬日が多く，降った雪は解けにくい。

●太平洋側…日本海側に比べ雪が少ないが，気温は低く地面は深くまで凍結。

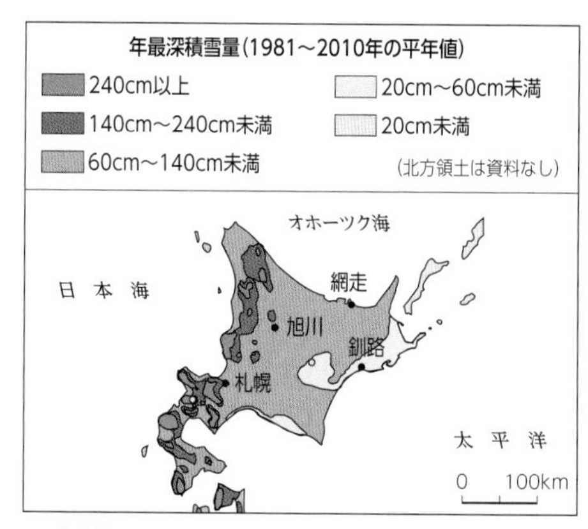

▲各地で異なる北海道の積雪量

■寒さへの工夫

●北海道の住宅の工夫…部屋を暖かく保つため窓は二重。換気の必要がない外に排気するストーブ。

●都市の道路…温水パイプなどを埋めたロードヒーティングで雪をとかす。道路は吹雪で見えにくくなるため，吹雪を防ぐフェンスや道路の端を示す標識を設置。

教p.263資料９〈Q〉
農地

■オホーツク海の流氷

●オホーツク海沿岸…冬になると流氷が押し寄せる。

●流氷…海水が凍ったもので，オホーツク海北西部のシベリア沿岸で生まれ，成長しながら１～２月ごろに北海道へ接岸。

●流氷におおわれた海はプランクトンが豊富，それらを食べる魚，さらに魚を食べるアザラシやオオワシなどがみられる。➡観光資源に。

■涼しい夏と太平洋側の濃霧

●北海道の夏…本州よりも涼しく，雨も少ないので過ごしやすい。

➡しかし，近年は冷房が必要な暑い日も増え，豪雨が発生することもある。

●夏の濃霧…冷たい**親潮**（千島海流）が南下する釧路など太平洋沿岸の地域で，温かい空気が冷たい海の上で冷やされて生じる。夏にストーブが必要になることもある。

教科書 p.263

確認 北海道の寒さや積雪に対する対策を書き表そう。

➡（例）住宅は，部屋を暖かく保つため窓を二重にし，換気の必要がない外に排気するストーブを設置している。都市の道路では，温水パイプなどを埋めたロードヒーティングで雪をとかす。また，道路が吹雪で見えにくくなるので，フェンスや道路の端を示す標識を設置している。

表現 北海道の西側と東側で冬の天気が違う理由をまとめよう。

➡（例）季節風と山地，山脈の影響で西側は東側よりも降雪が多いため。

3 大規模化する農業 食料基地としての北海道 （教p.264〜265）

■大規模な農業

● 広い土地で大型の農業機械を使う。

…農家一戸当たりの耕地面積は約29ha（2019年）で，全国平均の約10倍。

● 輸入農産物との競争や，機械購入が負担となり離農する農家もみられる。

➡後継者育成のため，農業の魅力を伝える農業体験などの取り組み。

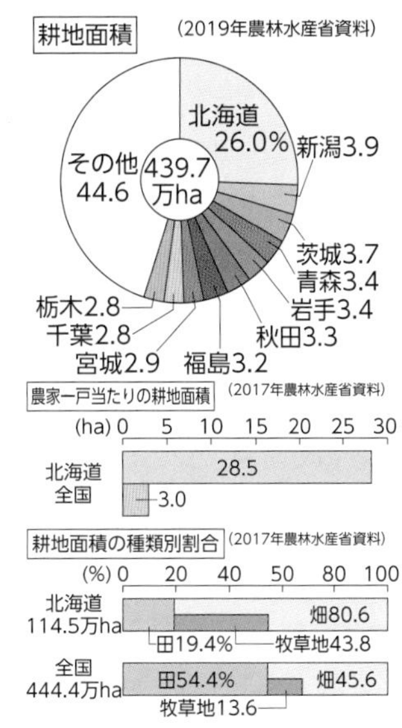

▲日本・各都府県と北海道の耕地面積の比較

■広大な稲作地帯

● 石狩平野…石狩川が流れる広大な**稲作**地帯。

● 石狩川…開拓以前は湿原の中を蛇行し，周囲には**泥炭地**。

➡土地改良などの結果，水田地帯に変わる。

● 稲は暖かい地域が原産で，栽培が困難。

➡品種改良によって寒さに強く味のよい品種が誕生。

…地球温暖化の影響もあり，米の一大生産地に。

■大型機械を使う畑作

● 十勝平野…かつては原生林や湿地。現在は大部分が**畑作**用農地。

● 農家一戸当たりの耕地面積が広大で，大型の農業機械を使用。

● 十勝平野で生産されるじゃがいも，てんさい，だいず，あずきなどは北海道が全国一。

● 帯広市…十勝平野の中心都市で農産物の集散地として発展。地元農産物のお菓子や加工品が有名。

■大規模な酪農

● 北海道の北部と東部…夏が涼しく，乳牛の飼育や牧草の栽培に適し，**酪農**が盛ん。

● 東部の根釧台地…火山灰におおわれた丘陵。1950年代に国の事業で経営の大規模化が進められた。

● 酪農を営む戸数は減少➡別の農家が土地を引き継ぎ，一戸当たりの経営規模は拡大。

…飼料を輸入に頼り，外国産の乳製品との競争が強まる中，経営は厳しく国からの補助も。

読み解こう 教p.264

❶（例）農家一戸当たりの耕地面積は，全国の10倍ほどの広さがある。耕地の種類は，全国に比べて畑が多く，なかでも牧草地が占める割合が多い。

❷（例）畑作の農産物は，主に十勝平野で生産されている。その理由は，十勝平野では大型の農業機械を導入しており，農産物の価格を安くおさえられるからである。

教科書 p.265

確認 農産物の中で，北海道の生産量が第１位のものを書き出そう。

➡てんさい，あずき，じゃがいも，小麦，たまねぎ，生乳，だいずなど

表現 北海道の酪農を営む農家において，経営規模が拡大している理由を調べてまとめよう。

➡（例）酪農をやめる農家が増え，その土地を別の農家が引き継いでいくから。

4 「とる漁業」から「育てる漁業」へ 北海道の漁業 (教p.266〜267)

■北海道の漁業

- 北海道の漁業は生産量が全国第１位。
- 昆布…江戸時代には北前船で京都や大阪，積みかえられて琉球へも運ばれる。

➡北陸地方や沖縄には，昆布料理の文化が今もある。

- さけ…秋に川をのぼる重要な水産物，北海道の郷土料理にも使われる。

➡乱獲や環境悪化，水温上昇などで，昆布やさけの水揚げ高は減少傾向。

■かつてのにしん漁のにぎわい

- かつて北海道の日本海沿岸には，にしんが群れをなして押し寄せた。
- にしん漁でもうけた網元は，豪華で大きな「にしん御殿」を構えた。
- 現在，にしんは卵（かずのこ）も含めて食用だが，かつては大部分が肥料，本州で畑作に使用。

➡1950年代中ごろから，乱獲や水温上昇，水質悪化などが原因で，にしんの漁獲量は激減。近年，再びにしんがみられるように。

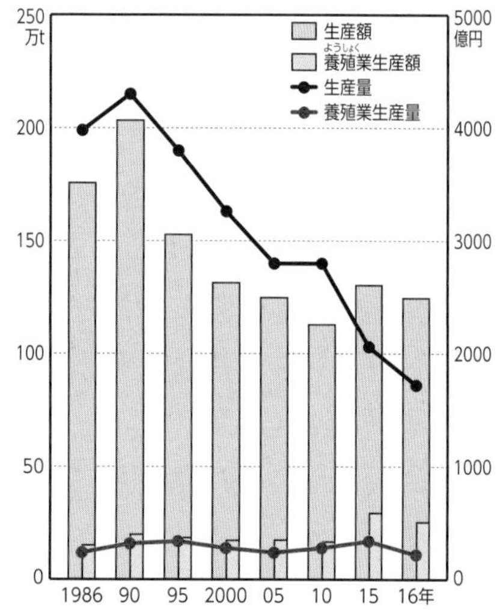

▲北海道の海面漁業生産の変化

■北洋漁業

- にしん漁の不振➡さけ，ますの遠洋漁業が盛んに。
- **北洋漁業**…オホーツク海や北太平洋は，さけ，ます，すけとうだら，かになどの好漁場。

➡しかし，1982年，海岸線から200海里までを排他的経済水域とする国連海洋法条約が採択され，さけ・ますがもどって産卵する川がある国に優先的に漁獲する権利を認める**母川国主義**が主張されるように。

➡漁場が制限されて北洋漁業は衰退。現在のさけ漁は主に北海道近海。

■転換する漁業

- 「とる漁業」の生産量が減少したため，沿岸漁業に加えて，「育てる漁業」へ。
- **栽培漁業**…川に設備を設けて，さけを捕獲。さけの卵を人工的にふ化させ，稚魚を川へもどす。
- ほたての**養殖**…内浦湾やオホーツク海沿岸。
- かきの養殖…厚岸やサロマ湖。

教科書 p.267

確認 北海道の海産物について，「とる漁業」と「育てる漁業」に分けてまとめよう。
➡とる漁業…にしん，さんま，するめいかなど　育てる漁業…さけ，ます，ほたて貝など

表現 北洋漁業が大きく変化した理由についてまとめよう。
➡（例）排他的経済水域の設定や，母川国主義の主張によって，漁場が制限されたため。

5 豊かな自然と観光 観光産業と地域の振興 （教p.268〜269）

■北海道の観光産業

●多くの観光客…多くの観光資源，海外への情報発信などの取り組み。

➡近年は外国人を中心に観光客が再び増加。

●札幌まで延びる予定の北海道新幹線が期待される一方で，冬期の観光客の呼び込みや宿泊施設の整備などが課題。

■寒冷な気候を生かした観光

●冬の観光客を増やす工夫。…「さっぽろ雪まつり」などのイベント。

●雪が降らないアジア地域の人々には，北海道は魅力的な観光地。

…経済成長が進むアジア各地からの観光客が増加。

●ニセコなどスキー場が集まる地域。

…季節が日本と逆になるオーストラリアなど，南半球から良質の雪を求めて訪れるスキー客が多い。

■火山と温泉

●多くの火山と豊富な温泉…人気の観光地。近年では，温泉地に滞在する観光客に対して周辺の自然を案内するツアーが盛ん。

●有珠山のそばにある洞爺湖温泉は，**世界ジオパーク**に認定。

…過去の噴火で被災した道路をつなぐなどの整備をして，地元のガイドが観光客を案内。

●火山がそばにある観光地…地域住民とホテルが協力して，噴火した際に観光客を避難させる訓練を行う。

■自然を守りながら楽しむエコツアー

●**国立公園**…北海道には，大雪山と阿寒摩周をはじめ６か所ある。

●かつては観光地でたどる団体旅行が中心。➡現在は個人旅行。

●観光客はアウトドアスポーツなどさまざまな目的をもっている。

➡多様な要望に応えつつ，観光資源でもある自然を守るため，地元のボランティアやガイドによる**エコツアー**が盛ん。

●酪農地域では，農家に泊まって農業体験をするツアーも開催されている。

教科書 p.269

確認 北海道で，自然環境を観光資源としている例を二つあげよう。

➡（例）寒冷な気候を生かしたスキー場，火山の近くに生じる温泉。

表現 外国人観光客は何を目的として北海道にやってくるのか，調べて話し合おう。

➡（例）スキー客は，良質の雪を目的に北海道にやってくる。　など

学習のまとめと表現（教p.272）

北海道地方の学習を振り返って整理しよう

❶ワードチェック

□**火山**（→教p.260）…地下のマグマが地表に噴出してできる盛り上がった地形。

□**アイヌ民族**（→教p.260）…北海道とその周辺に居住していた先住民族。

□**開拓使**（かいたくし）（→教p.261）…北海道を開拓するために明治政府が札幌においた官庁。

□**屯田兵**（とんでんへい）（→教p.261）…ふだんは農業を行い，非常時には武器を持って戦いに参加する兵士。

□**冷帯（亜寒帯）**（→教p.262）…植物がみられる気候帯のうち，寒冷な気候帯。

□**流氷**（→教p.263）…水面を漂う氷。オホーツク海沿岸では１～２月ごろみられる。

□**親潮（千島海流）**（ちしま）（→教p.263）…千島列島に沿って南下してくる寒流。

□**泥炭地**（でいたんち）（→教p.264）…沼地や湿地に枯れた植物が堆積し，低温のため十分に分解されないまま長い年月を経て泥状の炭になったものを泥炭といい，それが堆積した農業に適さない沼地や湿地のことを泥炭地という。

□**酪農**（らくのう）（→教p.265）……牛などを飼い，牛乳や，それを加工した乳製品（バターやチーズなど）をつくる農業。

□**北洋漁業**（→教p.267）…船団を組んで太平洋北部で行う遠洋漁業のこと。

□**「育てる漁業」**（→教p.267）…従来の海に出て「とる漁業」のかわりに注目されている漁業。

□**栽培漁業**（さいばい）（→教p.267）…魚の卵から稚魚になるまでを人の手で守って，その後自然に放流する漁業。

□**養殖**（ようしょく）（→教p.267）…稚魚などを，網に囲まれた「いけす」や人工の池を利用して繁殖させること。

□**温泉**（→教p.268）…地中から湧き出すお湯のこと。火山で熱せされている。

□**世界ジオパーク**（→教p.269）…ジオパークとは，地球科学的に貴重な価値をもつ地形や地質を，教育や観光に活用しながら，持続可能な開発を進める地域プログラムのこと。ユネスコが認定したものが，世界ジオパーク。

□**国立公園**（→教p.269）…国が指定して，保護と管理を行う自然公園。

□**エコツアー**（→教p.269）…自然や地域の伝統的な文化を壊すことなく地域の自然や文化をゆっくり楽しむ新しい観光の方法をエコツーリズムといい，それに沿った旅行行程をエコツアーという。

❷地図を使って確かめよう。

①　①石狩　②石狩　③上川　④オホーツク　⑤知床　⑥根釧　⑦十勝　⑧日高　⑨有珠　⑩内浦　⑪渡島　⑫釧路

②　（例）根釧台地は，火山灰におおわれた丘陵が広がり，冷涼な気候のため稲作には向かず，牧草の栽培や，暑さに弱い乳牛の飼育に向いているため。

③　a．初雪　b．日本海　c．真冬日　d．凍結　e．ロードヒーティング　f．標識

❸表現しよう。

①　（例）大規模な「とる漁業」が，排他的経済水域の設定や母川国主義が一般化したことによって衰退し，養殖や栽培漁業などに切り替わってきたため。

②　（例）観光業においては，地域住民とホテルなどが協力して，噴火した時に観光客を避難させるための訓練を行っている。

❹意見を交換しよう。

（省略）

第4章　地域のあり方

1　地域の課題をとらえる(1) 農村の課題　(教p.274～275)

■地域の変化を知ることから

●これまでの学習で，日本の各地域には，さまざまな課題があることを知った。

●各地域に生活する人たちが安心して暮らしていくために，課題をとらえ，解決していく必要がある。

➡現在の課題をとらえるために，地域のこれまでの変化を知ることが必要。

■人口減少の国

●日本の人口は年々減少している。

…この傾向は，日本の歴史の中で初めてで，地域や日本全体の社会に大きな影響。

➡人口の観点から，地域を農村と都市とに分けて考えてみる。

■人口流出による農村の衰退

●第二次世界大戦後の日本では，若い世代が，進学や就職のために農村から都市へ移動。

…この移動が長く続き，都市と農村のさまざまな**地域格差**が広がった。特に，政治や経済，文化の面では，首都・東京への著しい**一極集中**。

●農村地域では，産業や経済が衰えるだけではない。

…身近なスーパーマーケットの閉店や，鉄道やバスなどの公共交通機関の廃止など，住民の生活が困難になっている。

■農村の課題と対策

●徳島県上勝町…人口1500人ほどの，人口減少と高齢化が進む町（2019年）。

●同町は，「つまもの」ビジネスによって注目を集め，地域の環境を改善するために「ゼロ・ウェイスト（ごみゼロ）」を宣言，細かいごみ分別やリサイクルに取り組む。

●同町の町への移住者を集める努力。

…廃校の校舎を利用した公営住宅の建設，補助のためのさまざまな制度をつくる。

2 地域の課題をとらえる(2) 都市の課題 (教p.276〜277)

■都市の社会基盤

●都市では，電気や上水道・下水道，都市ガスのほか，港湾や空港，鉄道や道路，学校や病院といった，日々の生活に必要な**公共施設**が整備されている。

…人々はあたりまえのように利用。

●現代では，スマートフォンやパソコンなどからインターネットに接続するための，無線通信の設備も欠かせない。

■人口減少と公共施設

●都市の社会基盤となる公共施設は，都市の人口増加にともない発達。

➡公共施設が老朽化，都市の人口減少で維持や管理も負担増。

…将来，各地域で公共施設の統合や廃止，民営化などが進むと予想されている。

■都市の課題

●人口の過密化による問題。

…通勤・通学時の鉄道や道路などの交通渋滞，地価の値上がりによる住居費や税金などの負担，ごみ処理施設の不足，防災上の問題など。

●ごみ処理においては，収集や清掃工場での処理，焼却灰や不燃ごみ処分場の確保といった課題。

…東京湾に位置する埋立処分場は，東京都の特別区から排出されるごみを受け入れる。

➡受け入れには限界があり，新たな処分場の場所もない。

●ごみ処理施設などの建設は，住民の反対運動が起きたりする。

■災害に強いまちづくり

●1995年に発生した阪神・淡路大震災。

…兵庫県神戸市を中心にビルや住宅の倒壊，火災などによって，大きな被害。

●震災からの復興で，神戸市は住民の合意を得ながら区画整理を行った。

➡幅の広い道路や避難場所となる公園，地震に強い住宅などを整備。

3 地域の課題を調べる ニュータウンを例に

(教p.278〜279)

■「高齢化」をキーワードに

●地域の課題を調べるキーワードを「**高齢化**」とした。

…地域を細かく調べると，高齢化によるさまざまな変化に気づく。

➡多摩ニュータウンの高齢化について調べてみることに。

■ニュータウン開発の歴史

●多摩ニュータウン

…国内最大のニュータウン。東西約15km，南北約５kmに，30万人が住む計画。

●第二次世界大戦後の高度経済成長期，全国から東京に移動する人々が増え，都心部では住宅が不足。

➡東京都西部に広がる多摩丘陵を切り開いて，住宅団地を中心とした開発が始まった。

➡1971年から入居開始，商業施設や大学なども進出。2000年には多摩モノレール開通。

…現在では人口22万人ほどで，65歳以上の割合は23.9％（2018年）。

■住民へのアンケートから

●住民へのアンケートでわかったこと。

…住宅団地の建物は，主に30歳代から40歳代の核家族のために造られた。

●高齢となった住民から，生活していくうえでのさまざまな悩みも聞けた。

…多摩ニュータウンは，もともと丘陵であったため，坂や階段が多い。また，開発の初期につくられた住宅は，バリアフリー対策や耐震化工事が十分でない。エレベーターのない団地も多い。

●建設から50年ほどがたち，団地の建て替えも一部で始まるが，高齢化した住民の合意を得るのは難しい。

■商店街での聞き取りから

●住宅団地の１階にある商店街で聞き取り。

…開業時の商店街はにぎわっていた。しかし，核家族を想定して設計された団地は，子どもが大人になるとせまくなって，団地を出ていく。

➡人口が減り，商店街もさびれた。

➡移動手段が限られた高齢者は，自宅の近くで買い物ができない。

教科書 p.279

確認 多摩ニュータウンの歴史と特徴についてまとめよう。

➡（例）高度経済成長期に都心部での住宅不足を解消するために，開発が開始された。1971年から入居が開始され，その後に商業施設や大学も進出し，2000年には多摩モノレールが開通した。

表現 多摩ニュータウンの住環境，商店街について，それぞれどのような課題があるか，まとめよう。

➡（例）住環境については，主に若い世代の入居を想定していたため，バリアフリーが不十分である。また，50年前の建物なので，耐震性にも問題がある。そのため，一部の建て替えが始まっているが，高齢化した住民の合意はなかなか得られない。商店街については，若い世代の人口が流出したため，売り上げが減り，さびれたところもある。そのため，移動手段が限られる高齢者の住民が，買い物に困っている状態もみられる。

4　地域に向けて発信する　課題解決策の提案　（教p.280～281）

■調べたことをまとめる

●さまざまな地域の課題を発見することができた。

➡しかし，他の班の発表を聞くと，同じ多摩ニュータウンの中でも地域によって細かな違いがあることがわかった。

…多摩センター駅の周りの地域には，会社やテーマパークなどがあり，それらに勤めている人や観光客でにぎわっている。団地の建て替えを終えた地区と，古いままの団地が残る地区もある。　など

●地域による違いを考えて，解決策を考えることが大切。

■地域の課題が見えるようにする

●地域の課題を解決するために，どのような方法が考えられるか。

➡まずは，人々が困っていることを明らかにして，多くの人に伝える。

●例えば，「持続可能性」の視点から「人口減少や少子高齢化によって，将来，地域はどうなるのか」をテーマにする。

…人口減少や高齢化の割合を地区別に色分けする。

➡強く見られる地域とそうでない地域があることがわかる。その違いの原因を探り，何がどのようになればよいのか，それをどのように実現するのかを考え，話し合う。

地域調査の手引き7

【発表会を開く】

❶発表方法を決める

・イラストマップ，グラフを作成。

・発表内容の要点をまとめる。

❷発表会の準備

・原稿をまとめる。　・進行と役割を決める。

・発表時間を決める。・リハーサルを行う。

❸発表する

・調査結果を伝える。

・内容について質問や討論。

・地域の人，協力してくれた人に提案を発信。

❹まとめ

・ポスター，レポートで表現。

・他の班との比較，関連づけ。

・さらなる追及。　・将来への提案。

地域調査の手引き8

【地域に向けて発信する】

・わかったことを地図やグラフに表す，ポスターやレポートにまとめる，学校のウェブサイトに載せるなどして発信。

・発表会を開いて，地域住民やインタビューした人などに聞いてもらい，感想を聞く。

・市役所や町村役場のまちづくり担当の人に提案を聞いてもらい，それに対する意見を聞く。

漢字の読み書き・
文法重要事項に完全対応!

国語

三省堂版

2年

赤シートで
何度でも!

セミロングホームルーム 教p.20～27

妙な音がする。（みょう）
蛇の抜け殻。（がら）
真剣に考える。（しんけん）
爆笑の渦。（ばくしょう）
門を閉鎖する。（へいさ）

漢字を身につけよう① 教p.38

外出を控える。（ひか）
臆病な小動物。（おくびょう）
欠点の克服。（こくふく）
鍛錬を積む。（たんれん）
九分九厘（くぶくりん）
休憩を挟む。（きゅうけい）
新雪を踏む。（ふ）
手首の捻挫。（ねんざ）
傷が治癒する。（ちゆ）
視力の矯正。（きょうせい）
親戚が集まる。（しんせき）

交通渋滞（じゅう）
新市場の開拓。（かいたく）
苗木を育てる。（なえぎ）
藍染めの着物。（あいぞ）
巾着に入れる。（きんちゃく）
懐中電灯（かいちゅう）
回顧録を書く。（かいこ）
トイレの掃除。（そうじ）
並行して走る。（へいこう）
器に盛る。（うつわ）
衣替えの季節。（ころも）
時間を費やす。（つい）
小銭を数える。（こぜに）
紛争を仲裁する。（ちゅうさい）

じゃんけんは、なぜグー・チョキ・パーの三種類なのか 教p.40～42

秘密を探る。（さぐ）

人間は他の星に住むことができるのか 教p.44～48

奇跡的な勝利。（きせき）
恵みの雨。（めぐ）
河川の汚染。（おせん）
食糧を蓄える。（しょくりょう）
噴火の記録。（ふんか）
頂に到達する。（とうたつ）
唯一の願い。（ゆいいつ）
仲のよい姉妹。（しまい）
心を和らげる。（やわ）
影響を受ける。（えいきょう）
写真の撮影。（さつえい）
落ち葉の堆積。（たいせき）
洪水の対策。（こうずい）
北極の凍土。（とうど）
席が埋まる。（う）
ぐっすり眠る。（ねむ）
砂糖を溶かす。（と）

ズバッ テストでまちがえやすい漢字

心に秘める。（ひ）

漢字を身につけよう② 教p.58

該当する人物。（がいとう）
契約が成立する。（けいやく）
扇風機の風。（せんぷうき）
外食を倹約する。（けんやく）
太陽は恒星だ。（こうせい）
ズバッ 苛酷な訓練。（かこく）
隆起した地形。（りゅうき）
ズバッ 時期尚早（しょうそう）
政府の中枢。（ちゅうすう）
盲点をつく。（もうてん）
一部削除する。（さくじょ）
賞品の進呈。（しんてい）
捕手のサイン。（ほしゅ）
思わず叫ぶ。（さけ）
ズバッ 肥沃な土地。（ひよく）
青菜のお浸し。（ひた）

過剰な宣伝。（かじょう）
下痢止めの薬。（げり）
症状が現れる。（しょうじょう）
室町幕府（むろまち）
茶道部に入る。（さどう）
宗家の当主。（そうけ）
蔵に保管する。（くら）
ズバッ 厳かな儀式。（おごそ）
童歌を教える。（わらべうた）
滋養に富む。（じよう）

短歌の世界 教p.60〜62

恋する乙女（おとめ）。（こい）
ズバッ 投稿欄に載る。（とうこうらん）
珍しい現象。（めずら）
ズバッ 歯を磨く。（みが）
魔法をかける。（まほう）
状況をつかむ。（じょうきょう）
焦点を絞る。（しぼ）

二度繰り返す。（く）
読者の皆さん。（みな）

壁に残された伝言 教p.76〜81

天国と地獄。（じごく）
ズバッ 唯一の被爆国。（ひばく）
ズバッ 剝がれ落ちる。（は）
駅舎の建て替え。（か）
寮内を見回る。（りょうない）
ズバッ 痕跡を残す。（こんせき）
意見の一致。（いっち）
ガスの青い炎。（ほのお）
焼き払われる。（はら）
雨露をしのぐ。（あめつゆ）
廊下を歩く。（ろうか）
硫酸の化学式。（りゅうさん）

漢字を身につけよう③ 教p.86

波浪注意報（はろう）

辞任の勧告。（かんこく）
湾曲した道路。（わんきょく）
全力疾走する。（しっそう）
指定校推薦（すいせん）
基礎を固める。（きそ）
萎縮した態度。（いしゅく）
友人を励ます。（はげ）
壮大な物語。（そうだい）
叙勲を受ける。（じょくん）
名簿への登録。（めいぼ）
賄賂を断る。（わいろ）
花を贈る。（おく）
一定の間隔。（かんかく）
駐車禁止の区域。（ちゅうしゃ）
風が薫る。（かお）
刹那の光景。（せつな）
素朴な疑問。（そぼく）
寝ぼけ眼（まなこ）
秘密の暴露。（ばくろ）

災いが降りかかる。（わざわ）
腕の静脈。（じょうみゃく）
耳鼻科に通う。（じびか）
病み上がりの体。（や）

一〇〇年後の水を守る　教 p.88〜93

市の循環バス。（じゅんかん）
一斤のパン。（いっきん）
鶏が鳴く。（にわとり）
豚を飼育する。（ぶた）
麦を栽培する。（さいばい）
膨大な数の本。（ぼうだい）
巨大なクジラ。（きょだい）
木が枯れる。（か）
一杯の水。（いっぱい）
廃棄処分する。（はいき）
湿った土壌。（どじょう）
現実を見据える。（みす）

時を遡る。（さかのぼ）

漢字を身につけよう④　教 p.104

二隻のボート。（にせき）
船舶の航行。（せんぱく）
砂上の楼閣。（ろうかく）
寺院の仏塔。（ぶっとう）
紡績の工場。（ぼうせき）
戦禍を避ける。（せんか）
意見を伺う。（うかが）
慰霊碑の設置。（いれいひ）
潤沢な予算。（じゅんたく）
坑道を掘る。（こうどう）
銀行の合併。（がっぺい）
店舗を構える。（てんぽ）
意匠を施す。（いしょう）
目を凝らす。（こ）
精緻な細工。（せいち）
陶磁器の工房。（とうじき）
河川沿いの道。（かせん）

河口の三角州。（さんかくす）
宵の明星。（みょうじょう）
手当たり次第。（しだい）
湖が干上がる。（ひあ）
幾何学模様（きかがく）
紅に染まる空。（くれない）

枕草子・徒然草 教p.106〜111

紫の藤の花。（むらさき）
ズバッ 趣のある庭。（おもむき）
蛍が光る。（ほたる）
霜が降りる。（しも）
経を読む尼。（あま）
寺に詣でる。（もう）
ズバッ 自らを戒める。（いまし）

平家物語 教p.116〜124

鐘を鳴らす。（かね）
盛者必衰（ひっすい）

栄華を極める。（えいが）
敵を討つ。（う）
背水の陣。（じん）
レールを敷く。（し）
勝ち戦となる。（いくさ）
鶴が飛来する。（つる）
ズバッ 着物を縫う。（ぬ）
一騎で戦う。（いっき）
薄化粧をする。（うすげしょう）
ズバッ 美麗な衣装。（びれい）
失敗を悔やむ。（く）
袖を振る。（そで）
袋に詰める。（ふくろ）

漢字のしくみ1 教p.138〜139

とどろく雷鳴。（らいめい）
凹凸が多い。（おうとつ）
ズバッ 慶弔の式辞。（けいちょう）
絵画や彫刻。（ちょうこく）

姉の妊娠を祝う。（にんしん）
搭乗の手続き。（とうじょう）
ズバッ 遷都の計画。（せんと）
匿名の投書。（とくめい）
免責を認める。（めんせき）
失踪者を捜す。（しっそう）
ズバッ 年齢詐称の疑い。（さしょう）
砂浜を走る。（すなはま）
俊足の選手。（しゅんそく）
鼻孔をつく悪臭。（びこう）
ズバッ 社長の愛嬢。（あいじょう）
御飯を食べる。（ごはん）
日没の時刻。（にちぼつ）
墓前で合掌する。（がっしょう）
再び挑戦する。（ちょうせん）
近代史の概観。（がいかん）
悔恨が残る。（かいこん）
ズバッ 葛藤を抱える。（かっとう）
火星の地核。（ちかく）

漢字を身につけよう⑤ 教p.140

叔母を訪ねる。（しゅくぼ）
海峡を越える。（かいきょう）
救命胴衣を着ける。（どうい）
賢明な判断。（けんめい）
進捗の確認。（しんちょく）
冥福を祈る。（めいふく）
出棺の準備。（しゅっかん）
白髪の老翁。（ろうおう）
哀愁が漂う。（あいしゅう）
謙遜する。（けんそん）
双方の利益。（そうほう）
伯仲した試合。（はくちゅう）
吉報を伝える。（きっぽう）
文壇の大家。（ぶんだん）
老婆心が強い。（ろうばしん）
後輩を育てる。（こうはい）
侍の刀。（さむらい）
一遍勝ってみたい。（いっぺん）
送り仮名も書く。（がな）
三味線の音。（しゃみせん）
足袋を脱ぐ。（たび）
着物と草履。（ぞうり）
太刀さばき（たち）
竹刀を振る。（しない）
相撲の取組。（すもう）
笑顔で迎える。（えがお）
梅雨空に覆われる。（つゆ）
五月雨雲（さみだれ）
五月晴れの空。（さつき）
時雨が降る。（しぐれ）
風邪で休む。（かぜ）
行楽日和の日曜。（びより）
心地よい眠り。（ここち）
人気のお土産。（みやげ）

自立とは「依存先を増やすこと」 教p.146～149

車椅子を押す。（いす）
二人三脚の旅。（さんきゃく）

漢字を身につけよう⑥ 教p.154

海底の探索。（たんさく）
敵を威嚇する。（いかく）
羞恥心がない。（しゅうちしん）
寛容な心。（かんよう）
酪農を営む。（らくのう）
鎌を研ぐ。（かま）
ススキの穂。（ほ）
牧草を刈る。（か）
釜飯を炊く。（かまめし）
酢に漬ける。（す）
煮込み料理。（に）
臼歯が生える。（きゅうし）
箱に詰める。（つ）

ガスを充填する。（じゅうてん）
結膜炎になる。（けつまく）
皮膚が弱い。（ひふ）
ズバッ 処方箋を出す。（しょほうせん）
司法解剖（かいぼう）
ズバッ 脊椎の損傷。（せきつい）
弓道の試合。（きゅうどう）
後れをとる。（おく）
弟子にする。（でし）
ズバッ 称号を授かる。（さず）
程よく冷える。（ほど）
神業に等しい。（かみわざ）
十分あり得る。（う）

小さな手袋 教 p.162〜171

ズバッ 草が繁茂する。（はんも）
森の妖精。（ようせい）
小柄な体格。（こがら）
ズバッ 膝を痛める。（ひざ）

手提げカバン。（てさ）
つぶらな瞳。（ひとみ）
娘が生まれる。（むすめ）
ズバッ 黒靴を履く。（くろくつ）
震えあがる。（ふる）
伏し目がち。（ふ）
ズバッ 晩酌をする。（ばんしゃく）
三棟の建物。（さんとう）
町の診療所。（しんりょう）
小児科の医師。（しょうにか）
外科の手術。（げか）
末尾に付ける。（まつび）
宿に滞留する。（たいりゅう）
香りが漂う。（ただよ）
存続を危ぶむ。（あや）
発作をおさえる。（ほっさ）
神聖な儀式。（ぎしき）
ズバッ 衝撃が走る。（しょうげき）
薬剤の調合。（やくざい）

ズバッ 声を抑える。（おさ）
範囲の指定。（はんい）
情報が漏れ出る。（も）
明るく輝く。（かがや）

漢字を身につけよう⑦ 教 p.180

ズバッ 耳鼻咽喉科（いんこう）
麻酔が切れる。（ま）
将軍に謁見する。（えっけん）
恭順な態度。（きょうじゅん）
ご満悦の表情。（まんえつ）
ズバッ 報酬を支払う。（ほうしゅう）
軽く嫉妬する。（しっと）
ズバッ 厳粛にとり行う。（げんしゅく）
真摯な姿勢。（しんし）
窃盗の罪。（せっとう）
陪審員制度（ばいしんいん）
婚姻届を出す。（こんいん）
ズバッ 披露宴を行う。（ひろうえん）

真珠の指輪。（しんじゅ）
金壱万円なり。（いち）
重箱の弐の重。（に）
石高を増やす。（こくだか）
石灰をまく。（せっかい）
呉服屋の反物。（たんもの）
商いを始める。（あきな）
京浜工業地帯（けいひん）
寿命が延びる。（じゅみょう）

人形を操る。（あやつ）

動物園でできること 教p.182～189

老若男女（なんにょ）
春が訪れる。（おとず）
広範囲に及ぶ。（およ）

理念を実践する。（じっせん）
好印象を与える。（あた）
家畜を飼う。（かちく）
衣装を選ぶ。（いしょう）

腕を上げる。（うで）
公共の施設。（しせつ）

試行錯誤（さくご）
藻が繁殖する。（はんしょく）
狩りに出る。（か）

草食獣の群れ。（じゅう）
幻想的な風景。（げんそう）
誇らしい気分。（ほこ）
崖の上の灯台。（がけ）

柵で囲う。（さく）

漢字のしくみ2 教p.193

朱色の鉛筆。（しゅいろ）
喪中はがき（もちゅう）
選手の年俸。（ねんぽう）
碁石を並べる。（ごいし）
軒先につるす。（のきさき）
桟橋につなぐ。（さんばし）
枠内に収める。（わくない）

テストでまちがえやすい漢字

漢字を身につけよう⑧ 教p.198

紙幣で払う。（しへい）
惰性で走る。（だせい）
斬新な発想。（ざんしん）
傑作を生む。（けっさく）
曖昧に答える。（あいまい）
一抹の寂しさ。（いちまつ）
貿易摩擦の解消。（まさつ）
弊害を除く。（へいがい）
弾劾裁判（だんがい）
大臣の更迭。（こうてつ）
侮辱的な態度。（ぶじょく）
憤慨した様子。（ふんがい）
会議の紛糾。（ふんきゅう）
資料の閲覧。（えつらん）
但し書きを読む。（ただ）
汎用性が高い。（はんよう）
氏より育ち。（うじ）
現金出納帳（すいとう）

一矢（いっし）を報いる。（むく）
体裁を整える。（ていさい）
仮病を見抜く。（けびょう）
故のない非難。（ゆえ）
社長を辞める。（や）

走れメロス　教 p.200～215

邪知暴虐の君主。（ぼうぎゃく）
花粉に敏感だ。（びんかん）
花婿の写真。（はなむこ）
美しい花嫁姿。（はなよめ）
警吏の任務。（けいり）
眉間のしわ。（みけん）
嘲笑を買う。（ちょうしょう）
命乞いをする。（いのちご）
宿屋の亭主。（ていしゅ）
新郎新婦（しんろう）
選手宣誓する。（せんせい）
今宵の月。（こよい）

乗り物に酔う。（よ）
拳を握る。（こぶし）
川が氾濫する。（はんらん）
橋桁の工事。（はしげた）
山賊の一団。（さんぞく）
殴り倒す。（なぐ）
敵を欺く。（あざむ）
醜い争い。（みにく）
裸体を覆う。（らたい）
徐々に晴れる。（じょじょ）
抱擁を交（か）わす。（ほうよう）
妄想の産物。（もうそう）

漢字を身につけよう⑨　教 p.219

貪欲に求める。（どんよく）
妥協しない。（だきょう）
辣腕をふるう。（らつわん）
偏頭痛がする。（へんずつう）
進路に悩む。（なや）

愚痴を聞く。（ぐち）
怠慢を責める。（たいまん）
辛抱強く待つ。（しんぼう）
鬼に金棒。（おに）
債務を負う。（さいむ）
租税の徴収。（そぜい）
累計発行部数（るいけい）
車を購入する。（こうにゅう）
女王の戴冠式。（たいかん）
管弦楽の演奏。（かんげん）
湯が沸騰する。（ふっとう）
成分の抽出。（ちゅうしゅつ）
若い叔父。（おじ）
京都の伯父。（おじ）
叔母と話す。（おば）
伯母の家。（おば）
元気な息子。（むすこ）
乳母車を押す。（うば）
二十歳（二十）（はたち）

意気地なし（いくじ）
浮ついた心。（うわ）
乙女座の運勢。（おとめ）
ズバッ 立ち退く。（の）
田舎へ帰る。（いなか）
凸凹した表面。（でこぼこ）
ズバッ 砂利を踏む。（じゃり）
最寄りのバス停。（もよ）
若人の発言。（わこうど）
冬の名残。（なごり）
行方を追う。（ゆくえ）

▼敬語

教 p. 31〜33

丁寧語	尊敬語	謙譲語（けんじょうご）
聞き手に対して敬意を表す。 **です／ます／ございます** 例 私は中学生です。 来週行きます。	動作・行為をする人に対して敬意を表す。 **お〜になる／ご〜になる** 例 先生がお話しになる。 市長がご覧になる。 **〜れる／〜られる** 例 先生がお話しされる。 市長が来られる。 〈名詞〉お手紙・ご意見 貴校・御校（おんこう） 貴社・御社 尊父	動作・行為の受け手に対して敬意を表す。 **お〜する／ご〜する** 例 先生をお待ちする。 市長をご招待する。 〈名詞〉お手紙・ご意見 弊社（へいしゃ）・拙宅（せったく）・粗品（そしな）

＊自分や身内に対しては、尊敬語・謙譲語を使わない。

例 ×お父さんが行きます。

○父が行きます。

●**特定の動詞** （ ）は敬意のない動詞

尊敬語	謙譲語
いらっしゃる（行く／来る） いらっしゃる（いる） 召（め）し上がる（飲む／食べる） おっしゃる（言う） くださる（くれる） なさる（する）	伺（うかが）う・参る（行く） 参る（来る） いただく（食べる／もらう） 申しあげる・申す（言う） 拝見する（見る） うかがう（聞く） いたす（する） おる（いる）

●**美化語** 物事を上品に表現する。

例 お花・お食事・ご飯

▼枕草子（まくらのそうし）　清少納言（せいしょうなごん）

教 p.106 1～107 7

春はあけぼの。やうやう白くなりゆく山ぎは（が）、少しあかりて、紫だちたる雲の細くたなびきたる。

（明け方／しだいに白くなっていく山ぎわが／明るくなって／紫がかった雲が／たなびいている（のは趣がある））

夏は夜。月の頃はさらなり。闇（やみ）もなほ、蛍の多く飛びちがひたる。また、ただ一つ二つなど（が）、ほのかにうち光りて行くもをかし。雨など（が）降るもをかし。

（月の出ている頃はいうまでもない／闇夜でもやはり／飛びかっている（のは趣がある）／ほんの一、二匹／光って飛んでいくのも／趣がある／趣がある）

秋は夕暮れ。夕日のさして山の端（は）（に）いと近うなりたるに、からすの寝所（ねどころ）へ行くとて、三つ四つ、二つ三つなど（と）飛び急ぐさへ（も）あはれなり。まいて雁などの連ねたるが、いと小さく見ゆるは、いとをかし。日（が）入りはてて、風の音（おと）、虫の音（ね）など（も）、はた言ふべきにあらず。

（夕日がさして／山の端に／とても／近くなっている頃に／烏（からす）がねぐらへ帰るというので／三、四羽／二、三羽／飛び急ぐことでも／心にしみて趣深い／まして／雁（かり）などが列を作っている／のが／たいそう小さく見えるのは／大変趣深い／すっかり沈んでしまって／また／いうまでもなく（趣がある））

冬はつとめて。雪の降りたるは言ふべきにもあらず、霜のいと白きも、またさらでも、いと寒きに、火など（を）急ぎおこして、炭（を）持て渡るも、いとつきづきし。昼になりて、ぬるくゆるびもていけば、火をけの火も、白き灰がちになりてわろし。

（早朝／降り積もっているのはいうまでもなく／真っ白なのも／そうでなくても／とても寒いときに／炭火を／（あちこちへと）持っていくのも／（冬の朝に）とても似つかわしい／（寒さが）しだいにゆるんで暖かくなっていくと／白い／灰ばかりになって／趣がうせる（よくない））

（第一段）

□重要語句

▼徒然草（つれづれぐさ）　兼好法師（けんこうほうし）

教 p.109

つれづれなる〔なすこともないままに〕ままに、日暮らし〔一日中〕硯（すずり）に向かひて〔硯に向かって〕、心にうつりゆく〔心に浮かんでは消えていく〕よしなしごとを〔たわいもないことを〕、そこはかとなく〔とりとめもなく〕書きつくれば〔書きつけていると〕、あやしうこそものぐるほしけれ。〔あきれるほど気分がたかぶってくることであるよ〕

（序段）

教 p.110

仁和寺（にんなじ）にある法師〔仁和寺にいる僧が〕（が）、年（を）寄るまで〔年をとるまで〕、石清水（いはしみず）を拝まざりければ〔石清水八幡宮（はちまんぐう）を参拝しなかったので〕、心うく〔残念に思って〕覚えて、あるとき思ひ立ちて、ただ一人（で）、かちより〔徒歩で〕詣でけり〔お参りした〕。

極楽寺（ごくらくじ）・高良（かうら）などを拝みて、かばかり〔これだけだと〕と心得て帰りにけり〔思いこんで帰ってしまった〕。

さて、かたへ〔仲間に〕の人にあひて〔向かって〕、「年ごろ〔長年〕思ひつること〔思っていた〕（を）、果たしはべりぬ。聞きしにも〔聞いていたのにも〕すぎて〔まさって〕、尊くこそおはしけれ〔いらっしゃったよ〕。そも〔それにしても〕、参りたる人ごとに〔どの人も〕山へ登りしは、なにごとかありけん〔なにかあったのだろうか〕、ゆかしかりしかど〔知りたかったけれど〕、神へ参るこそ（が）本意（ほい）〔本来の目的だと〕なれと思ひて、山までは見ず。」とぞ言ひける。

少しのことにも、先達（せんだち）〔その道の指導者〕はあらまほしきことなり〔はあってほしいものである〕。

（第五十二段）

□重要語句

▼平家物語

教 p.116

□重要語句

祇園精舎の鐘の声(には)、
祇園精舎の　鐘の音には、

諸行無常の響き(が)あり。
諸行無常(＝物は常に移り変わっていくということ)の響きがある。

娑羅双樹の花の色(は)、
娑羅双樹の　花の色は、

盛者必衰のことわりをあらはす。
盛者必衰の　道理を表している。

おごれる人も久しからず、
おごりたかぶっている人も長くは続かない、

ただ春の夜の夢のごとし。
まるで(短くはかない)春の夜の夢のようである。

たけき者もつひには滅びぬ、
勢いの盛んな者もついには滅びてしまう、

ひとへに風の前の塵に同じ。
全く(たちまちに吹き飛ばされてしまう)風の前の塵と同じである。

敦盛の最期

教 p.122～124 4

熊谷(は)、

「あっぱれ、大将軍や。この人一人(を)討ち
ああ　立派な大将軍だ　お討ち

たてまつたりとも、負くべき戦に勝つべきや
申したとしても　負けるはずの戦に　勝てるわけでも

うもなし。また討ちたてまつらずとも、勝つ
ない　お討ち申さなくても

べき戦に負くることもよもあらじ。小次郎が
まさかあるまい　(わが子の)小次郎が

薄手(を)負うたるをだに、直実は心苦しうこ
軽い傷を負っただけでさえ　(父である私)直実はつらく

そ思ふに、この殿の父(は)、討たれぬと聞い
思うのに　(わが子が)討たれた

て、いかばかりか嘆きたまはんずらん。あは
どれほど　お嘆きなさることだろう　ああ

れ、助けたてまつらばや。」
お助け申したい

と思ひて、後ろをきつと見ければ、土肥・梶
さっと見たところ　(味方の)土肥・

・梶原が
原(が)五十騎ばかり続いたり。

熊谷(が)涙を抑へて申しけるは、

「助けまゐらせんとは存じ候へども、味方の
お助け申そうとは存じますけれども

軍兵(が)雲霞のごとく候ふ。よも逃れさせた
軍勢　雲や霞のようにたくさんおります　決してお逃げにはなれな

まはじ。人手にかけまゐらせんより、同じく
いでしょう　他の者の手におかけ申すより　同じこと

は、直実が手にかけまゐらせて、後の御孝養
なら　直実の手におかけ申して　ご供養(く

をこそつかまつり候はめ。」
よう)をさせていただきましょう

と申しければ、

「ただ、とくとく首を取れ。」
とにかく　さっさと

とぞのたまひける。
おっしゃった

熊谷(は)あまりにいとほしくて、いづくに
かわいそうで　どこに

刀を立つべしともおぼえず、目もくれ心も消
刺したらよいかもわからず　(涙で)目もくらみ気も

えはてて、前後不覚におぼえけれども、さて
動転して　前後もわからないように思われたけれども　このま

しもあるべきことならねば、泣く泣く首をぞ
までいるわけにもいかないので

かいてんげる。
切ってしまった

「あはれ、弓矢(を)取る身ほど口惜しかりけ
ああ　悔やまれるものはな

るものはなし。武芸の家に生まれずは、なに
い　生まれなければ　どう

とてかかる憂きめをば見るべき。情けなうも
してこのようなつらいめをみることがあろうか　非情にも

討ちたてまつるものかな。」
お討ち申したことだ

とかきくどき、袖を顔に押し当てて
繰り返し嘆いて

とぞ泣きゐたる。
泣き続けた

▼助詞・助動詞のはたらき

教 p.153 p.232～236

助詞

格助詞	接続助詞	副助詞	終助詞
主として体言について、他の言葉との関係を示す。 を・に・の・が・で・から・へ・や　など	主として用言や助動詞について、次の語句に続いていくことを示す。 て・ので・と・ば・から・が・つつ　など	その言葉をとりたてて、意味を付け加えていることを示す。 も・は・まで・ばかり・など・くらい　など	主に文末について、話し手・書き手の気持ちを表す。 か・な・かしら・ね(ねえ)・さ・とも・よ　など

助動詞

助動詞	はたらき
れる・られる	[illegible]
せる・させる	[illegible]
だ／です／ます	断[illegible]
ない／ぬ・ん	打[illegible]
た・だ	過[illegible]
たい／たがる	希望
う・よう	意志・勧誘(かんゆう)・推量
らしい	推定
ようだ	推定・たとえ・例示
そうだ	様態・伝聞
まい	打ち消しの意志・打ち消しの推量